Numerologie und Partnerschaft

Über den Autor:

Helmut von Kritzinger studierte Psychologie und Naturheilverfahren. Er ist der Begründer der weltweit einzigartigen Partnernumerologie mit Geburtsdaten. Seine Fernsehauftritte in den 90er Jahren machten Ihn weit über die Landesgrenzen hinaus bekannt. Er leitet seit 1984 die AFP – Akademie für ganzheitliche Persönlichkeitsentfaltung in Heidelberg und ist Gründungsmitglied im Berufsverband deutscher Lebensberater e.V. Er unterrichtet im In – und Ausland und ist spezialisiert darauf, Teams und Unternehmen zu beraten und zu coachen. Er ist Begründer des Prana-Atmens ®, einer ganzheitlichen Heilmethode.

Er bildet noch heute weltweit professionelle Numerologen zum Psychologischen Berater aus, fordern Sie das Info an

unter www.kritzinger.de an.

Numerologie und Partnerschaft

Die Methode der psychologischen Numerologie

Was Zahlen über den Lebensweg,
Partnerschaften und Beziehungen
sagen können

Phönix – Verlag

Heidelberg
www.aeon.at

Originalausgabe

Umschlagmotiv: Kritzinger–Design

ISBN 3–9808446-2-5

Inhaltsverzeichnis

Einführung

Was kann uns die psychologische Numerologie geben?

Die Numerologie kann hauptsächlich zwei Dinge: Erstens Selbsterkenntnis fördern und uns zweitens in die Rhythmen unserer persönlichen Zeitzyklen „einklinken", sodass wir in Übereinstimmung mit ihnen handeln können, anstatt „gegen die Zeit" zu arbeiten.

In ihrer ersten Funktion bestätigt die hermetische Numerologie uns, was wir schon wissen, vielleicht aber auch nur ahnen- und manchmal doch nicht wahrhaben wollen. Sie fokussiert unsere Aufmerksamkeit und schärft unser Bewusstsein, so dass wir uns selbst und unser Leben besser durchschauen können. Sie hilft uns, zum Wesentlichen zu kommen- und wer anders könnte das sein, wenn nicht wir selbst: das Selbst.

Der Ausgangspunkt für ihre Betrachtung ist das Anlage-Numeroskop. Aus seinem Spiegel können wir aus den Zahlen und Zahlenkombinationen unseren Grund- und Persönlichkeitstypus feststellen. Sie zeigen uns neue Seiten von uns. Was bewegt und prägt uns? In welchen Lebensbereichen können wir unser Glück machen? Welcher Partner passt zu uns? Was können wir besonders gut- und was weniger gut? Wo sollen wir unsere Freunde suchen? Auf welcher Ebene der Wirklichkeit müssen wir unsere inneren und äußeren Konflikte austragen? Wo liegt unser Schatten? Wie können wir ihn transparent machen und damit erlösen? Die Zahlen deuten es an und die Deutungstexte liefern die Erklärungen. Diese erklären die alte, hermetische Wissenschaft in verständlicher Alltagssprache verständlich. Die Botschaft kann im Herzen mitschwingen.

Auf den Punkt gebracht: Hermetische Numerologie präzisiert für uns das Thema unseres Lebens- und welche Ziele wir verfolgen sollten. Ihre Zahlen sind wie eine große Uhr, die uns zeigen, welcher kosmischen Entwicklungsstufe wir uns nähern.

Das Anlage-Numeroskop veranschaulicht aber nur die energetischen Grundschwingungen. Diese werden sich dann über die Rhythmen und Zyklen unseres Daseins entfalten. Sie werden ein Netz von Strukturen auswerfen. Anhand der Zahlenwerte dieser Strukturen werden wir unsere individuellen Lebensrhythmen besser erkennen. Über ihre Progressionen, Rhythmus-Zahlen, Kompensations- und Verstärkungspunkte liefert sie uns Orientierungshilfen für die Lebensplanung. Wir können durch sie also ein Stück in die Zukunft schauen. Nicht weil wir plötzlich Hellseher geworden wären, sondern weil alle Rhythmen ganz bestimmten Gesetzmäßigkeiten folgen, einige davon wiederholen sich in unserem Leben mehrfach. Unser „Schicksal" wird plötzlich transparent, wir *verstehen* – und je besser wir die kosmischen Hintergründe verstehen, desto bewusster und schöner können wir unser Leben gestalten.

Die hermetische Numerologie ist schließlich das weltweit erste System, dass über die Geburtsdaten zu einem detaillierten Partnerschaftsnumeroskop führt. Damit gewährt sie Einblick in Schicksal und Chance unserer Begegnungen mit anderen Menschen. Übrigens ist das Partnerschaftsnumeroskop nicht etwa bloß für die Erhellung von „Beziehungs-Kisten" geeignet, es gibt auch über andere Arten der Partnerschaft Auskunft.

Das Buch ist aus langjährigen Erfahrungen mit individueller Lebensberatung und numerologischer Gruppenarbeit gewachsen. Es soll so viele praktische Ratschläge wie möglich geben können. Selbstverständlich steht der Autor und Begründer des Systems für Rückfragen zur Verfügung. Näheres dazu findest du am Ende des Textes.

Und nun viel Spaß mit den Zahlen. Vertraue ihrer Botschaft – am besten mit einer gewissen Leichtigkeit.

Helmut von Kritzinger, Heidelberg
Im Februar 2002

Die theoretischen Grundlagen der hermetischen Numerologie

Die vom Geburtsdatum ausgehende hermetische Numerologie beruht auf der Kabbala, dem mystischen Lebensbaum und dessen 10 Grundzahlen (Sephiroth = Zahlensphären) sowie dem Dezimalsystem des **Pythagoras.** Ihr Begründer ist Hermes Trismegistos, den die alten Ägypter zum Gott erhoben und später als Thoth verehrten.

Helmut von Kritzinger leitete daraus eine neue Form der Numerologie ab. Er fasste die grundlegenden Prinzipien von Astrologie und Tarot, die beide aus dem für alle seriösen, spirituellen Wahrsagesystemen prägenden, kabbalistischen Lebensbaum gewachsen sind, zur hermetischen **Geburtsdatennumerologie** zusammen.

Im Unterschied zur herkömmlichen Numerologie arbeitet man hier ausschließlich mit dem Geburtsdatum und dem Karmapunkt (Mondknoten).

Auf eine Kombination von Namen und Datum wird verzichtet, weil diese durch die Vermengung von quantitativen und qualitativen Zahlenbedeutungen nur das Geburtsbild verzerrt. Beim später gezeichneten Numeroskop werden nur die Zahlen des Geburtsdatums und der Geburtszeit erfasst.

Mit Hilfe der hermetischen Geburtsdaten-Numerologie kann jeder seine Lebensaufgabe erfassen, und zwar viel schneller als über astrologische Berechnungen, die wesentlich komplizierter sind, von der Schwierigkeit ihrer Deutung ganz zu schweigen.

Die Numerologie ist eine der ältesten Wissenschaften überhaupt. Erst durch Sie konnte die Lehre der Astrologie, der Mathematik und der Physik entstehen.

Viele alte Schrifttafeln und Schriftstücke **der Babylonier, der Japaner** oder Chinesen beweisen, dass die Numerologie schon etwa 4000 Jahre vor der Zeitenwende angewandt wurde, damals jedoch nur von Priestern und Eingeweihten.

Pythagoras gründete 570 v. Chr. in Kroton in Unteritalien die erste Mysterienschule Europas und brachte sein Wissen dem Abendland mit der Absicht näher, die Zahlen und ihre Zuordnungen nicht nur für gewöhnlichen Berechnungen auf der materiellen Ebene zu verwenden, sondern sie darüber hinaus, auf geistige Prozesse und menschliche Schicksale zu beziehen. Pythagoras war überzeugt, dass die „Zahl die Ordnung zeigt, die das Chaos ablöst."

Die hermetische Numerologie geht davon aus, dass alle Dinge im Universum nach einem einheitlichen Plan miteinander verbunden sind. Nach ihrer Ansicht repräsentieren die Zahlen die verschiedenen Archetypen, in denen die Grundeigenschaften der Natur, quasi in Urform Gestalt annehmen.

Zahlen stellen Eigenschaften der Lebensenergie dar. Sie können uns Zugang zum Verständnis der ihnen zugeordneten Bewusstseinsqualitäten verschaffen, die sich sowohl in den großen Archetypen als auch in den Charaktereigenschaften des Menschen manifestieren. Denn im Großen wie im Kleinen, im Makro- wie im Mikrokosmos herrschen die gleichen Ordnungsprinzipien.

Zahlen beinhalten Qualitäten und Zeiten. Die Zahlen 0- 9 gelten in diesem System als Grundzahlen und sind Korrespondenzen der göttlichen Wirkungskette, „die Zahl trägt den Sinn des jeweiligen Schöpfungsprinzips und bezeichnet das ihr zugehörige Prinzip". Zahlen sind somit Bewusstseinsqualitäten, Anlagen und Potentiale des Menschen.

Wir können demnach sagen: das Numeroskop (der Zahlenkreis) erfasst die wesenhafte Struktur eines Menschen in ihrer ganzen Tiefe. Seine Zahlen sind jedoch keine statisch-unwandelbaren Größen. Vielmehr können sie in der aktiven und **bewussten Auseinandersetzung** ihrerseits zur **Ursache werden,** so dass der Mensch sein Leben in neue Bahnen lenken kann, sobald er nur die Zahlen versteht, die sein Leben prägen. Es gibt kein Schicksal im Sinne einer absolut, im voraus festgelegten Bestimmung.

Die Geschichte der Numerologie

„Zahl ist Wort, aber nicht Rede. Sie ist Welle und Licht, aber niemand kann sie sehen. Sie ist Rhythmus und Musik, aber niemand kann sie hören. Sie hat unendliche Variationen und doch ist sie unveränderlich. Jede Form des Lebens ist eine besondere Art des Widerhalls der Zahl.“

Die Numerologie ist die älteste, bekannte Wissenschaft. Später kam die Astrologie, die wiederum die Grundlage für die Astronomie war, hinzu. Beide Systeme beruhen auf Zahlen und auf der Erkenntnis, dass die äußeren Erscheinungen sich in ganz bestimmten Rhythmen und Zyklen wiederholen. Denken wir einmal an die Vierer-Periode der Mondphasen, die Abfolge der Jahreszeiten usw. Schon immer haben Menschen versucht, Strukturen und Systeme zu finden, um ihre alltäglichen Erfahrungen zu beschreiben und einzuordnen. Wir alle wollen ergründen, nach welchen Gesetzen ihre geheimnisvollen, inneren Welten funktionieren. Die Beobachtung kosmischer Abläufe lieferte einerseits die Grundlage für astrologische Deutungen. Aber auch Zahlen und Rhythmen haben schon seit Alters her Einblick in die kosmischen Gesetze gewährt. Sie sind ein wirkungsvoller Zugang. Der Kundige kann mit ihrer Hilfe, die spirituellen Einsichten früherer Generation und Kulturen nachvollziehen und weitervermitteln.

Bereits vor etwa 15’000 Jahren beobachteten die Mayas Gestirns- und Planetenzyklen. Ihre astronomischen Berechnungen weichen erst einige Stellen hinter dem Komma von den computergenauen Ergebnissen heutiger Astronomen ab. Unseres Wissens haben sich alle früheren Hochkulturen mit Zahlenkunde und- deutung beschäftigt: Chaldäer, Ägypter, Perser und Inder, um nur einige zu nennen, benutzten die Numerologie, um durch ein spezifisches System der Quersummenbildung von Geburtsdaten ein individuelles Schicksal vorherzubestimmen und zu deuten. Ausnahmslos sagen die alten Weisheitssysteme, dass Mikrokosmos gleich Makrokosmos ist, und die moderne Physik bestätigt dies noch. Demnach gleicht das Universum einem unvorstellbar riesigen, menschlichen Organismus. Umgekehrt ist der Mensch ein exaktes Abbild, in Materie getauchter kosmischer Energien.

Der berühmte wie mysteriöse Ausspruch: „Wie oben, so unten“ besagt, dass Dinge, die hier auf unserem Planeten und in unserem Leben geschehen, auf einer anderen Ebene bestimmten, kosmischen Gesetzmäßigkeiten oder dem *göttlichen Willen* entsprechen. Die Beschaffenheit und Klangfarbe kosmischer Schwingungen finden im menschlichen Leben den erstrebten Ausdruck. Das ist nur möglich, weil Mensch und Kosmos Parallel-Phänomene sind. Das bedeutet aber auch, dass alles, was im Leben sichtbar wird, schon vorher existiert hat und zwar als Schwingung, im Geist als Idee- oder wie immer man es bezeichnen will. Deshalb wäre es nicht falsch, den Menschen als Resonanzboden kosmischer Schwingungen zu bezeichnen. Unter Resonanz versteht die Physik das *Mittönen eines anderen Körpers oder schwingungsfähigen Systems.*

Die mathematischen Grundlagen

Das numerologische System beruht auf dem Dezimalsystem, das gleichzeitig die Grundlage für die meisten Längen-, Flächen-, Raum- und Gewichtsmaße und ihre Berechnung ist. Es ist das von Pythagoras (geb. 570 v. Chr.) entwickelte dekadische System mit der Grundzahl 10. Pythagoras war jedoch nicht nur Mathematiker, er war auch Philosoph, Astronom und Astrologe. Er hatte die Zahlenmagie in Ägypten studiert. Seine größte Leistung bestand darin, Zahlen und deren Zuordnungen nicht nur auf rein weltlich-materieller Ebene zu verwenden, sondern sie mit übergeordneten, geistigen und kosmischen Zusammenhängen zu verbinden. Aus unserer Schulzeit erinnern wir uns vielleicht noch an seinen berühmten Lehrsatz: $A^2+B^2=C^2$. Den erläuterte er selbst einmal mit den Worten: „Das Ergebnis aller guten Taten eines Menschen im Quadrat, addiert zum Ergebnis aller ungesetzlichen Taten dieses Menschen im Quadrat, ergibt das karmische Quadrat von Ursache und Wirkung!“ Ein wunderbar anschauliches Beispiel für seine Auffassung, dass **„die Zahl die Ordnung zeigt, die das Chaos ablöst.“**

Die dekadische Zahlenlehre fußt in der Auffassung, dass alles im Universum, wie im 5. hermetischen Gesetz der Schwingung formuliert, nach einem einheitlichen Plan miteinander verbunden ist- und dass die Zahlen verschiedene Eigenschaften repräsentieren. Die Pythagoräer maßen den Grundzahlen 1-4 eine besondere Bedeutung bei der Erschaffung des Kosmos bei, denn sie symbolisieren die materielle Schöpfung: 1 =Wille; 2 = Gedanke und Vorstellung; 3 =Handlungsimpuls und Durchsetzung; und 4 =Verwirklichung in sinnlich, erfahrbarer Gestalt. Die 1 steht für den Punkt, die 2 für die Linie, die 3 für das Dreieck und die 4 für das Viereck oder die Pyramide (ausgehend von der Vierteilung des Quadrates in 4 Dreiecke). Generell werden gerade und ungerade Zahlen unterschieden.

Ungerade Zahlen gelten als die beherrschenden Zahlen im System, weil wir beim Addieren von geraden und ungeraden Zahlen wiederum eine ungerade Zahl als Ergebnis erhalten. Ein kurzer Blick auf das Geburtsdatum zeigt schon, wie sich die grundsätzliche Seelenenergie im äußeren Erscheinungsbild ausdrückt: Mehr ungerade als gerade Zahlen deuten auf eine extravertierte, maskuline Ausstrahlungsenergie; überwiegen hingegen die geraden Zahlen, so dürfen wir auf einen introvertierten Typus schließen.

Ungerade Zahlen (1, 3, 5, 7 und 9) symbolisieren männliche, gerade Zahlen (2, 4, 6 und 8) die weibliche Energie. Die ersten vier sind Ursprung und Grundlage aller übrigen Zahlen, weil 1+2+3+4 die Grundzahl 10 ergeben.

Diese Zahlenbasis gilt dem Numerologen als Quelle der ewigen Natur. Alle sichtbaren Erscheinungen lassen sich auf vier geometrische Grundformen zurückführen, denen die Zahlen Eins bis Vier entsprechen. Es sind: (1) der Punkt, der gleichzeitig für das Zentrum eines Objektes und den Kreis des Ursprungs steht; (2) die Linie, die zwei Punkten verbindet und infolgedessen die Grundlage für Breite und Fläche abgibt; (3) das Dreieck, das die Breite mit der Höhe zur Fläche erweitert. Schließlich ergänzt (4) ein weiterer Punkt das Dreieck zum Viereck; aus diesem ergibt sich der Tetraeder, die Pyramide mit Breite, Länge und Höhe.

Aus der Erkenntnis, dass die Harmonie des Universums durch zwei entgegengesetzte Kräfte im Gleichgewicht gehalten wird, dass alles Sein auf Gegensatzpaaren beruht, entstanden die ursprünglichen geraden und ungeraden Zahlen mit ihren Zuordnungen.

Die Schüler von Pythagoras verstanden die *Tetraktys* (die heiligen Zahlen Eins bis Vier) als Spiegel der Urformen des Lebens.

Immer halten zwei entgegengesetzte Kräfte (wie Yin und Yang) die Harmonie im Universum aufrecht und sorgen gerade durch ihre Spannung für Gleichgewicht. Gegensätze ziehen sich bis zu einem gewissen Punkt an, bis sie sich an ihrer Peripherie scheinbar trennen. Polarität ist das Gesetz des Lebens scheinbarer, aber *wesensgleicher G*egensätze. These und Antithese, im Grunde sind sie ein und dasselbe. Bis der Mensch in einem dritten Punkt (einer neuen Dimension) zu einer Synthese fähig ist, bedingen sie sich jedoch gegenseitig in ihrer Grundvibration. Wenn wir dieses zweite, hermetische Gesetz unter dem Blickwinkel der pythagoräischen Geometrie betrachten, erkennen wir im Punkt die Einheit des Seins; er ist der ruhende Pol oder Keim des Geschehens. Da er keine Ausdehnung besitzt, kann er sich nicht materialisieren und infolgedessen nur verstanden werden, wenn er sich in seine Pole aufspaltet, also eine Linie aus zwei Punkten bildet. Polarität heißt, einen Standpunkt oder ein Geschehen, in seine beiden Gegenteile aufzuspalten, um aus dieser Polarität über einen dritten, beider Gegensätze aufhebenden Punkt, zu neuer Einheit zu finden. Erkenntnis setzt demnach die Drei voraus. Erst die Drei erlöst durch Erkenntnis und Erfahrung aus der Polarität, sie ermöglicht die Synthese auf der nächsthöheren Ebene.

Nur ein noch unvollkommenes Bewusstsein kann das Sein über die schier unendliche Vielfalt der Gegensatzpaare erfahren. Die Erklärung der 10 Grundzahlen hilft uns verstehen, warum.

Der Hauptlehrsatz des Pythagoras besteht darin, die Gegensätzlichkeit, die Dualität der Dinge als wirkendes Weltprinzip anzunehmen.

Die 1, die sogenannte *Monas, gilt* als Symbol für das hermaphroditisch Göttliche (vollkommenes Anima-Animus Seelen-Prinzip als Basis für die Form aller Dinge).

Die 2, die sogenannte *Dyas,* steht für die ägyptische Göttin Isis, die Urmutter, die schöpferische Materie, das erzeugende Prinzip.

Die 3, die sogenannte *Trias,* ist die Vereinigung von *Monas (1)* und *Dyas* (2), des unendlichen göttlichen Prinzips mit der Materie.

Alles Verkörperte hat im Sichtbaren drei Aspekte. Was in Raum und Zeit auch erscheint, es erstreckt sich über Vergangenheit, Gegenwart und Zukunft. Alles Wirkliche hat Anfang, Mitte und Ende.

Die 4, die sogenannte *Tetras,* stand bei den Pythagoräern hoch im Ansehen, denn sie repräsentiert die vier Elemente. Darüber hinaus bezeichnet man sie als *magische Vier,* die gewissermaßen den Gegenpol zur Polarität aller Erscheinungen darstellt und in sich einen qualitativ neuen Raum, zur Auflösung eben dieser Polarität trägt.

Diese vier Grundzahlen ergeben die sogenannte *Tetraktys* die Symmetrie des Lebens und Universums.

Die Qualität der Zeit

Zahlen repräsentieren Qualitäten und Zeiten. Die Zahlen 0 bis 9 gelten als Grundzahlen. Zahlen entsprechen der göttlichen Wirkungskette, denn jede Zahl trägt den Sinn ihres Wirkungsprinzips in sich und sagt uns, welcher Archetypus in ihr zum Ausdruck kommt. Ohne Zahlen gäbe es keine Berechnungen von Raum und Zeit. Zahlen geben Form, legen Dauer fest.

Jede historische Epoche hat ihren Zeitgeist, ihre prägenden Eigenschaften, die ihr gewissermaßen den Stempel aufdrücken. Das Wassermann-Zeitalter zum Beispiel begann 1962 und zeichnet sich durch geistige Offenheit und universales Verbrüderungsstreben aus. Es möchte alle Menschen zu ihrer individuellen und ganz persönlichen Religion führen und ermöglicht geistiges Wachstum ohne kirchliche Dogmen. Jetzt ist Eigenverantwortung gefragt. Eine ganz andere Prägung zeichnet die Zeit der ersten, industriellen Revolution aus, die sich etwa 1860 voll auszuwirken begann, die Materie verherrlichte und zu einer schweren Schädigung von Mutter Erde führte. Der Zeitgeist durchwirkt jeweils größere Zeiträume und ermöglicht der Menschheit, sich kollektiv auf höhere Intelligenzen einzustimmen und diese in konkreter Gestalt zu verwirklichen.

Wir können es auch so verstehen, dass kosmische Programme dem Menschen in verschiedenen Epochen, unterschiedliche Formen der geistigen Evolution ermöglichen. In den philosophisch-esoterischen Systemen des Abendlandes kennt man dieses Prinzip, der sich im Materiellen verwirklichenden geistigen Form, unter dem Begriff der *Entelechie.* Eine individuelle Seelenenergie entwickelt sich ähnlich einem Embryo biologisch und geistig in einen vorgegebenen Rahmen hinein. Sein morphisches Feld enthält alles Notwendige, um den einzelnen Menschen und die gesamte Entwicklung, ohne Einschränkung des freien Willens, global zu fördern.

So können wir anhand der Numerologie nicht nur unsere persönliche karmische Bestimmung entschlüsseln, sondern darüber hinaus erkennen, in welchem größeren Energiefeld sich die Seele inkarniert hat, und welcher Erfahrungsbereich (Familie, Herkunft, Ausbildungsweg, Beziehungen usw.) der Anpassung bedarf, wenn wir unsere karmische Bestimmung erfüllen und glücklich werden wollen. Im jetzigen Geschehen ist die Vergangenheit enthalten, wenn auch in symbolischer Form. Die Erfahrungen einzelner Menschen prägen unter bestimmten Umständen eine ganze Nation und somit eine ganze Epoche!

Frühere Generationen haben die Ursachen und Voraussetzungen für unsere heutige Gesellschaft geschaffen. Welche Aufgaben wir auf der Grundlage dieser Vergangenheit ererbt haben, darüber gibt nach dem Zahlengesetz der *Karmapunkt* Aufschluss (siehe auch Seite 164).

Der kosmische Logos (Gesamtheit aller Zahlenprinzipien) wirkt in jeder Epoche nach seinen eigenen Gesetzen. Er ist die Gegenkraft, die mit ihren Herausforderungen jeder Generation neue Lernaufgaben und jedem einzelnen die Möglichkeit zu geistigem Wachstum gibt. Auch hier gilt das Resonanzgesetz; es besagt: Menschheit und Individuum werden nur mit Herausforderungen geprüft, die sie auf Grund ihrer geistig-seelischen Möglichkeiten tatsächlich bewältigen können, wenn auch mit Schwierigkeiten und unter Aufbietung aller Kräfte.

Mit seiner geistigen Evolution bewegt der Mensch sich als Lichtwesen immer weiter in Richtung Ganzheit und schafft in sich vollkommenere, morphogenetische Felder. Da man nach jeder Einsicht oder Selbsterkenntnis zu neuer, geistiger Synthese gelangt, zieht man aus der erreichten Schwingung wieder neue Schwingungsfelder und damit Erfahrungen zur weiteren Verarbeitung und Integration an. Diese lassen sich durch Zahlen ausdrücken, die Bewusstseinsqualitäten, Anlagen, Eigenarten des Individuums repräsentieren. In der Physik deuten Zahlen auf die Eigenarten der Stoffe und Elemente hin, sie veranschaulichen Dauer und Ausdauer, Bewegung, Rhythmus und Wandlungen der Atome, Elektronen, Protonen und Moleküle. Der menschliche Körper ist ihren Gesetzen unterworfen. Geist- und Mentalkörper wiederum folgen im Kleinen den gleichen Gesetzmäßigkeiten, die im Großen die kosmischen Zyklen steuern.

Zahlen bedeuten Zeit, denn sie äußern sich in rhythmischen Schwingungen oder Vibrationen und bilden zeitliche Perioden.

Unser Zahlenkalender drückt also nicht nur äußere Zeitbestimmung aus, sondern darüber hinaus vor allem gleichartige, kosmische Grundgedanken der Schöpfung.

Das Zehnergesetz der Zahlen ist der perfekte Ausdruck für das Gleichgewicht zwischen Sichtbarem und Unsichtbarem. Alle Zahlen stammen aus dem geistigen Archaum, das aus dem Chaos die Struktur der Zahl 0 hervorbringt- wie der Mutterschoß den menschlichen Körper.

* *Morphogenetische Felder*

Nicht lokale, organisierende Strukturen, die Formen und Verhaltensweisen von Organismen und toter Materie prägen. Diese Felder werden ausgestrahlt und wirken über eine nichtlokale Distanz. Morphische Resonanz bewirkt einen wechselseitigen Einfluss ähnlicher Morphogenetischer Felder über Raum und Zeit, z.B. so erklärt sich das „Phänomen" der Telepathie ganz einfach wissenschaftlich.

Im Gegensatz zu mechanischen, lokalen Theorien die annehmen, dass noch die kausalen Zusammenhänge des guten alten Newton stimmig wären, entstehen übergeordnete, von Raum und Zeit unabhängige Felder, die mit Bewusstsein als Wahrnehmungsfeld
arbeiten. Diese Felder beziehen sich also nicht nur auf rein äußerliche, physikalische Wirkzusammenhänge, sondern auch auf seelische Energien und deren Lernfähigkeiten.

Morphogenetische Felder bewirken z.B. bei einer Pflanze, der ein Blatt abgerissen wurde, dass die exakt an der gleichen Stelle ein adäquates Blatt nachwachsen lassen kann, da die Urinformation im „Gedächtnis" der Pflanze bereits vorhanden ist und so formbildend wirken kann.

Diese formbildende Energie benötigt eine Information, die sie im nichtphysikalischen Bereich abrufen kann. Sie selbst wurde als Keim „entworfen" und wächst entelechistisch gemäss ihrer Gattung wie seit Jahrtausenden. Auf der Bewusstseinsebene bewirkt die morphische Resonanz, dass wir gemäss unserem persönlichen Entwicklungsstand in Resonanz mit denjenigen Personen treten, die uns entsprechen, auch wenn sich die Leserin und der Leser bei diesem Gedanken nicht sofort hierfür entscheiden kann. Diese raum- und zeitübergreifenden Lernfelder werden seit Generationen bei Menschen über den Ahnengeist abgestrahlt, so dass wir bei Familienaufstellungen wirklichkeitsnah erleben können, wie stark Unordnungen der Liebe bzw. Nichtliebe über Generationen wirken können. Oft können wir erst durch die Aufarbeitung unserer Familienbiographie richtig lieben lernen. Morphogenetik hat nichts mit dem Wahn der physikalischen Genetik zu tun sondern lehrt uns, dass die primäre Lebensgrundlage eben das menschliche Bewusstsein ist.

Heilsame Beziehungen

Heilsame Beziehungen

„Du bist verwandelt- oder bin es ich
und gieß des nahen Himmels Glanz in Dich
und bin verklärten Liedes letzter Klang
Vollendung und Beginn im neuen Sang?“

Ephides

Schöpfung und Androgynität

Auf der Suche nach Harmonie und Vollkommenheit ist im Menschen die Ursehnsucht nach Vereinigung der Trinität Körper-Seele und Geist von Natur aus angelegt. Es handelt sich hierbei um eine *archetypische Anlage*, ein Urmuster, das von jedem Lebewesen dieser Erde bevorzugt wird und *nicht* durch das Wesen selbst als Solches entwickelt wurde.

Diese Anlagen sind nicht mit Instinkten oder ähnlichen Definitionen zu verwechseln. Nirgendwo zeigen sich die Entwicklungsmöglichkeiten des Menschen in Form von Schicksal deutlicher als in zwischenmenschlichen Beziehungen. Keine Ebene des Lebens repräsentiert klarer unsere verlorenen Seelenanteile, welche meist als Schatten auf den Partner projiziert werden.

Wollen wir nun zuerst die Grundlage dieser Ursehnsucht aus kosmologischer Sicht beleuchten, der Partnerschaft zugrunde liegt.

Denkvoraussetzung

Um sich ein Bild dieser archetypischen Veranlagung zu machen, sollte folgende Denkvoraussetzung geklärt sein: Die Schöpfung selbst, eine Art universaler Geist, unterhält durch zwei, scheinbar entgegengesetzte Energien einen unvorstellbar großen Evolutionszyklus von Werden und Vergehen. Das Bild eines überdimensionalen Ovals oder einer Gebärmutter entspricht der makrokosmischen Form vieler, gleichzeitig nebeneinander existenter Universen, die in astronomischer Genauigkeit in zyklischen Kreisbewegungen rotieren.

Eine Hilfe mag das Wechselspiel das Tao-Symbols sein, der Symbiose der Yin- und Yang- Energien (☯).

Die Schöpfung selbst kann in drei Erscheinungsformen dargestellt werden:

1. In nichtmanifester Form; der ursprüngliche Zustand der Schöpfung ist formlose Leere, die als Zentrum eine gewaltige Lichtquelle besitzt.

2. In manifestierter, bekannter physikalischer Form; Myriaden von Planeten und offenen Materieteilen folgen dem Urgesetz von Anziehung und Abstoßung.

3. Als Mensch, die mikrokosmische Nachbildung der Schöpfung.

Die Schöpfung lebt von *zwei* Aspekten der einen Schöpfungsenergie, die sich symbolisch an dem Punkt der Entstehung aller Welten trennt, um sich ausschließlich in entgegengesetzter Richtung in Kreisform, von den zwei Enden dieses Kreises her gesehen, wieder aufeinander zuzubewegen. So verstehen wir auch die mythologische Bedeutung der Urschlange *Oroboros*, die zeit- und raumlos in ewiger Wiederkehr sich selbst in den eigenen Schwanz beißt; dass Ende ist gleichzeitig auch der Anfang aller Erscheinungsformen dieses Kosmos.

Gleichwohl beruht die Dynamik der Schöpfung auf der Wechselwirkung von negativen und positiven Polen, dem Evolutionsprozess selbst, der eine Urenergie trennt, um ein hohes Schwingungspotential auf eine niedere, molekulare Form von Materie zu transformieren, um in dieser Frequenz biologisches Leben zu ermöglichen.

Die „Trennung" der Urenergie (paradiesischer Sündenfall)selbst ist keine tatsächliche Spaltung, da beide Pole, nennen wir Sie Negativ-Positiv, Männlich-Weiblich, Yin-Yang, Anima-Animus oder elektrisch-magnetisch sich durch einen willkürlichen Kreisbogen wechselseitig wieder anziehen müssen.

So ist das Spannungsfeld beider Pole nichts anderes als eine Erweiterung der Schöpfungsenergie auf einen unendlich großen Raum projiziert. So entsteht Leben in makro- wie mikrokosmischer Form!

Raum und Zeit sind demnach nur Erweiterungen dieser Schöpfungsmatrix, in welcher sich Materie in vielfältigster Form entwickeln kann. Betrachten wir die Schöpfung als Eiform, dehnt

sich das positive Ende soweit in den kosmischen Raum aus, bis es das andere Ende, die Zeit, den negativen Pol automatisch wieder erreicht hat. Die zwischenzeitlichen „Gegensätze", die zwei Pole, ziehen sich an und vereinigen sich wieder zur Grundsubstanz.
Das Zentrum selbst bleibt bestehen, Materie füllt die Matrix, das Muster, welches durch den Urraum vorgezeichnet wurde, wird belebt und verwandelt sich in eine eigenständige Tätigkeit, nämlich der Evolution selbst.

Diese Energiesubstanz entspricht jedoch einer Erhöhung der grundlegenden Schöpfungsenergie, da sie einen Zyklus innerhalb der Schöpfung vollzogen hat und daher eine Potenz derselben darstellt.
So verstehen wir die Definition der Spirale, welche die Schöpfung visuell darstellt.

Alle alten und wichtigen Kulturen haben den Schöpfungsprozess selbst in Form einer Spirale dargestellt, Grundlage und Ausgangspunkt der Vereinigung männlicher und weiblicher Energien.
Aus diesem Zusammenhang heraus kann die Schöpfung ausschließlich nur aus der Vereinigung männlicher und weiblicher Energien entstanden sein; *das göttliche Paradoxon ist also Vater-Mutter-Geist.*

Daraus ergibt sich eine archetypische Gesetzmäßigkeit, das Leben nur aus der Interaktion dieser zwei Schöpfungspolaritäten entstehen kann.
Durch die ständige Vereinigung des negativen und positiven Pols entsteht ein elektromagnetisches Hologramm oder Energiemuster, dass alle Lebensformen durchpulst und ein *Organisationsfeld* für diese darstellt. Zum Vergleich dieses Urmusters erinnere ich an dieser Stelle an das Atommodells so wie es David Bohm in deiner *impliziten Ordnung* darstellt.

Polarität und Androgynität

Dieses Organisationsfeld ist Grundlage der Schöpfung und somit der menschlichen Seele.
In der Ganzheit spricht man nicht von Männern und Frauen, sondern einfach nur von Menschen. Ein anderer Begriff für dieses Feld ist Androgynität. So haben Männer und Frauen eine unaus-

gesprochene Seelenverwandtschaft, C.G. Jung nennt dieses Verhältnis den männlichen Anteil bei der Frau sowie den weiblichen Seelenanteil beim Mann.
Geschlechtstunspezifisch wirkt sich dieses archetypische Schöpfungsmuster in allen Lebewesen als Sehnsucht nach Ergänzung, hinsichtlich eines harmonischen Ausgleichs beider Seelenanteile, aus.
Der Traum nach Vollständigkeit wurzelt also in uns allen als Urbedürfnis im Einklang mit unserem Partner zu leben oder zu sein.

Beobachten wir diese Tendenz rein biologisch, so beginnt das menschliche Leben als Fötus in einer natürlichen Zweigeschlechtlichkeit. In den ersten sechs Wochen einer Schwangerschaft ist die Gewebestruktur des sich entwickelnden Fötus bei Mann und Frau exakt gleich. Danach erst differenziert sich der Chromosomensatz.

Männlich und weiblich sind komplementäre Strukturen, Energiefelder, welche sich ähnlich dem Atommodell ständig bedingen und ergänzen, gleich um welchen Lebensbereich es sich nun handelt.

Die Einheit bedarf der Vielfalt ebenso wie die Vielfalt der Einheit bedarf.

So ist in diesem Schöpfungsmodell die seelische Grundlage dieser komplementären Faktoren später auch im Aufbau des Denkens und Fühlens von Mann und Frau erkennbar.
Beide Wesensanteile sind in uns verankert, jedoch haben wir uns in unserem biologischen Geschlecht bewiesenermaßen für einen Anteil primär entschieden, obwohl seelisch beide Anteile komplett vorhanden sind.
Mythologisch wird häufig der Sündenfall als Beispiel bemüht, um die Trennung aus der Einheit des Seins zu verdeutlichen. Das Paradies ist kein geographischer Ort, sondern ein Bewusstseinszustand, den das Urpaar verlassen hatte. Adam heißt übersetzt „der Erste“ und somit war die Erstschöpfung Mensch nicht männlich sondern Beides, nämlich androgyn. Die Griechen kannten die Darstellung des Hermaphroditen, der symbolisch dieses Verankertsein beider Seelenanteile repräsentierte.
Wie auch immer Schöpfungsmythologien, Religionen und Philosophien bemüht sein wollen, der Vater-Mutter-Geist ist in allen Ausdrucksformen des Kosmos präsent und steuert unser Leben,

unsere Gefühle und Träume, unser Denken und Handeln immer mit der Zielrichtung Ganzheit und Vollkommenheit.

Androgynität ist die vollkommene Idee Mensch.

Diese einführenden Gedanken mögen ausreichen, um den praktischen Teil des Themas´, der sich seit vielen Jahren in unseren Seminaren bestätigt hat, zu erläutern.
Zusammenfassend dient uns als Modell der Archetyp der Androgynität.

Im folgenden Diagramm sind einige grundlegende Begriffe aufgelistet, welche das Verständnis dieses Modells fördern:

Androgynität der Seele

Individualität	Persönlichkeit
Seele	Ego
Selbst	Wille
Anima	Animus
magnetisch	elektrisch
weiblich	Verstand
Yang	Yin
Mond	Sonne
sich öffnen	sich schließen
Introversion	Extraversion
Kreisform	Linie
Entwurf	Handlung

Soweit ist erkennbar, dass sich die jeweiligen Begriffspaare ergänzen und nur im Zusammenhang eine Ganzheit ergeben. Androgynität ist die Grundlage der persönlichen Natur des Menschen, sie zielt auf die Entwicklung der Persönlichkeit ab. Insofern handelt es sich um Ressourcen des Menschen, die innerhalb einer Partnerschaft erst durch Gegenüberstellung aktiviert werden.

Wir können das obige Modell nun selektieren, indem folgendes Prinzip gilt:

Individualität = Seele ➔ Persönlichkeit = Ego

Der Begriff Persönlichkeit enthält die lat. Wurzel *personare* was gleichbedeutend mit dem Wort *Maske* ist. Wir dürfen uns nicht von den äußeren Persönlichkeitsmerkmalen eines Menschen täuschen lassen, da meist diese Seite gleichzeitig die antrainierten

Komplexe des Menschen darstellen. Diese entsprechen der rechte Spalte unserer Darstellung.
Wir können dies auch im Sinne des zweiten hermetischen Prinzips verstehen, dem Gesetz von Inhalt und Form. Die Persönlichkeit und deren Merkmale entsprechen der Form, die Individualität der Seele des Menschen, dem Inhalt.

Im Verlauf dieses Kapitels vertiefen wir noch das Modell der Androgynität.
Nur im kompletten Austausch aller Eigenschaften ergänzen sich bewusste und unbewusste Persönlichkeitsanteile im Einzelnen sowie in der Partnerschaft selbst. Die Gesetzmäßigkeiten dieses Energieaustauschs können Sie nun exklusiv als Leser persönlich kennen lernen.

Wie steht es also um ihre Androgynität, oder besser Beziehungsfähigkeit?

Das folgende Beispiel dient nun zur Ermittlung ihres Traumpartners. Bitte nehmen Sie sich ausreichend Zeit und schreiben Sie im positiven wie negativen ihre Idealvorstellungen hinsichtlich aller Charaktereigenschaften, persönlichen Strukturen und sonstigen Wünsche auf.

Berücksichtigen Sie auf der linken Plusspalte alle erwünschten Eigenschaften, auf der rechten Minusspalte alle unerwünschten Eigenschaften, Potentiale, auf welche Sie verzichten könnten. Sagen Sie nicht, dieser Partner würde nicht existieren und schreiben bloß die rationellen Begriffe auf, nein, entwickeln Sie Phantasie und stehen Sie zu ihren Träumen. Schreiben Sie alle Ideale auf, Eigenschaften, wo Sie sich geborgen, angenommen, akzeptiert und geliebt fühlen.
In der rechten Spalte sollten alle Begriffe stehen, die Sie ablehnen und nicht in ihrer Beziehung erleben möchten.

Idealpartner ®

Plus +	Minus -
ErwünschteCharakter-eigenschaften	**Unerwünschte Charakter-eigenschaften**

Sie sollten für jede Spalte mindestens 10 Begriffe notieren.

Die Auswertung des Arbeitsbogens *Idealpartner* zeigt Ihnen komplett ihre bewussten und noch unbewussten Seelenstrukturen aufgrund Ihrer Beziehungserfahrungen.

Am Anfang verlieben sich die meisten Menschen in ein Idealbild des anderen Menschen (Plusspalte). Dieses Verliebtsein ermutigt uns, unser Selbst zu transzendieren, indem wir nur die Schokoladenseite des Anderen fühlen und wahrnehmen. Insofern ist dies ein konstruktiver Wachstumsprozess in den ersten drei bis sechs Wochen.

Es kommt der Tag, an dem die wahre Person zurückkommt und akzeptiert werden möchte.
In diesem Moment nehmen wir erstmals die andere Seite des Partners wahr (Minusspalte).

Der Spiegel ihrer Seele

Wenn Sie nun genau vorgehen und sich die Minusspalte des Arbeitsbogens *Idealpartner* betrachten, so können Sie zu jedem Begriff ein Erlebnis, mehrere Ereignisse mit entsprechenden Bezugspersonen definieren!
Legen Sie ein neues Arbeitsblatt dazu an.

In modifizierter Form haben Sie in der *Summe aller unerwünschten Eigenschaften* den Großteil ihrer Beziehungsvergangenheit skizziert. Nehmen Sie sich wiederum Zeit und schreiben Sie zu jedem Begriff ihre Assoziationen auf. Es tauchen unabhängig voneinander, zu verschiedenen Zeiten Bezugspersonen zum gleichen Thema, auf. Eruieren Sie alle Situationen, durch welche der entsprechende Begriff entstanden ist. Sie sehen, es existiert zu jedem Begriff ein Geflecht von Erfahrungen, eine Beziehungsmatrix. In der Gesamtheit aller Begriffe der Minusspalte haben Sie in *unglaublich kurzer Zeit* das Wesentliche und Charakteristische jeder wichtigen Partnerschaft in diesem Leben notiert. Dabei spielt die Intimität der jeweiligen Beziehung nur eine sekundäre Rolle.

Der Schatten ihrer Beziehung bezieht sich auf die realen Erlebnisse innerhalb ihrer Beziehungen. Sie kommen nicht umhin festzustellen, dass die primäre Resonanz in ihrer Beziehung der Qualität der Minusspalte entspricht. *Warum ist dies so?*

Resonanz- und Komplementärprinzip in der Partnerschaft

Stellen Sie sich den Mensch als einen Strahlungsorganismus, ähnlich einem Sender und Empfänger vor. Wir senden (strahlen) bekanntermaßen unsere Wünsche und Ideale (Plusseite) genauso bewusst aus, wie auch die verdrängten und desintegrierten Anteile unserer Beziehungsseele (Minusseite). Da Sender und Empfänger eine spezifische Frequenz darstellen, können wir nur mit dem Menschen mittel- bis langfristig in Kontakt stehen, der unseren *tatsächlichen* Beziehungserfahrungen entspricht!

So verwunderlich das am Anfang für viele Leser auch sein mag, diejenigen Erfahrungen, welche die stärkste Persönlichkeitsenergie binden, strahlen auch am stärksten aus, bilden somit ein bestimmtes Resonanzfeld für die Anziehungsqualität ihres Partners.

Im Klartext bedeutet dies, dass sich insgeheim ein Großteil der Menschen den Partner wünscht, welcher der Plusspalte entspricht, aber tatsächlich mit dem Partner zusammen sind, welcher der *Minusspalte* entspricht!

Selbstverständlich sind 50 Prozent derjenigen Begriffe ebenso in ihren Beziehungen verwirklicht worden, welche der Plusspalte entsprechen. Die restlichen 50 Prozent zählen wirklich zu ihren Träumen (Projektionen), stellen aber ein Begriffspaar zu den destruktivsten Beziehungserfahrungen dar. Dies meint, dass die unangenehmen Erfahrungen automatisch den Wunsch nach dem perfekten Gegenteil erzeugen.

So ist die Sehnsucht nach dem Idealpartner ein Projektionsfeld, um eigene Schattenanteile unverblümt real zu erkennen und darzustellen.

Es ist klar, dass wir das Gegenteil unserer unerfüllten Träume imaginieren, klar ist aber auch, dass im Idealpartner alle persönlichen Versäumnisse hinsichtlich unserer Seelenentwicklung auftauchen. So diente der Arbeitsbogen in Wirklichkeit via Partnerschaft nur der Selbsterkenntnis unserer derzeitigen Entwicklungsstufe.

Sie mögen sich nun fragen, unter welchen Umständen Sie vielleicht doch den Weg zum Idealpartner finden? Das Bewusstmachen aller Beziehungserfahrungen dient in seiner Komplexität dem Auffinden unserer eigenen Androgynität. Warum haben Sie eine Resonanz zu diesem bestimmten Partner, warum wiederholen sich über Jahre unabhängig von einem bestimmten Partner die immer gleichen Themen?

Die Betroffenheit und Auswirkung der jeweiligen Resonanz zwingt Sie früher oder später, den verdrängten Pol selbst in sich zu verwirklichen.

Wenn Sie realisieren, wie beide Begriffsspalten zusammenhängen, so erleben Sie regelmäßig diese Komponenten in jeder Beziehungsform, mag dies nun der Ehepartner, Ihr Nachbar, ein Freund oder Kollege, die Eltern oder ihre eigenen Kinder betreffen, die Eigenschaften der jeweiligen Spalten geben den Ausschlag.

So ist es durchaus möglich, dass Sie nach einigen Beziehungen sprichwörtlich die Nase voll haben und eine Zeit objektiv für sich verbringen. In diesem Vakuum machen Sie ähnliche Erfahrungen wie in einer Intimbeziehung, eben nur auf Distanz und daher abgeschwächter; die Themen und die dahinterstehenden Lernaufgaben sind jedoch die Gleichen geblieben.

Nicht selten erleben Mütter nach jahrelanger Beziehungsabstinenz mit ihren volljährigen Töchtern indirekt die gleichen Themen wieder via deren Partner. Das Gesetz der Wiederholung des Verdrängten, fünftes hermetisches Prinzip, kommt hier zur Wirkung.

Unabhängig von Zeit und Raum holen Sie im Detail ihre eigenen Lernthemen aus der Vergangenheit über die Erfüllungsgehilfin „Tochter" wieder ein.

Eine noch beliebtere Variante, jedoch selbstzerstörerischer und teilweise autosadistischer Natur ist diejenige, dass solange nach einem „Ersatz" gesucht wird, bis die vollkommene Beziehungsisolation vor der Tür steht.

Ein Mensch, der das Komplementärgesetz nicht anwendet, sucht und sucht in immer neuen Beziehungen in Wirklichkeit nur einen Partner, der für ihn die Verantwortung übernimmt, für all jene Themen, die wiederum der eigenen Minusspalte entsprechen.

Abhängigkeit oder Ergänzung?

Eine spirituelle Beziehung fördert die Trinität Körper-Seele-Geist und hemmt diese nicht durch ungelöste Polaritäten.

Ist erst einmal deutlich geworden, wie die wechselseitige Anziehung von ungelösten Seelenanteilen auf den Partner projiziert

wird, kann der nächste Prozess der Androgynität zur Förderung von Liebe und Verständnis eintreten.
Partnerschaft ist energetisch gesehen ein eigener *Beziehungskörper*. Dieser besteht aus der Chemie zweier Personen und lebt eigenständig als *Energieessenz* beider Partner. Die Beziehungschemie ist derart einmalig, dass die Qualität niemals mit einem anderen Menschen wiederholt werden kann. Dass, was sich zwischen diesen Partnern abspielt, ist die Individualität des Beziehungskörpers. Er ist die Modifikation zweier Plus- und zweier Minusspalten oder anders ausgedrückt, Individualität und Persönlichkeit in Einem.

Stellen Sie sich nun vor, ihr Traumpartner steht vor Ihnen und Sie verbringen nun ein Wochenende, unabhängig von allen gewöhnlichen Lebensumständen, zusammen. Ein Partner, der vorwiegend ihren Wünschen und Träumen, also der Plusspalte entspricht, steht ihnen zur Verfügung. Was löst dieser Gedankengang in ihnen spontan aus?

Es werden nun die unterschiedlichsten Reaktionen folgen, Tatsache ist jedoch, dass auf Dauer eine Beziehung nur möglich wäre, wenn wir selbst diesem Menschen ähnlich viele gute Eigenschaften zu seiner Vollkommenheit bieten könnten.
Alles andere ist zwar kurzfristig angenehm, erzeugt aber schnell eine Qualität von Abhängigkeit, die einer psychischen Folterkammer entspricht.
So erkennen wir aus unseren Erwartungen gleichzeitig unsere persönlichen Defizite!

Trotzdem ist die Suche nach dem Traumpartner symbolisch die Suche nach der eigenen Vollkommenheit, leider nur in projizierter Form. Wissen wir um die projizierten Defizite, wird es immer unmöglicher, unsere verlorenen Seelenanteile, die auch immer verlorene Persönlichkeitsanteile sind, von dem Partner und dessen Wohlwollen abhängig zu machen.
Sie werden festgestellt haben, dass es um so leichter sein wird, wenn die *Vorbedingungen* einer Partnerschaft geklärt sind. Das ungeklärte Potential einer vorhergegangenen Beziehung wirkt sich natürlich negativ, von der Bewusstseinsenergie her, in die Jetztbeziehung aus, obwohl die Lernthemen eigentlich mit einem anderen Partner zu bewältigen wären.

Was geschah vorher?

Das Beachtenswerte zum Zeitpunkt des Kennenlernens beider Partner sind also die vorher existenten Polaritäten, welche extern garantiert die ersten Wochen des Zusammenseins aufeinander projiziert werden (Plus auf Plusspalte). Viele Menschen erleben in diesem Drang nach Ergänzung, was in Wirklichkeit nur einer Auslagerung persönlicher Defizite in projizierter Form entspricht, diesen Zustand als *Liebe*. In dieser Phase des Verliebtseins verlieren sich beide naturgemäß im „Pluszustand", die individuellen „Negativspalten" warten zwei bis 3 Monate im Schattenbereich der Illusionen und rauschartigen Glückszustände, die diese wunderbare Zeit mit sich bringt.

Durch das Gesetz des Rhythmus wiederholt sich jedoch thematisch, genau mit demjenigen Partner, unsere immer wiederkehrende Lernaufgabe solange, der gleichzeitig Erfüllungsgehilfe aber auch Gegenspieler oder Protagonist ist, bis eine Aufgabe ausgeglichen ist. Gelöst meint, dass beide Partner gleichzeitig den aktiven und passiven Teil eines Lernthemas bewusst begreifen. Keiner von Beiden ist ausschließlich nur Opfer oder nur Täter. Ohne Schuldzuweisungen persönlicher Art geht es um das Lernthema, nicht um das Schuldthema!
Da wir nicht zufällig mit unserem Partner auch gleichzeitig und gegenseitig unsere Beziehungsvergangenheit/en leben, haben beide eine *tiefe Resonanz zueinander*. Das Problem dürfte jedoch sein, dass die Dinge, die sich beide gegenseitig unterstellen, selten als eigenes Lernthema erkannt werden!

Verstehen wir den Partner in dieser Phase des Zusammenseins als *Komplementärpartner*, können grundlegende Missverständnisse, die auf falscher Erwartungshaltung beruhen, vermieden werden. Der Komplementärpartner tritt zu dem Zeitpunkt in mein Leben, wenn ich zu dem nächsten Schritt in meiner Entwicklung bereit bin. Dieser ist in Wirklichkeit mein erster Lehrer! Beide Partner benötigen solange, nach diesem Gesetz, den Schatten des Anderen, weil nur er in Form von Schwächen den Weg zur Erlösung zeigen kann.
Grundsätzlich erkennen wir beim Partner genau die Schwäche, die wir selbst haben, sonst würden wir keine Resonanz hierfür haben. Umgekehrt dient eine gemeinsame Aufgabenteilung (nicht zu verwechseln mit *Aufgabenverteilung*) in Gespräch und gemeinsamer Beziehungsarbeit zur bewussten Integration des je-

weiligen Negativbegriffs. So erwartet keiner mehr vom Anderen die Lösung und damit die Übernahme von Verantwortung, die der Partner gar nicht leisten kann! Beide können bei entsprechender Reife, Integrationsarbeit leisten und nach und nach ihre eigenen Schattenanteile zurücknehmen.

So entsteht ein Milieu von Ergänzung, Abhängigkeit voneinander würde bedeuten, dass der Grad der gegenseitigen Projektion oder Unbewusstheit individuell nicht integriert wurde.

Resonanz, Polarität und Rhythmus

Beide bedingen ihre Anlagen, können jedoch ihre Anlagen beider Spalten auch unabhängig voneinander zum Ausdruck bringen. Liebe bleibt nur dann kontinuierlich die tragende Energie der Beziehung, wenn beide einen Freiraum schaffen, indem Liebe die konträren Eigenschaften beider Partner verbinden kann. Liebe ist eine neutrale Energie, welche sich dort bedingungslos verschenkt, wo keine Besitzansprüche an diese Energie gerichtet werden.

Beziehung ist ein Austausch von bewältigten wie unbewältigten Eigenschaften. So müssen sich beide schon vor Beginn der Beziehung im Klaren sein, was tatsächlich die *Anziehungsqualitäten* zum Zeitpunkt des Kennenlernens waren!

Liebe ist ja auch das Empfangen einer Kraft, die einem zum vollkommenen Ausdruck des eigenen Potential fehlt. In der Liebe findet ein gegenseitiger Austausch von individuellem Überfluss von Eigenschaften und Erfahrungen statt.

Der Grund gemeinsamer Anziehung sind somit die ungelösten Polaritäten, nicht Liebe.

Diese kann dauerhaft entstehen, wenn beide Partner sich bemühen, selbstbezogene Projektionen im Opfer/Täter- Verhältnis zurückzunehmen.

So ist festzuhalten, dass unser Partnerwunsch in Wirklichkeit einen *Großteil eigener ungelöster Lebensprobleme beinhaltet.*

Partnerschaft ist ein karmischer Wechsel von ungelösten Problemen und spiritueller Entwicklung, ein Netzwerk, das Liebe fördert.

Die gegenseitigen Anziehungskräfte werden nun nach folgender Gesetzmäßigkeit entwickelt:

Durch das archetypische Modell der *Androgynität* und der persönlichen Ergänzung durch das Modell *Idealpartner* haben wir paarspezifisch, die jeweiligen Polaritäten der Plus- und Minusspalten kennen gelernt. Grundlage ist somit das vierte hermetische Gesetz der Polarität in Verbindung mit dem zweiten Gesetz, der Resonanz.

Die gegenseitigen Resonanzen sind durch den Komplementärpartner zuerst unbewusst, da im Rausch der ersten Verliebtheit gänzlich das Ideal angestrebt wird. Mann und Frau haben trotzdem eine wechselseitige Affinität zu der eigenen, ungelösten

Vergangenheit. Das Gesetz der Affinität ist gleichzeitig auch das Gesetz der Anziehung, man könnte auch von positiver oder negativer *Sympathie* sprechen.
Die jeweils bewussten und unbewussten Seelenanteile stehen direkt in einem dritten Körper oder Organisationsfeld in Beziehung, dem Beziehungskörper als Summe aller Partnereigenschaften. Dieses System wird nun durch das Grundgesetz der Schöpfung, dem Gesetz des Rhythmus, dem fünften hermetischen Prinzip aufrechterhalten.

Wir sehen dies an folgendem Diagramm, um das Gesetz der Wiederkehr des Verdrängten auf das Wirkungsverhältnis innerhalb einer Partnerschaft darzustellen.

Pluspolarität *+*
(Harmonie oder Schmerzfreiheit)

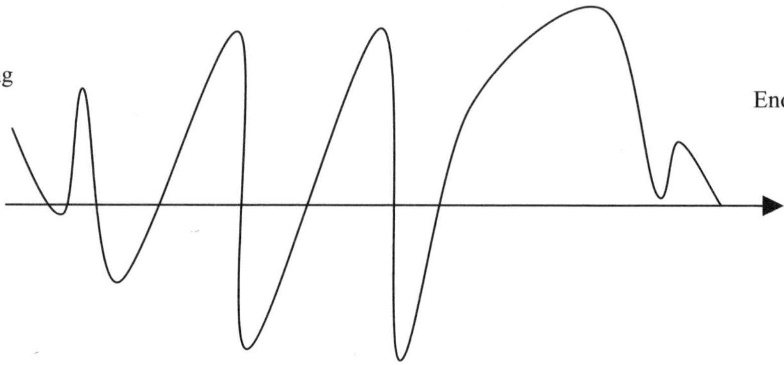

Minuspolarität -

(Beispiel Partnerproblem oder Schulter-Nackensyndrom)

Die Sinuskurve stellt den Verlauf eines ungelösten Problems einer Person, in seiner chronologischen Entwicklung innerhalb eines Zeitraums von ca. 3 Jahren, dar. Der Beginn des ersten Auftretens eines Problems ist links mit einem x dargestellt. Tritt das Problem auf, neigt die Kurve in den Minusbereich und verweilt dort solange als Herausforderung, bis entweder eine Lösung (Rücknahme eigener Projektion) gefunden wird oder ein Kompromiss, im Sinne einer weiteren Verdrängung stattfindet. In den meisten Fällen wird der zweite Fall praktiziert, da es einfacher ist, den Fehler in der Außenwelt, der Familie oder beim Partner zu suchen.
Der Aufwand, um das Problem zu verschieben, ist gleichzeitig die Energie, die diesen Rhythmus nun aufrechterhält und gleichzeitig verstärken wird. Mit jeder weiteren Verdrängung (Schuldzuweisung oder Projektion nach Außen) sorgt der Projizierende dafür, dass keine Wiederholung in irgendeiner Form mehr stattfindet. Dadurch nährt er künstlich seinen Schatten und investiert in Wirklichkeit in das Problem, anstatt in die Lösung.

Der Verlauf des Problems ist abzusehen, da in immer kürzeren Abständen das Problem verstärkt auftritt. Meistens, und das ist die Ironie des Schicksals, zu völlig „unmöglichen“ und unerwarteten Momenten und Situationen, eigentlich dann, wenn am wenigsten damit gerechnet wird.

Es kommt nach vielfachem Verdrängen zwangsläufig zur Eskalation des Problems, nicht alle sieben oder acht Wochen ist dieses Thema im Alltagsgeschehen manifestiert, die Zyklen verringern sich zunehmend auf kürzere Perioden, bis es täglich ein Thema sein wird. Das Gesetz des Rhythmus ist damit eine Ausgleichsgesetz, dass alle verdrängten Bewusstseinsthemen, die uns helfen, Ganzheit und Heilung zu erreichen, solange durch Wiederholung aufrechterhält, bis wir das Thema annehmen.
In vielen Fällen ist gerade in Beziehungen dann der Zeitpunkt gekommen, sich vom (Komplementär-) Partner zu lösen, was zur Folge hat, das Thema in der nächsten Beziehung, nach dem gleichen Zeitzyklus wieder aufzurollen.

Eigentlich ein verhängnisvoller Kreislauf wenn man bedenkt, dass nach diesen Gesetzmäßigkeiten gerade ein ähnlicher Partner angezogen werden muss. So hat jeder den Partner, den er verdient, solange, bis ein Ausgleich auf der persönlichen Ebene stattfindet.

Verstrickung als Gesetz

Ein anderes Beispiel mag dies verdeutlichen: Eine Großzahl von spirituell suchenden Menschen haben häufig mit Wirbelsäulenproblemen ihre Schwierigkeiten. Nehmen wir das in diesen Kreisen weit verbreitete Schulter-Nacken-Syndrom oder Beschwerden im Lendenwirbelbereich. Der Verlauf ist der Gleiche, nur auf der physiologischen Ebene dargestellt. Wieder dient uns das Diagramm zur Darstellung.
Es beginnt im Zyklus von neun bis zehn Wochen mit Schulter-Nacken- Schmerzen, verbunden mit leichtem Kopfschmerz mit oder ohne Wetterfühligkeit. Gesetzt diesen Fall, bewegt sich die Sinuskurve im Minusbereich. Ob Sie nun auf ein naturheilkundliches Heilmittel, eine Massage, eine Wärmebehandlung oder auf den Griff eines Chiropraktikers zurückgreifen, macht zu einem chemischen Gift keinen Unterschied, da Sie den Schmerz auf der Wirkungsebene bekämpfen und nicht auf der verursachenden Ebene, der Seele.

Der Schmerz verschwindet vorübergehend und wird bei einem ähnlichen Auslöser in der Außenwelt (Beruf, Beziehung etc.) wieder auftreten. Der Schmerz (Inhalt des Problems als energetisches Anzeichen) tritt immer in Verbindung mit einer spezifischen, äußeren Stresssituation auf (Formaspekt und daher äußerer Wirkungsfaktor auf der physischen Ebene). Es ist bekannt, dass sich die Wiederholungszyklen in immer kürzeren Abständen derart wiederholen, dass sich nach ca. sechs bis sieben Jahren ein chronischer Schmerz einstellt, der sich alle drei bis vier Tage zeigt. Im Sinne eines chronisch verlaufenden Krankheitsbildes wird die Wirbelsäule ein ständiger Ausdruck eines verschobenen Problems. Warum verstehen die meisten Leser den Symptomverlauf auf der physischen Ebene, vergessen dabei, dass der innere Wirkungsmechanismus der zyklischen Wiederholung exakt auf der psychischen Ebene, für alle Formen von Neurosen und Konflikten gleichzeitig gilt?

Ob Sie nun einen Schattenanteil ihrer Minusspalte oder ein Symptom einsetzen, die Wiederholung muss im Sinn einer größeren Harmonie stattfinden, weil nur dann die Möglichkeit besteht, eine sinnvolle Lernerfahrung zu machen. Anstelle in Begriffen wie Strafe oder Schicksal zu denken, ist es doch eine unglaubliche Gnade seitens der Schöpfung, dass wir unseren Schatten ans Licht bringen können und dabei gleichzeitig zu einer lichteren Individualität reifen.

*Die heilsame Verknüpfung-
Karmische Beziehung oder Ergänzung in Freiheit?*

Unsinnig ist es, ein bestimmtes Karma auf einen Menschen zu projizieren, geschweige einem gesamten Geschlecht. Der Wiederholungsmechanismus wird und wurde ausschließlich durch uns selbst ausgelöst, wir ziehen also immer den richtigen Komplementärpartner an. Vergleichen Sie nun das zweite hermetische Prinzip, das Untergesetz der positiven oder negativen Verstärkung, so kann sich entweder nur eine Erkenntnis oder ein Problem verstärken und damit solange wiederholen, bis wir nicht mehr verdrängen können. Nur ein Schicksalsverweigerer bemüht nun mystische Schicksalsmächte oder sogar fremde Planeten, um sein Beziehungskarma rechtfertigen zu wollen. Der Partner ist und bleibt der vollkommenen Seelenspiegel. Wir können frei wählen, ob wir bestimmte Lernthemen mit einem Partner oder vielen Partnern bewältigen möchten, fest steht, das Thema bleibt sich gleich bis die Projektion zurückgenommen wird.

Bewegen sich nun beide Partner im Licht der Erkenntnis, so erleben diese Stärken und Schwächen als Ergänzung und werden damit immer unabhängiger von falschen Erwartungen und Verbindlichkeiten. Dadurch entsteht der Freiraum, indem seelisch-geistiges Wachstum möglich wird. Sie können sich auf der spirituellen Ebene öffnen, ohne ein teures Seminar dafür buchen zu müssen, weil Sie die eigene Androgynität anerkennen und praktizieren. Beide sind geerdet und stehen mit ihren Wurzel fest im Leben, fließen mit allen äußeren Verantwortungsbereichen. Gleichzeitig sind Sie fest im Himmel verankert und öffnen sich den Inspirationen und Kreationen der Götter.

Numerologische Praxis

Grundlagen und Schnellkursus

Einleitung

Das Geburtsdatum des Menschen lässt uns erkennen, welche karmischen Voraussetzungen wir für dieses Leben mitgebracht haben. Es zeigt unsere Anlagen, die Dynamik, mit der wir sie umsetzen, und die Aufgaben, die wir zu lösen haben, die Potentiale, die in uns stecken. Darüber hinaus zeigt es auch Harmonisierungsmöglichkeiten von widerstreitenden Energien. Der Schlüssel zu all dem sind die grundlegenden numerologischen Berechnungen.

Wir ermitteln zuerst den Grundtypus, den Persönlichkeitstypus und den Karmapunkt. Sie sind das Fundament für jede numerologische Praxis und geben uns bereits sehr viele, wichtige und grundlegende Informationen. Dann folgt die etwas komplexere Erstellung des Numeroskops, der visuellen Darstellung sämtlicher energetischen Verhältnisse und Wechselwirkungen in ihrer Anlage und Umsetzung.

Um erste Informationen über uns oder unseren Partner zu erhalten, ermitteln wir unseren:

- **Grundtypus** und erhalten die Zahl unserer Grundschwingung, erfahren unser Lebensprinzip;
- **Persönlichkeitstypus** und erfahren, welche Anlagen wir besitzen und mit welcher Energie wir sie zur Wirkung bringen;
- **Karmapunkt** und erfahren, welche Verstrickungen wir aus der Vergangenheit mitgebracht und zu lösen haben, das Grundthema unseres Lebens;
- **Schicksalszahlen** und erfahren, in welchem Alter wir mit Ereignissen zu rechnen haben, die für unsere Entwicklung wichtig sind.

Fazit: Der Karmapunkt zeigt uns die Aufgabe, die wir in diesem Leben zu erfüllen haben. Der Persönlichkeitstypus ist das uns zur Verfügung stehende Werkzeug, mit dem wir diese Aufgabe lösen können. Am Grundtypus erkennen wir das Prinzip, um das es dabei geht, und an den Schicksalszahlen, die für Entwicklungsschritte prädestinierten Jahre.

Grundtypus

Die Zahl für den Grundtypus repräsentiert die Grundschwingung der Persönlichkeit.
Jennifer wurde am 15. 3. 1942 geboren. Die Quersumme ihres Geburtsdatums wird nun errechnet, indem die einzelnen Ziffern dieses Datums addiert werden. Wir notieren Tag, Monat und Jahr zuerst in der üblichen Form und notieren dann:

Beispiel Jennifer: Geburtsdatum 15. 3. 1942
= 1 + 5 + 3 + 1 + 9 + 4 + 2 = 25 (Quersumme des Geburtsdatums;
im Folgenden **Quersumme 1** genannt)

2 + 5 = 7 (Quersumme der Quersumme = Grundtypus; im Folgenden **Quersumme 11** genannt)

Quersumme 1 = 25 wird in Quersumme B auf die Grundzahl 7 zurückgeführt. Die Grundzahl ist erreicht, wenn sich keine weitere Quersumme mehr bilden lässt. Wenn das Ergebnis also eine der
natürlichen Kardinalzahlen 1, 2, 3, 4, 5, 6, 7, 8, 9 oder 0 ist, haben wir den Grundtypus ermittelt.

Die errechnete Zahl 7 gibt Auskunft über die **Grundschwingung** dieses Menschen.

Jetzt können wir schon einiges über Jennifer oder auch über uns oder über unseren Partner erfahren:

Wir lesen dazu im Abschnitt **Zahlenanalogien** für die **Grundschwingung** nach- in Jennifers Fall unter dem Zahlenschlüssel 7 (siehe Seite 60).

Achtung: Es gibt bei der Ermittlung des Grundtypus eine Ausnahme! Wenn wir auf die Quersumme 10 kommen, so reduzieren wir nicht auf den Grundtypus 1, sondern auf den Grundtypus 0. Das hängt damit zusammen, dass die 1 dem Schöpferprinzip, dem Göttlichen vorbehalten ist.

Besonderheiten des Millennium

Geburtsdaten, die **nach dem Jahr 2000** liegen: Hier kommen wir nicht immer auf eine zweistellige Quersumme (Bsp.: 1.1.2000)! Auf Grundlage des dekadischen Prinzips muss bei **allen Geburtsdaten, die bei** der ersten Quersumme keine Doppelzahl errechnen können, die Dezimalzahl 10 hinzugerechnet werden. Grundlage zur Berechnung ist demnach wieder eine zweistellige Zahl.

Beispiel I: Geburtsdatum: 1. 1. 2000

Quersumme I: 1+1+2+ 10 = 14
Quersumme II: 1+4 = 5
Persönlichkeitstypus: 5/14

Beispiel II: Geburtsdatum: 4. 2. 2001
Quersumme I: 9 + 10 = 19
Quersumme II: 1 + 9 = 10 = 0
Persönlichkeitstypus: 0/19

Persönlichkeitstypus

Die erste Quersumme ist der Grundtypus. Der Persönlichkeitstypus ist eine Kombination aus der ersten und zweiten Quersumme des Geburtsdatums. Die beiden Zahlen der ersten Quersumme zeigen, wie wir uns nach außen geben.

Demnach gehören zum **Persönlichkeitstypus** grundsätzlich drei Zahlenschwingungen. Der **Grundtypus** ist ein Energiekonzentrat, das die Wesensrichtung der beiden natürlichen Kardinalzahlen aus der Quersumme 1 in sich vereinigt, wobei die erste Kardinalzahl den Anlagen entspricht und die zweite ihrer **Wirkungstendenz.**

Und so bekommt man die Zahlenkombination für den Persönlichkeitstypus:

Unser Beispiel: Jennifer, 15.3.1942, Quersumme I = 25; setzt sich zusammen aus den Kardinalzahlen 2 + 5 = 7 (Quersumme II)

Die Zahlenkombination für Jennifers Persönlichkeitstypus ist demnach 7/25 (sprich: 7 aus 25).

Jennifers **Anlagen** (statische Qualitäten) werden von der Zahl 2 repräsentiert, der ersten natürlichen Kardinalzahl von Quersumme 1. Demnach ist Jennifer ein eher introvertierter Mensch mit sehr guten, geistigen Anlagen.

Die **Wirkungstendenz** (dynamische Qualitäten) dieser Anlagen ist in unserem Beispiel durch die 5 charakterisiert, die zweite natürliche Kardinalzahl von Quersumme I. Die 5 zeigt an, in welche Richtung, mit welcher Dynamik Jennifer ihre Anlagen verwirklicht.

Quersumme 1 repräsentiert ein ständig synchron schwingendes Kraftfeld. Ihre statischen und dynamischen Kardinalzahlen (hier die 2 und die 5) verweisen jedoch nur auf die Grundschwingung des Wesens, auf die energetischen Muster der Persönlichkeit. Man bezeichnet sie auch als Aura oder Ausstrahlung des Wesens.

Die Zahlenkombination für den **Persönlichkeitstypus** (hier 7/25) zeigt den Bewusstseinsstrahl an, die konstante, astrale Grundschwingung des Menschen. Zusammen mit ihrem **Grundtypus** (hier 7), vermittelt sie einen Eindruck von der Haupttendenz der Seele und zeigt demnach, wie sie sich verwirklichen möchte. Die Zahl für den Grundtypus bezieht ihre Kraft aus den beiden natürlichen Kardinalzahlen von Quersumme 1 (hier 2 und 5).

Der erste Schritt für Jennifer besteht nun darin, sich über die Qualitäten dieser beiden Grundzahlen bewusst zu werden: Das Denkprinzip (2), auf der Ebene der Philosophie, der Psychologie, der Ökologie des Bewusstseins zu verwirklichen. Ihre Quersummenzahlen deuten daraufhin, dass Jennifer aktiv oder passiv, direkt oder indirekt über ihre Außenwelt aufgefordert wird, psychologisch und philosophisch zu denken und zu handeln. Das ist ihr Beitrag zum Sein.

Ist diese Grundforderung erfüllt, kann sie sich ganz ungezwungen und mit Genuss dem Schöngeistigen, der geistigen Fülle des Lebens widmen.

Allerdings kann sich der **Persönlichkeitstypus** ausschließlich auf dem Boden des karmischen Hauptthemas seines Lebens tragfähig entfalten! Bei unserer Betrachtung müssen wir den **Karmapunkt** berücksichtigen, der ähnlich wie ein Filter wirkt.

Achtung: Hier gilt dasselbe wie für die Ermittlung des Grundtypus! Wenn wir auf die Quersumme 10 kommen, so reduzieren wir nicht auf den Grundtypus 1, sondern auf den Grundtypus 0. Das hängt damit zusammen, dass die 1 dem Schöpferprinzip, dem Göttlichen vorbehalten ist.

Beispielsweise das Geburtsdatum: 2.5.1974 = 28 = 10 = 0. Wir erhalten hier den Persönlichkeitstypus 0/28 und nicht 1/28.

Hinweis: Auf Grundlage des hermetischen Prinzips muss bei **allen** Geburtsdaten nach dem Jahr 2000 zu der ersten Quersumme die Dezimalzahl 10 hinzugerechnet werden, **wenn es beim ersten Rechenschritt zu keiner Doppelzahl kommt!**

Karmapunkt

Dann möchten wir noch etwas über Jennifers Lebensaufgaben erfahren und finden in dem Kapitel **Karmapunkte** Aufschlüsse über ihre karmischen, also aus früheren Existenzen kommenden Aufgaben, denn sie wird ihre Persönlichkeit ja erst dann voll zur Geltung und Wirkung bringen können, wenn sie dem Thema ihres Karmas gemäß lebt und die damit verbundenen Verpflichtungen einlöst.

Der **Karmapunkt** zeigt das Grundthema oder die Absicht der Seele: was sie in diesem Leben erledigen möchte. Er gibt Aufschluss über den roten Schicksalsfaden. Wir nehmen und lösen ihn glückbringend auf, indem wir mit der Energie unseres **Persönlichkeitstypus** dieses Grundthema unseres Leben bewältigen. Karmapunkt und Persönlichkeitstypus repräsentieren also Aufgabe und Werkzeug unseres Daseins

Die Verbindung dieser zwei Energien bildet den Ausgangspunkt der hermetischen Numerologie. Diese klärt uns einfühlsam darüber auf, wie der Mensch, in seinem Persönlichkeitstypus inkarnierte Seelenqualität harmonisch und glückverheißend zur Entfaltung bringen kann. Also wie er seinem Karma entsprechend leben kann, dass im **Mondknoten oder Karmapunkt** angedeutet ist.

Numerologisch ausgedrückt bedeutet dies, dass der Karmapunkt den Widerstand darstellt, an dem die Seele sich zu ihrem Wachstum reiben will. Die Tages- und Monatszahlen hingegen repräsentieren die Bewusstseinsqualitäten, die gewährleisten, dass diese Reibung fruchtbar sein und die Lernaufgabe gemeistert werden wird.

Die einzelnen Zahlen der Geburtszeit sind den ganz persönlichen Eigenheiten des Wesens zugeordnet und verweisen auf persönliche Vorlieben für Farben, Musik, Kleidung usw. Zusätzlich geben sie Aufschluss über typische Reaktionsmuster und die Art und Qualität der Durchsetzung eigener Ansprüche.

Kommen wir zu unserem Beispiel zurück: Jennifer wurde am 15.3.1942 um 4:22 Uhr geboren. Wie wir bereits gesehen haben, sind 7/25 die Zahlen für Jennifers Persönlichkeitstypus. Sie ergeben sich aus den Quersummen 1 und II ihres Geburtsdatums. Aus der Tabelle im Abschnitt **„Karmapunkte“** entnehmen wir, dass ihr Karmapunkt in der Jungfrau, liegt, da sie im Jahr 1942 geboren wurde.

Jennifers erste Aufgabe besteht also darin, die Qualität der Grundenergie ihres 7er-Typus, die Seelenenergie für ihre gegenwärtige Inkarnation, mit dem Hauptthema ihres Lebens in Einklang zu bringen. Die von den relevanten Zahlen von Geburtsdatum und Geburtszeit repräsentierten Bewusstseinsenergien, wurden Jennifer mitgegeben, damit sie ihre karmisch vorgegebenen Lebensthemen optimal meistem kann. Das heißt, ihre individuellen Geburtszahlen sind als Instrumente zur Bewältigung ihres Schicksals einerseits zu verstehen, andererseits enthalten sie zugleich schöpferische Potentiale zu ihrer spirituellen Weiterentwicklung.

Wie Jennifer diese Potentiale zur freien, kreativen Lebensgestaltung voll ausschöpfen kann, zeigen uns dann die Geburtszahlen im Numeroskop. Im **Numeroskop** können wir die Aspekte der einzelnen Zahlen erkennen, die uns erst einen wirklich tiefen Einblick in ihr Seelenleben gestatten.

Ihre **Tages- und Monatszahlen** (1-5-3) repräsentieren das Karmathema ergänzende Qualitäten, verweisen auf die Mittel und Wege zur Umsetzung und Bewältigung der gestellten Aufgaben. So müsste Jennifer vor allem, die den Zahlen 1, 5 und 3 innewohnenden Eigenschaften entwickeln, um die Aufgaben ihres Karmas zu erfüllen. Die Geburtszeit (4:22 Uhr) deutet darauf hin, dass Jennifer mental orientiert (Doppelzwei) ist, mit einer guten Gabe, ihre Ideen in die Praxis (4) umzusetzen.

Inderm wir das Verhältnis von geraden und ungeraden Zahlen berücksichtigen, erhalten wir Aufschluss über Jennifers Temperament, ihre persönliche Ausdrucksweise. Da Geburtsdatum und Geburtszeit sich aus insgesamt fünf geraden und vier ungeraden Zahlen zusammensetzen, wird sie wahrscheinlich recht ausgewogen auftreten, fast in gleichem Maßen aktiv und reaktiv. Danach können wir dann Jennifers **Schicksalszahlen ermitteln und ihr Numeroskop** erstellen, das uns noch weitere Einblicke gibt- und die Suche nach ihrem idealen Lebensweg noch spannender macht.

Schicksalszahlen

Natürlich möchten wir auch wissen, wann ereignisreiche Zeiten für uns anstehen, in denen wir uns vielleicht ein weiteres Stück in Richtung Vervollkommnung unseres Wesens bewegen können.

Über eine Aufschlüsselung des Geburtsdatums können wir wichtige Lebensabschnitte und Wendezeiten ermitteln.

Die Methode zur Ermittlung der Schicksalszahlen lesen Sie bitte im entsprechenden Kapitel nach.

Das Numeroskop

Wir können also sagen, dass die Struktur eines Menschen, aus seinem Numeroskop ersichtlich ist, denn die dort vertretenen Zahlen und Planeten repräsentieren energetische Archetypen, die im Laufe des Lebens zur Wirkung kommen. Natürlich kann der Mensch diese ursächlichen Kräfte, in die von ihm gewünschten Bahnen lenken und nach seinen Vorstellungen modellieren. Vorsehung gibt es nicht, zumindest nicht im Sinne einer absolut festgelegten Bestimmung.

Das Numeroskop enthält sozusagen den Lebensplan, deckt die Intention einer Inkarnation auf und klärt über die möglichen Mittel und Wege zur Einlösung der schicksalsbestimmenden Prinzipien auf. Mit „Einlösen“ meinen wir hier, dass der Mensch sich sein Karma immer selbst erschafft. Solange er jedoch nicht einmal sein, für ihn unmittelbar erfahrbares und von ihm selbst geschaffenes Karma bewusst erkennt, kann er unmöglich die größeren Gesetzmäßigkeiten des Schicksals durchschauen. Er wird die großen und bewegenden Kräfte nicht wahrnehmen, die das Schicksal überhaupt erst verursachen. Jede Schuldprojektion auf die Außenwelt verzögert natürlich den Lernprozess – und jeder stellt so lange einen Widerstand im Kollektiv dar, bis er an seinem Schatten selbstverantwortlich arbeitet.

Das Numeroskop ist also ein Messinstrument für persönliche Schicksalszusammenhänge. Es gibt Aufschluss über verborgene Strömungen im Bewusstsein. Das Numeroskop ist vom Prinzip her den gleichen Erscheinungsformen unterworfen wie das Universum. Es entspricht dem inneren Aufbau seines Wesens. Indem es dem Menschen die spezifische Zusammensetzung, der universellen Strahlungseinflüsse, auf seine Persönlichkeit und sein Leben vermittelt, zeigt es uns, was wir aus den eigenen Fehlern und Begrenzungen lernen und wie wir sie überwinden können. Die Zahlen repräsentieren die geistige Ebene, das noch Unverkörperte, die Planeten hingegen die Wirkungen dieser Anlagen in der sichtbaren Welt.

Es gibt zwei Arten von Numeroskopen, nämlich das individuelle und das **Partnerschafts-Numeroskop.** Dieses Beziehungs--Numeroskop ist auf Ehe, Freundschaft, Arbeitsverhältnisse, Verwandtschaften, kurz: für alle wichtigen zwischenmenschlichen Beziehungen anwendbar. Man kann damit gemeinsame wie gegensätzliche Strukturen erkennen. Das Partnerschafts-Numeroskop zeigt, welche Kräfte, harmonischen Übereinstimmungen und Herausforderungen eine Beziehung fördern und zusammenhalten oder belasten und sprengen.

Zusammenfassung

- Die Quersumme I des Geburtsdatums ist zweistellig.
- Die erste natürliche Kardinalzahl dieser Quersumme verweist auf die statischen Anlagen eines Menschen, die zweite auf deren Wirkungstendenz. Sie aktiviert das in der Anlagen-Zahl schlummernde Potential und lässt es nach außen wirken.
- Die Quersumme II repräsentiert den Grundtypus, das beständig wirkende Energieprinzip (Aura) eines Menschen. Mehr über den Grundtypus und die Bedeutung der Zahlen können wir dem Kapitel Zahlenschlüssel entnehmen.
- Die Quersummen I und II aus dem Geburtsdatum repräsentieren zusammen den Persönlichkeitstypus.
- Die Ausführungen zum Persönlichkeitstypus zeigen, mit welchen Energien der einzelne das aus dem Karmapunkt (Mondknoten) ersichtliche Thema seines Lebens aktiv gestaltend meistem kann.
- Der **Karmapunkt** gibt die grundsätzlichen Themen für dieses Leben vor. Der **Persönlichkeitstypus** kann sich nur auf dem tragfähigen Boden des Karmas entwickeln. Der Karmapunkt wirkt dabei wie ein Filter.
- **Tages- und Monatszahl** weisen auf die vor dem Hintergrund des Lebensthemas zu entwickelnden Bewusstseins- und Charakterqualitäten hin.
- Die Zahlen der **Geburtszeit** machen auf persönliche Eigenheiten und Vorlieben aufmerksam, den individuellen Geschmack für Musik, Farben, Kleidung, Einrichtung usw. Ferner geben sie über typische Reaktionsmuster Aufschluss. Das **Numeroskop** ist also ein viel- und feinstimmiges Messinstrument für **Schicksalszusammenhänge.** Es offenbart, welche Strömungen Bewusstsein und Handeln eines Menschen prägen.
- **Millennium** – **Umstellung** der Jahrgänge
  Falls sich beim Errechnen des Persönlichkeitstypus keine doppelstellige Quersumme errechnen lässt, so zählen wir 10 hinzu und erstellen nun daraus den Persönlichkeitstypus.

Der Zahlenschlüssel

Zahlenanalogien für die Grundschwingungen 0-9

Analogien zum Grundtypus

Allgemeine Zuordnungen

Hinweis:

Grundsätzlich werden bei den folgenden Analogien zu den 9 Grundtypen Prinzipien angesprochen, mit welchen der jeweilige Typus aktiv oder passiv konfrontiert wird.

Das meint, dass sämtliche Zuordnungen einem Urprinzip oder Archetyp entsprechen, welcher bewusst oder unbewusst gelebt wird. Unbewusst gelebt heißt, dass die angesprochenen Analogien passiv über die Außenwelt erlebt werden, sozusagen in der Hemmung. Das jeweilige Prinzip kommt als Thema immer wieder auf den betreffenden Grundtypus zu, damit dieser sich damit auseinandersetzen kann. Bei Ablehnung desselben erfolgt natürlich eine negative Steigerung des Themas.

Passiv oder gehemmt sagt aus, dass wir indirekt über zwischenmenschliche Beziehungen, privat wie beruflich, thematisch und inhaltlich mit dem Prinzip konfrontiert werden als Lernaufgabe. Dies beeinflusst jedoch nicht den freien Willen, zeitigt aber nach dem Gesetz der Wiederkehr des Verdrängten auf längere Sicht gesehen, eine immer stärkere Wiederholungsform dieser Analogiekette.

Also wundern Sie sich nicht, verehrter Leser, wenn die Zuordnungen für Sie nicht auf Anhieb „stimmig“ erscheinen. Die damit verbundenen Lernaufgaben vervollständigen unser meist noch unbewusstes Potential und Karma.

0

Die Energiezuordnungen des Grundtypus' 0:

Der Grundtypus 0 wird aus den Quersummen 19, 28, 37, 46 und 55 errechnet. Die Wandlungstypen Typ A oder B (siehe Kapitel „Numerologische Typen“) ändern sich mindestens einmal zum nächsthöheren Typus, da die Kardinalzahl 0 im Geburtsdatum, eine ein– oder mehrfache Transformation für dieses Leben vorsieht. Es scheint so, als ob sich die 0er Typen für dieses Leben mehrere, innere und äußere Verwandlungen im materiellen, persönlichen und spirituellen Bereich vorgenommen haben.
Das Zahlenprinzip 0 repräsentiert die noch ungeborene, nicht manifestierte Schöpfung.

Sie stellt das Prinzip „Phönix aus der Asche“ dar, einer zeit– und formlosen Wandlungsfähigkeit. Sie ist archetypisch in der Kreisform dargestellt.

Sie ist das Symbol des Werdens, Abrundens und Vergehens. Das noch archetypisch Ungeborene wird auch in der Planetenzuordnung des Mondes verständlich. Die Mondkraft ist die tatsächlich verändernde Kraft, die im Unsichtbaren alle psychischen und biologischen Vorgänge in Psyche und materieller Welt vorbereiten. Die Null ist daher ein aufnehmendes Prinzip im Menschen, welches einen geistigen Neuanfang durch Einsicht vorbereitet.
Flut und Ebbe, Blühen und Welken, Leben und Tod, die Jahreszeiten usw. deuten auf einen ewig wiederkehrenden Zyklus in der Natur hin. So stellt die Null auch ein Prinzip dar, welches unbedingt auf eine Ganzheit auf allen Ebenen des Lebens abzielt.

Sie verbindet Licht und Schatten zu neuem Leben. Eindrücklich erleben wir diese Darstellungen in der 10.Tarotkarte, dem Rad des Schicksals: Die Wandlung des niederen zum höheren Bewusstsein sowie der Verbindung eigener Erkenntnisse mit nichtintegrierten Schattenanteilen. Hier erfährt der Mensch folgerichtig die Auswirkung seines Handelns.
Der 0er Grundtypus hat ein empfängliches Wesen, wirkt anziehend und beweglich. Gedächtnis und Empfindungswelt bilden Schwerpunkte.

Schlüsselworte: Schöpfungswillen und Kraft des Ausgleichs

Die Energiezuordnungen der Zahl 0:

Planetenzuordnung: Mond
Instinktives Reagieren auf den Fluss des Lebens. Der Mond regiert das Unbewusste.

Element: Wasser

Tarotkarte: Rad des Schicksals.
Das Schicksalsrad deutet auf Situationen, welche wir erst nach mehreren Versuchen in den Griff bekommen. Wachstums– und Transformationserfahrung. Schicksalshafte Erfahrungen und Aufgaben.

Tierkreiszeichen: Krebs
Als Wasserzeichen steht das Zeichen Krebs für das Wahrnehmen und Empfangen subtiler Strömungen aus seiner Umwelt heraus. Es steht für tiefe Emotionen und einem instinktiven Schutzbedürfnis. Einfühlungsvermögen und Verantwortungsgefühl sind Schlüsselworte dieses Zeichens. Der Krebs besitzt ein emotionales Bewusstsein.

Farbe: Silber, eierschalenfarben, lila.

Edelsteine: Mondstein, Opal, Perle.

Meditationsform: Elementemeditation, in der Natur am Meer, Symbolbezogene Meditationsformen, wie das katathyme Bilderleben, Stilleübungen und Schweigen.

Berufe: Architekt, Hotelier, Lebensmittelhandel, Hilfsberufe, Koch, Blumenhändler, Berufe mit familiären Ambiente, Erzieher, Kinderpsychologe, Kinderschwester, soziale– und versorgende Berufstypen.

Soziale Lebensform: Gemeinschaftsbezogen und erdverbunden.

Philosophie: Taoismus, Humanismus.

1

Die Energiezuordnungen des Grundtypus´ 1:

Wenn wir uns die 10 Grundzahlen als Symbiose vorstellen, die untereinander eine ständige Verbindung miteinander pflegen, so ist die Folgezahl immer eine Erweiterung des vorhergehenden Zahlenprinzips.
So stellt die Zahl 1, die zentrale Geistkraft des Menschen dar. Als höchster Punkt im Numeroskop visuell dargestellt, kennzeichnet sie die göttliche Kraft. Numerologisch ist das 1er Zahlenprinzip der Ausgangspunkt der Schöpfung.

Die 1 korrespondiert in ewiger Wechselbeziehung mit dem Kopf des Menschen, sie ist gleichbedeutend mit einer Antenne, die Verbindungen zu der „All–Geistigen" Kraft des Universums schafft.

Andererseits stellt Sie auch die Gegenseite dar – das menschliche Ich. Die 1 symbolisiert die Ansprüche des Ego an unsere Umwelt. So stellen sich Menschen mit mehreren Einsen im Geburtsdatum nicht selten, gerne in den Vordergrund. Eins stellt auch die Unabhängigkeit des Menschen dar.

Als wichtigsten Gegenpol im Zahlenhoroskop muss die Energie der Zahl 1 mit derjenigen der 6 verbunden werden. Numerologisch stehen sich diese beiden Zahlenprinzipien als Achse gegenüber. Das Zahlenprinzip 6 ist der erdige, eher stofflich–materielle Gegenpol der Ausführung, der Tatwerdung aller Gedanken, welche das 1er Zahlenprinzip im Geiste erschafft.

Die plutonische Kraft der 1 hat eine Verbindung mit dem Thema Macht und Einfluss auf und über die Materie. Diese Kraft verwandelt in göttlichem Sinne zu höchster Erkenntnis, kann aber auch einen Menschen darstellen, der auf rein egoistische Weise seine Ziele verwirklichen will.
Die Zahl 1 birgt individuelle Selbstmotivation, um das Leben zu meistern, sorgt sich in erster Linie um Unabhängigkeit. Sie kann sich auch die Kraft durch ungleiche Machtverhältnisse ver-

spielen, wenn parallel zu unterschiedliche Projekte in Angriff genommen werden.

Schlüsselworte: Individualisierung und Transformationskraft

Die Energiezuordnungen der Zahl 1:

Hinweis:
Mathematisch und numerologisch existiert kein Einser – Grundtyp- oder Persönlichkeitstypus!

Planetenzuordnung: Pluto
Transformation des Bewusstseins. Nichts in diesem Universum des Wandels kann lange unverändert bleiben. Das dahinterstehende Verwandlungsprinzip ist Pluto, welcher dem Mensch neue Ufer des Bewusstseins zeigt. Pluto repräsentiert das höhere Selbst.

Element: Wasser

Tarotkarte: Der Magier
Der aktive Weg der Kraft, welcher über das Bewusstsein Materie erschafft. Die Magie des Lichts schafft Leben und Tod, erzeugt Selbstbewusstheit. Prinzip: „Im Willen liegt die Kraft."

Tierkreiszeichen: Skorpion
Sein Wesen ist Transformation, er besitzt eine mystische Natur. Er kostet seine Gefühle intensiv aus und lebt das Leben lieber spontan als strukturiert. Die Suche nach Selbsttransformation macht dieses Zeichen sehr aktiv.

Farbe: Feuerrot, schwarz/weiß, violett.

Edelsteine: Schwarzer Edelopal, Hämatit, Obsidian.

Meditationsform: Tantrische Meditation, Zen, körperbezogene Meditationen, Meditation im U-Boot.

Berufe für Menschen mit mehreren Einsen im Geburtsdatum:
Chemiker, Alchemist, Apotheker, Detektiv, Gynäkologe, Besitzer oder Angestellter eines Beerdigungsunternehmens, Psychologe, Priester.

Soziale Lebensform: Ursprünglich und unstrukturiert, extreme Gesellschaftsformen.

Philosophie: Platonismus, Spiritualismus, Jenseitskulte.

2

Die Energiezuordnungen des Grundtypus´ 2:

Das Zahlenprinzip der 2, ist die Entsprechung der Polarität.
Der Archetyp der Gegensätze wird in sprachlichen Begriffen wie „Zweiheit, Zweifel, oder Verzweiflung“ umrissen.
Die 2 ist dem Denkprinzip zugeordnet, der Analyse, der Unterscheidung.
Es deutet das Zerteilen, Spalten, Auseinandergliedern, Selektieren und Teilen einer Sache, eines Gegenstandes an.
Aus der Erwägung der Dualität des Denkens versucht das 2er Prinzip Gegensätze miteinander zu verbinden, bemüht sich, Verbindungen und Kontakte herzustellen. Alle gedanklichen Kontaktfunktionen resultieren aus diesem Prinzip.

Das Kombinieren und Planen von Ideen, Gedanken und deren Ausführung, setzt eine eingehende Prüfung voraus. Die 2 ergänzt die gedankliche Ursachenbildung.

Das 2er Prinzip bezeichnet den Intellekt in seiner übergreifenden Wirkung ins Grobstoffliche durch die Zweiheit des Denkens.
„Alles ist zweifach, alles hat 2 Pole, alles hat sein Paar von Gegensätzlichkeiten; gleich und ungleich sind dasselbe; Gegensätze sind identisch in der Natur, nur verschieden im Grad.
Extreme berühren sich; alle Wahrheiten sind nur halbe Wahrheiten; alle Widersprüche können miteinander in Einklang gebracht werden.“ *(Kybalion)*

Polarität wird immer durch die gedankliche und emotionelle Einstellung des Betrachters geschaffen!

In Wirklichkeit sind Liebe und Hass vom Prinzip her eins, lediglich der Schwingungsgrad differiert in Qualität und Zeit.
Der 2er Grundtypus verfügt über eine theoretische Einstellung zum Leben. Seine ungewöhnliche geistige Beweglichkeit ermöglicht Selbsterkenntnis durch mentale Synthese. Das Wünschen und Wollen sind ausgeprägter als die praktische Durchsetzung der eigenen Ideale.

Schlüsselworte: Polarität und Denkkraft

Die Energiezuordnungen der Zahl 2:

Planetenzuordnung: Neptun
Neptun ist das Symbol der Auflösung. Er zeigt den Weg von der Täuschung zur absoluten Wahrheit oder auch umgekehrt bei fehlender Lebenserfahrung im praktischen Leben.

Element: Wasser

Tarotkarte: Die Hohepriesterin
Die Qualität dieser Karte liegt in der Fähigkeit, Bilder aus dem Unbewussten aufsteigen zu lassen und schöpferische Gedanken daraus werden zu lassen. Die Hohepriesterin lüftet den Schleier geheimen Wissens. Sie repräsentiert die innere Stimme als Verstehen und Bereitschaft für andere Menschen.

Tierkreiszeichen: Fische
Die Fischequalität repräsentiert mystisches All–Eins–Sein, Mitgefühl, Ahnungsvermögen, Intuition. Sein aufopferndes Wirken ist vor allem auf die direkte Umwelt gerichtet. Die Hauptaufgabe liegt in der Transzendierung des Selbst.

Farbe: Petrol und algengrün, türkis, helles lila.

Edelsteine: Jade, heller Amethyst, Türkis.

Meditationsform: Traummeditation, Meditationen in der Natur, insbesondere am Strand bei Sonnenuntergängen, Bhakti–Yoga

Berufe: Medium, Hellseher, Drogenhändler, alle Krankenhausberufe, Parfümhersteller, Fotograf, Pharmazeut, Seelsorger, Florist, Segellehrer, Hochseefischer, korallenverarbeitender Kunsthandwerker.

Soziale Lebensform: unstrukturierte Außenseiterrolle, religiöse Gemeinschaften, archetypische Gesellschaftsformen.

Philosophie: Metaphysik, alle religiös angehauchten Formen, Mystizismus.

3

Die Energiezuordnungen des Grundtypus´ 3:

Das dritte Zahlenprinzip vermittelt zwischen dem geistigen Willen, den Leidenschaften und Ideen und der stofflichen Welt.
Der Geist des Entfaltens ist in der 3 geboren, will den anorganischen Stoff mit Organisch–Wesenhaftem und diesen mit dem Geist der Erkenntnis verbinden.

Die 3 schafft aus dem Gegensatzpaar von 1 und 2 eine Synthese höherer Einheit. Die Dreigliederung von 1 (Vater–Osirisprinzip) und 2 (Mutter–Isisprinzip) mit der 3 (Sohn–Horusprinzip) entspricht dem Verwirklichungsstreben des Prozesses Idee–Gedanke–Initiative durch Entscheidung zum Handeln.

Die 3 steht für das alchemistische Prinzip der Purefactio, Unterscheidung, Trennung geistiger und materieller Reinigung und abschließender Neuordnung.
Die Durch– und Umsetzungsimpulse der 3 werden dem männlichen Pol im Numeroskop zugeordnet, welcher der Zahl 8 in einer Achse gegenübersteht, dem weiblichen Pol.

Die Polarität 3–8 ist die geheime Verbindung von Anima und Animus, dem weiblich–männlichen Gegensatzpaar, welches in unendlichen Variationen neues Leben erschafft, in mentaler wie materieller Hinsicht.
Ohne die Zahl 3 gäbe es keine Motivation zu einer Handlung irgendwelcher Art. Die antreibende Kraft äußert sich gleichermaßen in Spontaneität, Eigeninitiative und Handlungsbereitschaft.

Oftmals blitzartig getroffene Entscheidungen bereut der 3er Grundtypus öfter als einmal. Falls mehrere Dreien im Geburtsdatum vorhanden sind, sollte der Mensch seinen Übereifer, seine Spontaneität zu kurzfristigen Entscheidungen zügeln, indem er sich klarmacht, dass die Zahl 3 die Folge des Zahlenprinzips 2 darstellt. Das bedeutet, wohldurchdachte Ideen bedürfen einer sinnvollen Planung.

Schlüsselworte: Entscheidungsfähigkeit und Tatkraft

Die Energiezuordnungen der Zahl 3:

Planetenzuordnung: Uranus
Uranus ist eine Energie, die danach strebt, das Universum in Bewegung zu halten. Er wirkt bewusstseinserweiternd, da er starre Strukturen belebt und die Menschen mit seiner Originalität erfreut.

Element: Luft

Tarotkarte: Die Kaiserin
Die Kaiserin repräsentiert die unerschöpfliche Kraft der Natur, welche immer neues Leben hervorbringt. Ihre Ebene ist die Welt der Einsichten und Erkenntnisse. Das Energieprinzip dieser Karte bedeutet Kreativität, Veränderung, Wachstum und Lebendigkeit.

Tierkreiszeichen: Wassermann
Dieses Zeichen vervollständigt im Sinne des 3er Zahlenprinzips die Individualität des Menschen.
Es ist ein Zeichen des sozialen Austauschs, das größeren Gruppen von Menschen geistige und humane Ideale des Zusammenlebens nahe bringen möchte. Ein wenig exzentrisch veranlagt, gelingt es diesem Zeichen, für die Freiheit geistiger Ideale einzutreten.

Farbe: Hellblau, türkis, metallisch glänzende Farben.

Edelsteine: Aquamarin, Türkis.

Meditationsform: Zen, Bewegungsmeditation, Sufimeditation.

Berufe: Kinetik–Spezialist, Hellseher, spiritueller Psychologe, Gruppenleiter, Psychiater, Astrologe, Komponist auf dem Gebiet der elektronischen Musik, Gehirntrainer, Brainstormer, Elektriker, Elektroniker.

Soziale Lebensform: Neuzeitliche Modelle des Zusammenlebens, „Alle Menschen gehören irgendwie zusammen“, revolutionäre Lebensformen.

Philosophie: Futurismus, Idealismus.

4

Die Energiezuordnungen des Grundtypus' 4:

Das 4er Zahlenprinzip kristallisiert die Wirkung der vorhergegangenen Ursachen der Zahlenreihe 1–3 und bestimmt die Folge aller weiteren Werde– und Erscheinungsformen.

Die 4 repräsentiert das Urprinzip der Materie und der 4. Dimension, der Zeit. Wenn wir uns ein Koordinatenkreuz vorstellen, symbolisiert dieses Kreuz den Zusammenhang von Ursache und Wirkung, vom Raum– Zeitkontinuum.
4 verdeutlicht die stofflich–sichtbare Erfüllung der geistigen Beziehungen zur Materie. Alle Ideen, gleich welcher Herkunft, sind diesem Archetyp der Manifestation von Ursache und Wirkung unterworfen.
Stellen Sie sich die Zahlenreihe 1–3 als ursachenschaffende Geisteskräfte vor. Wir nennen dies den ersten Quadranten im Numeroskop (siehe auch unter dem Kapitel „Die 4 Quadranten").
Dieser 90 Grad Abschnitt im Numeroskop (1–3) repräsentiert die theoretischen Vorstellungen, welche als Ursachen für die späteren Manifestationen im 2. Quadranten prägend sind.

Die 4 öffnet den 2. Quadranten als Manifestationszahl.
In einem Begriff ausgedrückt, verdeutlicht das Prinzip der 4 **Verbindlichkeit.** Die 4 ist die Zahl der Quadratur der Materie, die Zahl eines festen Fundamentes; Der Zahlengang 1–4 symbolisiert einen in sich geschlossenen Schöpfungsprozess von der Uridee bis zur sichtbaren Form der Manifestation.

Der 4er Grundtyp ist meist für die Ausführung von Plänen zuständig, da dieser die Grundeigenschaften wie Zuverlässigkeit, Disziplin, Festigkeit, Ordnungssinn und Ausdauer besitzt.
Das Gleiche gilt auch für Menschen mit mehreren Vieren im Geburtsdatum.

Schlüsselworte: Verwirklichung und Manifestationskraft

Die Energiezuordnungen der Zahl 4:

Planetenzuordnung: Saturn
Saturn hat die Tendenz, die Aufmerksamkeit eines Menschen nach außen zu richten. Zu Saturn gehören ganz bestimmte Spielregeln, Gesetze und Grenzen. So steht dieses Prinzip symbolisch auf für den eigenen Vater, für Autoritäten allgemein, für Ämter und Vorgesetzte. Die Persönlichkeit gewinnt unter der richtig verstandenen Saturnenergie an Stabilität und Festigkeit Ihres Ausdrucks.

Element: Erde

Tarotkarte: Der Kaiser
Der Kaiser symbolisiert das strukturgebende Element. Die Karte zeigt den Bezug sich einen verbindlichen und festen Lebensrahmen zu schaffen. Seine Strenge und Verbindlichkeit ängstigt die meisten Menschen, die nie gelernt haben, mit Materie richtig umzugehen. Der Kaiser entspricht einem wirklichkeitsnahen Denken.

Tierkreiszeichen: Steinbock
Der Steinbock ist außer dem Zeichen Jungfrau das Zeichen mit dem ausgeprägtesten Ordnungssinn. Begriffe hierfür wären u.a. Form, Grenze, Struktur, Norm, Gesetz, Ziel, Hierarchie und Achtung. Effektivität ist eines der großen Ziele des Steinbocks.

Farbe: Schwarz, anthrazit, dunkelblau, schwarze Koralle.

Edelsteine: Rauchquarz, Bergkristall, Diamant, schwarzer Edelonyx.

Meditationsform: Isolierte Formen der Stille und Einsamkeit, Totenzeremonien, tagelanges Za–Zen.

Berufe: Ethnologe, Verwalter, Einsiedler, moralistischer Schriftsteller, Höhlenforscher, Bergsteiger, Bildhauer, Architekt, Rechtspfleger.

Soziale Lebensform: Traditionelle Strukturen, überschaubar und berechenbar, übersichtliche Klassengesellschaft.

Philosophie: Materialismus, Dogmatismus, Historie.

5

Die Energiezuordnungen des Grundtypus´ 5:

Visuell dargestellt ist das 5er Zahlenprinzip in Leonardo da Vincis universalem Menschen. Die fünf Punkte, die hier gemeint sind, sind die beiden Fuß– und Handpunkte sowie der Kopf als Ausrichtungen des Menschen zu Himmel und Erde.

Die 5 als Quintessenz der Schöpfung symbolisiert den Menschen, erwachsen aus den Tiefen der Erde, zielgerichtet zum Himmel.

Das Prinzip des goldenen Schnittverhältnisses zeigt das Wirken von Statik und Dynamik. Folgerichtig ergibt sich hieraus die Wechselwirkung von Gleichklang und Dreiklang der symmetrischen Füllung, Ausfüllung und ordnender Erfüllung.

Die *fünf Sinne* erst lassen den Menschen sich als eigenständiges Wesen erkennen, die sinnliche Wahrnehmung ist ein fundamentaler Teil menschlichen Bewusstseinsstrebens.

Der Sinn für Proportionen, Wertbewusstsein und Urteilsvermögen sowie Reife sind Begriffe hierfür. Die 5 erweitert die geschaffenen und festen Normen des vorhergehenden 4er Prinzips.

Die Zahl 5 steht für das Gemüt des Menschen. Es bezeichnet einen lebhaften, lebensbejahenden und positiven Typus.

Mit ausgeprägtem Gerechtigkeitssinn paaren sich gemütsbetonte Anlagen für Vergnügungen und Erotik. Das eher ausgelassene Wesen sieht die Welt zukunftsorientiert in größeren Zusammenhängen.

Der Fünfertypus entwickelt eigene Maßstäbe für innere und äußere Werte. Im umgekehrten Uhrzeigersinn repräsentiert die Position der Zahl 5 die untere Hälfte des Numeroskops, die mittlere Zahl des 2. Quadranten.

Mehrere Fünfen im Geburtsdatum deuten auf ein außerordentlich gutes Organisationstalent hin.

Schlüsselworte: Erkenntnis und Synthesefähigkeit

Die Energiezuordnungen der Zahl 5:

Planetenzuordnung: Jupiter
Jupiter übt einen konstruktiven Einfluss auf jegliches Bemühen aus. Im Sinne der expansiven Ausdehnung und Fülle kann dies auch Überschätzung und Arroganz bedeuten.
Im numerologischen Sinn repräsentiert Jupiter die Integrationsfähigkeit des Menschen mit seiner Umwelt. Ihm wird die Funktion der Synthese und Entwicklung, der Wertung und Toleranz zugeschrieben.

Element: Feuer

Tarotkarte: Der Hohepriester
Diese Karte steht für inneren Werte wie Sinn und Wahrheitssuche sowie Tugend und Ethik Die Energie der Karte beschreibt die Sinnfindung, die Glaubensfragen, auch unsere religiösen und philosophischen Grundsätze.
Im Crowley–Tarot hält der Hohepriester einen Stab mit 3 Ringen in seiner rechten Hand: Symbolisch wird eine harmonische Verbindung von Vergangenheit, Gegenwart und Zukunft angestrebt.

Tierkreiszeichen: Schütze
Dieses Zeichen beschreibt die Integration des Individuums in der Gesellschaft. Der Schütze schätzt Freiheit über alles und findet es schwer, sich in bestimmte gesellschaftliche Rahmen unterzuordnen.

Farbe: Leuchtendes Rot, kräftiges Gelb, königsblau.

Edelsteine: Grüner Aventurin, dunkler Amethyst, Sodalith.

Meditationsform: Tai–Chi, die Innere und äußere Weltreise, Yoga der Erkenntnis

Berufe: Geistlicher, Theologe, Mystiker, hoher Beamter, Professor, Lehrer, Erzieher, Jurist und Wettbewerbsrechtler, Konsul, Manager, Schauspieler, Missionar, Bankier, Reiseorganisator, Dolmetscher.

Soziale Lebensform: Industriegesellschaft, Kolonialherrschaft.

Philosophie: Holismus, Religionsphilosophie, Ethik.

6

Die Energiezuordnungen des Grundtypus´ 6:

Die Zahl 6 ist im numerologischen Sinn der Gegenpol zum Zahlenprinzip der 1 und somit visuell gedacht die Stütze des Geistpols. Eins als höchstes Geistprinzip, in der hermetischen Numerologie als Geistprinzip bezeichnet, erhält erst seinen tatsächlichen Wirkungscharakter durch den numerologischen Kraftpol.

Die 6 repräsentiert das Instinktbewusstsein des Menschen. Dieses als Kraftpol bezeichnete Zahlenprinzip ist die noch unausgereifte Triebkraft im Menschen. Sie ist eine formschaffende Kraft, welche Durchsetzungskraft, Motorik, Instinkt, Tat– und Leistungsvermögen körperlicher Energien kennzeichnet.

Die 6 ist das materielle Kraftzentrum im unteren Steißbeinzentrum des Menschen. Dieses Vitalzentrum mit marsischer Energie ist der Sitz der noch schlafenden Schlange Kundalini (Sanskrit: eingerollte, schlafende Lebenskraft in Form einer Schlange dargestellt).

Der Mensch sieht sich hier vor den wichtigsten Punkt seiner Entwicklung gestellt: Kann er alle geistigen Erfahrungen und Erkenntnisse in die Materie tatkräftig umsetzen, oder bleibt er in der Schublade seines Denkens gefangen?

Andererseits kann ein unerfülltes Sexualleben unmöglich zu geistig–spiritueller Erfüllung führen.

Die Opposition 1–6 im Numeroskop repräsentiert daher die Persönlichkeitsachse, einer harmonischen Verbindung von Geist und Materie.

Das Zahlenprinzip der 6 entspricht dem Körperwillen.

Der 6er Typus ist praxisorientiert und erdig veranlagt, so dass er des öfteren auch körperliche Arbeiten als angenehm empfindet.

Stellen Sie sich einmal die Kraft eines Keimlings unter einem Stein in freier Natur vor. Im Frühlingsbeginn hat der proportional vielfach kleinere Keimling die Kraft, den Stein wegzubewegen. Dies entspricht dem Willen und der Triebkraft des 6er Typus.

Schlüsselworte: Triebkraft und Körperwillen

Die Energiezuordnungen der Zahl 6:

Planetenzuordnung: Mars
Das Energieprinzip des Mars steht für Selbstbehauptung und Aggression, Triebkraft und physischer Energie. Der Mars zeigt, wie wir vorgehen, wenn wir etwas wollen, zeigt die Qualität der direkten Durchsetzung. Mars ist eine Yang–Energie und hilft uns, gewünschte Dinge umzusetzen.

Element: Feuer

Tarotkarte: Die Liebenden
Das Prinzip drückt die Energie aus, mit dem Herzen bei seiner Aufgabe zu sein. Es zielt auf die Vereinigung der Gegensätze zwischen Mann und Frau. Mars ist das männliche Prinzip in der hermetischen Geburtsdatennumerolgie. Die Karte symbolisiert die große Erfahrung der Liebe, welche jede Selbstbeschränkung aufzulösen vermag.

Tierkreiszeichen: Widder
Die Energie des Widders ist stark nach Außen gerichtet, es ist die Energie des Ego, welche sagt: „Ich möchte werden, was ich bin." Der Widder ist häufig ungeduldig, es mangelt Ihm an Durchhaltevermögen und Konsequenz. Der Widder lebt von seiner Ursprünglichkeit und Unbekümmertheit. Dem Widder ist auch das „innere Kind" zugeordnet.

Farbe: Blutrot, feuerrot.

Edelsteine: Blutjaspis, Rubin, heller Granat.

Meditationsform: Elementemeditation über das Feuer des Lebens, Bewegungsmeditation, Prana-Atemarbeit.

Berufe: Unternehmer, alle Berufe, in denen man anführt, Chirurg, Soldat, Polizist, Pyrotechniker, Kunstschlosser, Jäger.

Soziale Lebensform: Tyrannenherrschaft, Nomadenvölker, Militärdiktaturen.

Philosophie: Nihilismus, Pragmatismus.

7

Die Energiezuordnungen des Grundtypus´ 7:

Das Zahlenprinzip der 7 ist das Symbol des Göttlichen im Menschen. Die Sieben ist der Sonne zugeordnet, dem symbolischen Gold in der Natur. Tatsächlich ist das Edelmetall Gold physikalisch über Jahrtausende kristallisierte Sonnenenergie.

Die 7 repräsentiert das solare Gesetz der gestaltenden, höheren Ordnung der Evolution.

Visuell gedacht, ist der Zahlengang 1–6 der Weg der göttlichen Kraft vom Geistpol (1) der Schöpfung in die tiefste Materie (6) die involutive Seite der Natur aller Erscheinungen.

Die Zahl 7 „erhöht" alle materiellen Erfahrungen und Erkenntnisse in Richtung der Evolution.

Das dadurch neu aufblühende Leben, wir könnten Sommer und Blütezeit dazu sagen, wenn wir das vorhergehende Prinzip der 6 als Frühlingsbeginn bezeichnet hatten.

Aus der 7 kommt das Lebensbewusstsein. Diese Zahl symbolisiert gleichsam ein Reifestadium. Entwickeltes und Erreichtes ordnen sich in die Persönlichkeit ein und bilden Grundlagen zur spirituellen Weiterentwicklung.

Numerologisch verdeutlicht das Kraftpoltrigon 5–6–7 die Synthese (5), die formschaffende Kraft (6) und die sich daraus ergebende Fülle (7).

Die 7 stellt ist die Vervollkommnung der Materie dar.

Der 7er Grundtyp ist ein feinsinniger Ästhet, der die Welt künstlerisch vollenden möchte. Er schöpft gerne aus dem Vollen, auch wenn es die Töpfe der Anderen sind. Der 7er sucht ständig nach hohen Idealen, nach denen er handeln und leben kann.

Schlüsselworte: Vergeistigung und Lebensfülle

Die Energiezuordnungen der Zahl 7:

Planetenzuordnung: Sonne
Die Sonne ist die Kraft, die allem Leben die Kraft zu Wachstum und Schönheit verhilft. Sie repräsentiert die Grundenergie des Seins. Sie energetisiert alles Lebendige auf vitale Art. Sie symbolisiert den Daseinswillen eines jeden Lebewesens.

Element: Feuer

Tarotkarte: Der Wagen
Sie symbolisiert den Neubeginn, die Selbständigkeit, den großen Sprung nach Oben. Der Wagen zeigt den Weg, sich aus dem vertrauten Umfeld zu lösen und neue, eigene Wege zu gehen. Er repräsentiert das sonnenhafte, starke Selbstbewusstsein, sich geistig erwachsen zu fühlen.

Tierkreiszeichen: Löwe
Das Zeichen Löwe integriert die Grundstruktur der individuellen Entietät. Der Löwe ist ein Zeichen eines entwickelten Ichs und hat ein entsprechendes Selbstvertrauen. Daraus wächst ein starkes Bedürfnis nach Selbstausdruck und Bewunderung.

Farbe: Gold und orange.

Edelsteine: Goldtopas, Granat, Tigerauge.

Meditationsform: Herzensmeditation, Sonnengebet, meditatives Malen.

Berufe: Modeschöpfer, Goldschmied, Geld– und Kunstspekulant, „Industriekapitän“, Kardiologe, König, Präsident, Theaterschauspieler, Impresario, Organisator kultureller Veranstaltungen.

Soziale Lebensform: Aristokratie, Fürstentümer, Patriarchat.

Philosophie: Taoismus, Liberalismus

8

Die Energiezuordnungen des Grundtypus´ 8:

Das Zahlenprinzip der 8 ist das erste Prinzip nach dem Zahlenwert der 3, das rein geistig wirkt. Wir denken an das Bild der Lemniskate, einer astronomischen Größe der Zahl 8 am Himmelsbild.
Verfolgen wir den Lauf der Sonne durch ein Kalenderjahr, so ist dies ein kompletter Nachvollzug einer liegenden 8.
In der Mathematik ist das Zeichen für Unendlichkeit gleichfalls die liegende 8. Weiterhin sehen wir beim Tarot eine über dem Kopf des Magiers schwebende 8. Dies mag genügen, um den sinnbildlichen Charakter der 8 zu verdeutlichen, die Zeitlosigkeit, die unendliche Wiederkehr sich wiederholender Zyklen in der Natur.

Die 8 hat eine subtile Verbindung zur 3, dem männlichen, nach materieller Verwirklichung strebenden Prinzip. Diese Achse, die 3–8 Opposition wird Beziehungsachse genannt, da sich beide Prinzipien als maskuline und feminine Kraft ergänzen.

Das weibliche Prinzip der 8 bedeutet die Alchemie des Lebens, im Zyklus dargestellte Fruchtbarkeit. 8 ist die Verdoppelung des Zahlenprinzips der 4, löst in diesem Sinne die Materie aus ihrer festen Struktur auf. Sie deutet den Übergang von Begrenztheit zur Unendlichkeit an.
Begriffe wie Harmonie, Ästhetik, Ausgleich, Kunst, Erotik, Balance und Schönheit mögen an dieser Stelle den Charakter der 8 wiedergeben, verglichen mit dem Urbild einer Waage.

8 bezieht sich zum Diesseitigen und Jenseitigen, zum Sein und Nichtsein, zum Leben und Tod. Zwischen allen Übergängen verbindet sich Geist mit Materie und umgekehrt. Mehrere Achten im Geburtsdatum schließen auf einen sinnlich–künstlerisch veranlagten Menschen, der dem Wahren, Guten und Schönen sehr zugeneigt ist.
Das venusische Prinzip hält immer die Balance zwischen Wert und Sinn! Das damit angekündigte Prinzip des Genießens

und Schwelgens schließt auf eine durchaus romantische Natur des 8er Grundtypus.

Schlüsselworte: Ausgleich und Liebe

Die Energiezuordnungen der Zahl 8:

Planetenzuordnung: Venus
Venus steht für Schönheit und schöpferische Tätigkeit aus dem inneren Bewusstsein heraus. Schöpfung verbindet getrennte Elemente miteinander und verleiht isolierten Teilen somit Ganzheit und Schönheit. Schönheit wirkt sich immer dort aus, wenn die Natur einer Sache mit einem selbst in Einklang steht.

Element: Erde und Luft

Tarotkarte: Kraft
Diese Energie stellt den Ausgleich der animalischen und geistigen Natur des Menschen dar. Häufig wird dieses Prinzip der Vereinigung der niederen und höheren Natur des Menschen im Tarot durch eine Frau mit einem Löwen dargestellt, welchem Sie das Maul mit bloßen Händen öffnet.

Tierkreiszeichen: Waage
Im Horoskop wie im Numeroskop stellt das Waagehaus wie das 8er Zahlenprinzip Partnerschaft dar, den Du–Punkt.
Hier beginnt der Mensch sein eigenes Sein im Spiegel eines anderen Menschen zu betrachten, seine subjektiven Standpunkte zu objektivieren.

Farbe: Burgund, lila, blaugrau, blaugrün, hellblau.

Edelsteine: Kunzit, Rosenquarz, Perle, Rauchtopas.

Meditationsform: Tai–Chi, dichtende, malende und plastische darstellende Meditationsformen, Kontemplation.

Berufe: Diplomat, Senator, Rechtsanwalt, Soziologe, Ökonom, Auktionator, Kunstsammler, Kunstkritiker, Modebranche, Schneiderin.

Soziale Lebensform: Liberale Formen in Politik und Staat, welche keinem Individuum die Freiheit nehmen könnten, obwohl dies noch nirgendwo existiert.

Philosophie: Kulturphilosophie, Liberalismus.

9

Die Energiezuordnungen des Grundtypus' 9:

Das Zahlenprinzip der 9 stellt alles bis hierhin gesagte in Frage. Es ist *das* auflösende Prinzip par excellence.

Was bei der 4 noch als Ordnung, Ruhe, System und Struktur galt, findet hier seinen Gegenpol. Im Numeroskop stehen sich beide Zahlen als Opposition gegenüber, was andeutet, das es sich naturgemäß um gegensätzliche Kräfte handelt. Die 9 besitzt die Kraft der Transformation, der Veränderung, der ständigen Bewegung bis hin zu deren Auflösung.

Im I Ging lesen wir: „Das einzig Stetige ist der Wandel". Die 9 ist eine zentrifugale Kraft, die vom Zentrum her nach Außen strebend wirkt.

Es gäbe in keiner Form Entwicklung und Vollkommenheit, würden nicht alle Dinge und Seinszustände im Sinne der Evolution sich transformieren. Die Chaostheorie bestätigt, dass im absoluten Chaos eine strukturierende Kraft waltet. Das ständige „In–Frage–Stellen" tut jeder Entwicklung nur gut. Eingefleischte Verhaltensmuster und alte Denkstrukturen überleben langfristig nur auf dem Boden von Krankheit, Einsamkeit und Neurose.

Werden und Vergehen als Archetyp verstanden, nutzt die Kraft der Veränderung als willkürliche Loslösung von Zuständen, welche integriert sind und auf die nächsthöhere Lernebene des Lebens übertragen werden.

Ist dieses Entwicklungsgesetz verstanden, braucht niemand mehr alten Dingen nachzutrauern, denn ein neues Leben wartet mit veränderten, verbesserten Perspektiven auf dem Boden integrativem Verstehens.

Die Zahl 9 schließt den Zahlenkreis ab in Chaos oder Vollendung. Alle Prozesse, welche an diesem Punkt in der Materie unverstanden blieben, unterliegen einem erneutem Prozess der Wiederholung. Wiederholung hat die Aufgabe der Nachbesserung, Erkenntnis hat zur Folge, in der nächsthöheren Dimension zu wirken. So kann die 9 als Unruhestifter, Chaos und Unfrieden für diejenigen Menschen wirken, welche sich gegen eine notwendige Bewusstseinsentwicklung wehren.

Schlüsselworte: Transformation und Veränderung

Die Energiezuordnungen der Zahl 9:

Planetenzuordnung: Merkur
Merkur wird in Zusammenhang mit dem Geist und dem Verstand des Menschen gebracht. Auch sind die Gebiete der Kommunikation und der Verständigung Analogien hierzu. Merkur ist eine äußerst bewegliche und eine sich aufteilende Energiequalität. Das Nervensystem wird mit Merkur in Zusammenhang gebracht, weil die Nerven die Kommunikation zwischen den Organen herstellen. Allgemein hat er die Funktion der Vermittlung, der Analyse und Bewertung. Er drückt eine sehr luftige, schwer fassbare Energie aus.

Element: Luft

Tarotkarte: Der Eremit
Im Vordergrund steht die Überprüfung alter Ziele und Ansichten. Die Karte symbolisiert den alten Weisen, Philemon, wie C.G. ihn nannte. Er stellt den besonnenen Weg der tieferen Selbsterkenntnis und der weisen Bescheidenheit dar.

Tierkreiszeichen: Zwilling
Das Zeichen Zwilling zeichnet sich durch seine gedankliche Beweglichkeit, logische Analyse und große Wissbegierde aus.
Zwillinge bewegen sich wie der Wind von einem zum anderen Ort und befassen sich mit allem, was ihnen begegnet. Sie begreifen sehr schnell, können sich ungemein kurzfristig an neue Situationen anpassen, entwickeln aber selten Mitgefühl.

Farbe: Gelb, hellblau, leichte Farben.

Edelsteine: Goldtopas, Zitrin, Beryll.

Meditationsform: Atemmeditationen, Bewegungsmeditation.

Berufe: Schriftsteller, Verleger, Journalist, Redakteur, Händler, Vertreter, Bote, Transporteur, Akrobat, Zauberkünstler, Musiker, Showmaster.

Soziale Lebensform: Kunsthandel, Handel mit Informationen.

Philosophie: Dualismus, Sprachphilosophie.

Oroboros, Schlange der unendlichen Wiederkehr allen Seins

Numerologische

Typenbeschreibungen und

Wandlungstypen

(Der Persönlichkeitstypus)

Bestimmung des numerologischen Typus

Bei den numerologischen Typen oder dem Persönlichkeitstypus handelt es sich um individuelle Ausprägungen des Grundtypus und seinen Zuordnungen.

Die verschiedenen Schwingungen der Geburtszahlen konzentrieren sich in der zahlenmäßigen Addition der Tages–, Monats– und Jahrgangszahl zu einer letzten Reduktionszahl aus der zweiten Quersumme.

Alle Typenbeschreibungen sind Resultate aus der 19–jährigen Erfahrung mit dem Umgang von Astrologie und Numerologie, aus der Einzelpraxis und ungezählten Kursen.
Jeder Mensch lebt mehr oder weniger bewusst unter einem bestimmten Bewusstseinsstrahl (Leitgedanke), da die individuelle Zahlenkombination seines Geburtsdatums eine besondere Verbindung der Zahlenschwingungen in Ihrer Gesamtheit darstellt.

Die analogen Zusammenhänge aus den Grundtypenbeschreibungen finden eine verbindlichere Aussage.
Der numerologische Typus enthält die menschliche Wesensstruktur in seiner energetischen Seelenschwingung. Er beschreibt die persönliche Auswirkung bezüglich der seelischen Anlagen und Potentiale.
Die numerologischen Wandlungstypen sind sog. Sondertypen, da diese im Laufe Ihres Lebens ein– oder mehrmals Ihren numerologischen Typus ändern, je nach Stellung und Häufung des Zahlenprinzips 0.

Das 0er Zahlenprinzip ist immer ein Anzeichen von Wandlungen und Veränderungen des bisherigen Lebensstatus. Null bedeutet Anfang und Ende zugleich, ewige Wiederkehr.
Sie beendet einen Zustand, einen Zyklus, eine Zeit und leitet dynamisch neue Zustände und Zyklen ein.

In der hermetischen Numerologie kennen wir 3 Wandlungstypen.
Jeder Wandlungstypus wandelt sich nach Erreichen seines Typus (Summe des Geburtsdatums ein– oder mehrfach zum jeweils nächsthöheren Typus.

Wandlungstypen

Wandlungstyp A

Beispiel:	24.10.1936 = Grundtypus 8 numerologischer Typus 8/26

Die Rechenoperation ist folgende:
Die Null wirkt sich jetzt solange transformatorisch alle 10 Jahre als 10er Additionsfaktor aus, bis sich aus dem ursprünglichen Grundtypus 8 ein Nuller–Typus entwickelt.

Ziel ist es beim Wandlungstyp A immer solange zum nächsthöheren Typus zu „wandeln", bis der Schlusstypus O erreicht wurde.

8 aus Quersumme 26	der Typus wird zum erstenmal erreicht
9 aus Quersumme 36	dto. zum 2. Mal
0 aus Quersumme 46	(Schlusstypus)

Eine oder mehrere Nullen im Geburtsdatum lassen den Typus alle 10 Jahre zum nächsthöheren Typus wandeln, bis nur noch die 0 als Quersumme übrigbleibt.
Im praktischen Fall bedeutet dies, dass Sie zu dem entsprechenden Lebensjahr auch unter den jeweiligen Grund– und numerologischen Persönlichkeitstypen nachlesen müssen.

In unserem Beispiel gilt für Zeit vom 26. bis 36. Geburtstag der 8er Grund– und Persönlichkeitstypus, vom 36. bis 46. Lebensjahr gilt der 9er Grund– und Persönlichkeitstypus, danach nur noch die 0er Typen.

Wandlungstyp B

Ist keine 0 im Geburtsdatum vorhanden und ergibt sich lediglich durch die zweite Quersumme eine 0, so wandelt dieser Mensch nur einmal zum 2er Typus.

Beispiel: 24.4.1926 = 28 = 0

In diesem Beispiel entwickelt sich der ursprüngliche Nuller–Typus ab dem 38. Lebensjahr zum Zweier–Typus (aus 38), da wie oben erwähnt, die Null beim Addieren zuerst keinen Stellenwert erhält, jedoch bei den diversen Wandlungstypen mindestens einmal als quantitative 10 zu der ersten Quersumme addiert wird.

Bei den Nuller–Typen ohne Null im Geburtsdatum ergibt sich somit immer ein Zweier–Typus.

Beispiel: 0 aus Quersumme 28+10 = Quersumme 38 = 2

So wird dieser Typus ab dem 38. Lebensjahr nicht mehr als Nuller–Typus gedeutet, sondern als Zweier–Typus. Von daher lesen Sie auch unter dem neuen Abschnitt 2/38 (sprich: zwei aus achtundreißig) nach, da ab dem 38. Lebensjahr die neue Typuszuordnung auch im praktischen Leben wirksam wird.

Wandlungstyp C

Ist keine Null im Geburtsdatum und der zweiten Quersumme enthalten, ergibt jedoch die zweite Quersumme eine 0, so errechnet sich der folgende Wandlungstyp C:

Beispiel: 14.3.1966 = Quersumme 30 (gesprochen: drei aus dreißig).

Hier addiert man wie bei Wandlungstyp B zehn dazu und erhält somit den nächsthöheren Typus, in unserem Fall wandelt 3 aus 30 zu 4 aus 40.
3 aus 30 plus 10 aus der Null in der Quersumme resultierend ergibt 40 und somit den Grundtypus 4 aus 40.

Beispiel: 27.9.1920 = 3/30 plus 10 = 4/40 + 10 = 5/50 usw., bis der 0 er Typus erreicht wird.

Merke: Beim Wandlungstyp A ergibt sich alle 10 Jahre ein neues Zahlennumeroskop, bei Typ B und C nur einmal zum nächsthöheren Typus nach 10 Jahren. Mischfälle von A und B– oder A und C– Wandlungstypen ergeben immer die Wandlungsstruktur A.

Mischwandlungstypen

Man spricht in diesem Fall vom **doppeltem Wandlungstyp**, da in der Quersumme wie im Geburtsdatum jeweils die Ziffer **0** vorkommt.
Das Gleiche gilt natürlich auch für die Verbindung A+B.

Beispiel: 13.9.1970 = 3/30 = Grundtypus 3
Numerologischer Typus 3/30

Der erste Typus wird im 30. Lebensjahr erreicht.

Danach wandelt dieser im 40. Lebensjahr zum Typus 4/40, im 50. Lebensjahr zum Typus 5/50 und erreicht seine Schlusswandlung im 100. Lebensjahr zu 0/100.

Hinweis: Alleine durch das rechnerische Erreichen eines neuen Grund– und Persönlichkeitstypus hat der Mensch keinesfalls automatisch seine Grundthematik gelöst. Falls, um ein Beispiel zu nennen, ein 4er Typus zum 5er Typus wandelt, findet er sich naturgemäß vor völlig neuen Aufgaben und Zielen in einem entsprechend veränderten Persönlichkeitsumfeld (Karmapunkt) vor.

Die praktische Erfahrung zeigt, dass die ungelösten Themenstellungen aus dem vorhergehenden Typus mit in das neue Typusthema übernommen werden. Hier überschneiden sich problematischerweise zwei Grundthemen, die in absolute Übereinstimmung gebracht werden müssen, ansonsten blockiert das 4er Thema die Entfaltung der neuen Energiequalitäten. Gleichzeitig wechselt zu dem neuen Typusthema auch der jeweilige Karmapunkt, sodass gerade bei mehrfachen Wandlungstypen nicht zufällig die Krisenzeiten dann auftauchen, wenn die Übergänge von einem zum nächsten Typus nicht bewusst integriert werden!

Hinweis: Für den astrologiekundigen Leser ergeben sich bei den Untertiteln der jeweilig folgenden Typenbeschreibungen keine im traditionellen Sinne erklärbaren Zusammenhänge. Der Ausgangspunkt liegt in der Grundschwingung der Reduktionszahl des Geburtsdatums, die Konjunktionen ergeben sich aus dem progressiven Charakter von Transiten. Daher hat die hermetische

Numerologie eine eigene Schreibweise bezüglich der Planeten-
sprache.

TYPUS 0/19

Pluto–Merkur Konjunktion

Dieser Typus drückt seine Fähigkeiten mit intensiven geistigen Forschungen im Bereich der menschlichen Psyche aus. Ständig bemüht, verschiedene Bewusstseinsstufen des Menschen zu erforschen, kann dieser Typus seine Mitmenschen beeindrucken. Er hat früh eine Liebe zu allem Geheimnisvollen entwickelt. Seine guten, rhetorischen und schriftstellerischen Fähigkeiten vermögen ihm, jederzeit günstige Kontakte zu verschaffen. Der durchtrainierte Intellekt und die enorme Beobachtungsgabe können durchaus seine Mitmenschen so begeistern, dass diese mehr oder weniger manipulierbar werden.
Das merkurisch – schillernde Kombinieren von Wissen, Fakten und Tatsachen über die Psyche des Menschen erweitern ständig die psychischen Fähigkeiten dieses 0er Typus. Sein Fühlen erstreckt sich meist auf seine Mitmenschen, die eigenen Gefühle finden weniger Beachtung. Ab und zu wird er in Auseinandersetzungen mit dem Thema Macht verwickelt. Dies gibt Ihm wiederum den Anlass, tiefer in die Psyche des Menschen einzusteigen. Im Übermitteln seiner wertvollen Wahrheiten kann selten ein Mensch privat diese Wahrheitsliebe auf engem Raum ertragen, daher liegen die Erwartungen im Partnerbereich auf unterschiedlichem Niveau. Sein stetiger Freiheitsdrang erschafft immer neue Beziehungsformen des Zusammenlebens, jedoch meist mittelfristiger Natur.
Mit Alltäglichkeiten, die eben auch Bestandteil einer jeder Beziehung sind, kommt er weniger gut zurecht, da er sich meist auch privat für okkulte Gebiete der Psychologie, der Astrologie und geistiger Heilweisen interessiert. Es kommt der Zeitpunkt, wo sich die überaus lebendige und bewegliche Persönlichkeit nach Ruhe und Nestwärme sehnt. Der liebevolle Egoist von einst bringt nun Opfer, um sich auf seine persönlichen Wünsche, die nicht unbedingt spiritueller Herkunft sein müssen, im Bereich privater Beziehungen bewusster einzustellen. Er entwickelt durch diese fürsorgliche Haltung Kontinuität und Alltagsbezogenheit.

TYPUS 0/28

Neptun–Venus Konjunktion

Bei diesem Typus äußert sich eine sehr hohe Empfänglichkeit für alles Schöne, Ideale und Sinnliche (Neptun – Venus). Dieses Feingefühl strahlt auch auf das andere Geschlecht aus und wird vom Gegenüber als Gemütstiefe empfunden. Das Auftreten bei kulturellen Anlässen sowie der ausgeprägte Sinn für Mode und Kunst sind äußere Wünsche und Ideale dieses Typus. Die Verfeinerung des Schönheitsgefühls kann sich bisweilen in Tagträumerei auswirken.

Entscheidungen aus dem gesunden Menschenverstand werden gerne auf später verschoben nach dem Motto: „Die praktischen Seiten des Lebens kommen sowieso von selbst auf einen zu". Dieser Denktypus sieht eine der großen Herausforderungen in seinem Leben im Thema Partnerschaft. Dieser Schwerpunkt zeigt sich schon alleine durch die Quersumme 28, welche sich durch die automatische Wandlung auf den Typus 2/38 ergibt. Leidenschaftlich wird eine Beziehung nach der anderen im Kopf erträumt, um sich nicht in der Realität einer kontinuierlichen, dauerhaften Beziehung stellen zu müssen. Die Sehnsucht nach einer festen Beziehung ist trotzdem und gerade deswegen sehr ausgeprägt, weil man sich die sehnsuchtsvolle Ergänzung einer romantischen Liebesbeziehung idealisiert. Man opfert sich objektiv gesehen vor allen denjenigen Beziehungen, die dem eigenen Ideal entsprechen, welches absolut hoch einzustufen ist. Auf der Basis einer „Standardbeziehung" träumt es sich noch besser in die Zukunft hinein. Ein Gleichgewicht auf der beruflichen und partnerschaftlichen Ebene wird etwa ab dem 38. Lebensjahr erreicht, da die Mondgrundschwingung (0) sich zu dem neuen Typus 2 wandelt. Ideen (2) werden dann spontaner und praxisbezogener (3) und besonders künstlerisch (8) umgesetzt. Die Träume in der Beziehung sind zwischenzeitlich als Nachwuchs lebendig geworden und garantieren von selbst für eine bestimmte Bodenständigkeit.

Verantwortung und Realitätssinn paart sich mit der Anlage des Schönheitssinnes und Schwelgens.

TYPUS 0/37

Uranus–Sonne Konjunktion

Ein origineller und kreativ veranlagter Typus mit stark vitaler Ausstrahlung und einer eigenwilligen Persönlichkeitsstruktur. Das Grundthema dieses 0er Typus ist es, die gewaltigen, spirituellen Energien auch in sinnvolle, weltliche Projekte fließen zu lassen, etwa das Starkmachen für humane und sozialere Arbeitsbedingungen, mehr Freiheit in Beruf, Beziehung und Alltag. Die mitgebrachten Führungsqualitäten und die unkonventionelle Lebenseinstellung dieser reformistisch veranlagten Natur erschweren die Anpassungsfähigkeit zur Umwelt, ohne das dies bewusst wäre. Daher treten im Berufsleben öfter Schwankungen auf und man trennt sich auch von nahestehenden Menschen. Die Erfindungsgabe und der Einfallsreichtum offenbaren jedoch immer neue Projekte und Herausforderungen. Es ist so, als wolle dieser Typ sich selbst manchmal beweisen, die Welt mit seinen Idealen erobern zu können. In jedem Fall ist dieser Mensch ein sehr lebendiges Element auf der Alltagsebene und sorgt für die Auflösung alter Denk– und Arbeitsstrukturen. Menschen, welche mit Ihren Gewohnheiten verheiratet sind, bereitet die Umgebung dieses Typus ein wenig Angst. Die zwischenmenschlichen Beziehungen sind selten vom Beruf zu trennen und daher leistungsorientiert. Nicht selten steht eine starke Vaterfigur im Hintergrund, der man sich ideell beweisen möchte. Ab der automatischen Wandlung zum Persönlichkeitstypus 2/47 tritt mehr Ruhe und Gelassenheit auf allen Ebenen ein (die Sonne wechselt die Konjunktion mit Saturn). Dies drückt sich in langfristigen Plänen und Zielen aus, für die Partnerschaft wird mehr Zeit (Chronos–grch. als Archetyp der 4) investiert, vorwiegend bodenständige Projekte und realitätsbezogene Denkmodelle finden Anklang. In Zyklen lebt dieser Typus dann zurückgezogener und hat nicht das Gefühl, etwas verpassen zu können, da die innere Ruhe gleichzeitig mehr Vertrauen und Souveränität auf die Umwelt abstrahlt.

TYPUS 0/46

Saturn–Mars Konjunktion

Angeborene instinktive und intuitive Fähigkeiten, ein rasches Auffassungs– und Einfühlungsvermögen und die Gabe, andere Menschen richtig und schnell einschätzen zu können, bringen diesem Typus Arbeit im Überfluss bis etwa zum 51. Lebensjahr. Seine gute Konzentrations– und Denkfähigkeit prädestinieren diesen Menschen für verantwortungsvolle und schwierige Aufgaben im Beruf. Man hat das Gefühl, die erste Lebenshälfte besteht fast ausschließlich nur aus beruflicher Karriere. Die technophil–logische Lebensphilosophie lässt wenig Gefühle zu, zum Ärger des Partners, welcher meist das gleiche Engagement in der Beziehung wie für den Beruf erwartet. Leidenschaftliche Gefühlsäußerungen, mit denen dieser Mensch wenig anzufangen weiß, kommen meist völlig unerwartet und aus „heiterem Himmel". Das Fühlen ist so diszipliniert worden, dass diese Zeiten für Isolierung und Rückzug sorgen. Mit Zähigkeit und Ausdauer, oft bis an die Grenzen der eigenen Gesundheit, werden alle Pläne und Zielsetzungen ausgeführt. Hinter diesem Prozess verbirgt sich ein unwahrscheinlich verletzliches, kleines Kind, welches lange Zeit um Anerkennung durch die eigenen Eltern und die eigenen Familie kämpft. Tränen sind z.B. in seiner Philosophie Merkmale eines Versagers. Was dem vorhergehenden Typus 0/37 an Erdigkeit gefehlt hat, hat der Typus 0/46 zuviel. Ein Partner mit den Zahlen 9– und/oder 2 würde für einen ideellen Ausgleich auf der mentalen Ebene sorgen. In der zweiten Lebenshälfte wird dieser Typus auch geistig interessierter an geisteswissenschaftlichen und religiös–philosophischen Themen. Das Thema des 3.Chakras, der Widerspruch von Willen und Gefühl wird langsam überwunden. Gesundheitlich hat dieser 0er Typus ab dem 38. Lebensjahr mit vermehrter Kalkbildung in den Gelenken sowie leicht rheumatischen Beschwerden zu rechnen.

TYPUS 0/55

Jupiter–Jupiter Konjunktion

Dieser Typus ist idealistisch und freiheitsliebend und möchte durch abstrakte Prinzipien allgemeine Denkmuster und Gesellschaftsformen verändern. Verhandlungsgeschickt und diplomatisch setzt dieser Mensch seine Verwirklichungsmöglichkeiten auf seinen Gerechtigkeits– und Anpassungssinn an. Seine enorme gedankliche Schnelligkeit hilft Ihm, auf allen Gebieten sehr schnell dazuzulernen. Er strebt nach Selbstausdruck vorwiegend im Beruf und bemüht sich um soziale Anerkennung durch seinen vitalen Willen und seine enorme Leistungsbereitschaft. Stets bemüht um das Wohl anderer, lässt er sich trotzdem in seinen Beziehungen nicht durch eine traditionelle Meinung festlegen. Er legt sich bewusst nie langfristig auf ein äußeres Thema fest, da ihm Weisheit wichtiger als Wissen erscheint und er die inneren Zusammenhänge aller Ebenen miteinander zu verknüpfen versucht. So ist der Anspruch immer ein Stück höher geschraubt als seine praktische Wirklichkeit, denn sein Freiheitsstreben versteht er als Unabhängigkeitserklärung an alle konventionellen Normen. Bis zum 35. Lebensjahr sucht er sich eine äußere Vatergestalt als Projektionsfläche, an welcher er sich symbolisch aufrichten bzw. emotional „klammern“ kann. Die Gefühlsebene wird auf eine äußere, meist sehr reife Gestalt projiziert und damit geschieht ein theoretischer Ausgleichsprozess für ihn, da er fühlt und handelt wie sein Idol. Der scheinbare Vorteil liegt in der angenehmen Passivität, der Nachteil darin, dass Emotionen nie tatsächlich selbst ausgelebt werden. Er ist bis zu diesem Zeitpunkt stark von den elterlichen Idealen geprägt. Anderen Menschen gegenüber verhält sich dieser Typus sehr großzügig. Ab dem 55. Lebensjahr beschäftigt er sich vornehmlich mit Naturwissenschaften, Religion und Philosophie nach dem Prinzip: „Leben und leben lassen“. Er fördert sein eigenes psychologisches und spirituelles Wachstum. Finanziell engagiert er sich nicht selten im kulturellen Bereich.

TYPUS 2/11

Pluto–Pluto Konjunktion

Ein frühentwickelter Persönlichkeitstypus, bei welchem die subtilen Schwingungen des Geistpols (2x1) auf das Denken (2) einwirken. Die schöpferischen Kräfte dieses von religiösen und reformistisch geprägten Menschen drücken sich in einem Hang zu okkulten und magischen Grenzerfahrungen aus. Die Durchsetzung dieser Ideale verläuft nicht selten exzentrisch und hat etwas Intrigenhaftes an sich. Dieser Mensch bringt seiner Umwelt Ideen und Projekte zu deren eigener Lebensveränderung, d.h. in Gegenwart dieses Typus wirkt eine verwandelnde Kraft für alle Anwesenden. Das Ziel dieses Typus ist langfristig die Veränderung der Denkmuster unserer Gesellschaft. Dies bewirkt eine Tendenz zur Unnachgiebigkeit im zwischenmenschlichen Bereich, da die eigenen Ideale sehr hoch gesetzt sind und diese Einstellung automatisch auf Partnerschaften übertragen wird. Durch das Grundprinzip der 2 will gerade dieser Typus das Prinzip der Analyse, Spaltung und Selektion gedanklicher Art kraftvoll im Alltag verwirklichen, d.h. spirituelle Bewusstseinsprozesse erforschen, selbst erfahren und anderen Menschen zuteil werden lassen. Es werden Gruppen von Gleichgesinnten gebildet oder gesucht, um der eigenen Philosophie Ausdruck zu verschaffen. Daher wirkt dieser Typus quicklebendig, wenn er unterwegs in freier Bewegung seinen Idealen nachgehen kann. Eine absolut freiberufliche Tätigkeit ist angesagt, da dies die ideale Basis für diesen Forschergeist ist. Jede Bevormundung und jeder Zwang durch Autoritäten würde kurzfristig mit Gewalt oder Aggression beantwortet werden. Nicht selten tritt bei diesem Typus der Hang zur Spekulation auf. Maßgeblich für alle Aussagen sind die Konstellationen aller anderen Zahlen im Numeroskop, d.h. beim Vorhandensein mehrerer Einsen im Geburtsdatum fällt die Variante der Unabhängigkeit stärker aus als z.B. mit der Häufung von Zweien oder Vieren. Im partnerschaftlichen Bereich tendiert dieser Typus intern selbst zu einer bestimmenden Persönlichkeit. Seine Angst, in irgendeiner Form bestimmt oder benutzt zu werden, lässt erst ab dem 44. Lebensjahr (4 x 11 Jahre) Tiefe und wirkliches Vertrauen zu. Es ist so, als wolle dieser Typus alle

Gegensätze dieser Welt erforschen und ist lange Zeit selbst diesen Gegensätzen und deren Vereinigung unterworfen.

TYPUS 2/20

Neptun–Mond Konjunktion

Diese Konstellation verbindet eine lebhafte Phantasie mit musikalischem und künstlerischem Talent. Natürliche Spiritualität, eine bewusste Lebensweise, gesunde Ernährung und eine positive Grundstimmung zeichnen diesen Typus aus. Das Mondthema kann sich auch intuitiv im zwischenmenschlichen Bereich als stark fürsorgliche Tendenz zeigen. Im Gegensatz zum vorhergehenden Typus ist dieser Mensch auf seine Umwelt emotioneller fixiert und hat nicht den ausgeprägten Freiheits– und Unabhängigkeitsdrang, da Typus 2/20 das „Miteinander" im privaten und familiären Bereich betont. Deswegen ist die Hingabefähigkeit, verbunden mit einer enormen Einfühlungsgabe für andere Menschen das Hauptthema dieses Typus. Ein Lernthema wird das Prinzip Vertrauen und Eifersucht sein, da bis zum Erreichen des Typus 2 aus 20 die Hingabe an andere Menschen oft so verstanden wird, dass diese wiederum auch ständig treu sein sollten. Das ausgeprägte Mitgefühl, ein gutes Einfühlungsvermögen, verbunden mit intuitivem Ahnungsvermögen kommt am besten zur Geltung in einem sozialen Beruf. Da die genannten Eigenschaften meist so ausgeprägt sind, dass die Leiden und Schmerzen anderer Menschen so stark mitgefühlt werden, als wäre es das eigene Leid, muss dieser Typus früh lernen, sich neutral abgrenzen zu können. Ein weiteres Thema könnten Schuldgefühle sein, welche daraus resultieren, anderen Menschen nicht „genügen" zu können. Deswegen wird das Schutz– und Sicherheitsbedürfnis in der Partnerschaft eine Rolle spielen. Der Typus 2/20 zählt zu den treuesten Typen überhaupt. Auf einer höheren Ebene kann sich der Gerechtigkeitssinn auch in Berufen wie Sachverständiger, Richter oder Rechtsanwalt zeigen, letzteres dann im zwischenmenschlichen Bereich. Die Neigung zu Selbstaufopferung muss strukturiertem Denken, Fühlen und Handeln weichen.

TYPUS 2/29

Neptun–Merkur Konjunktion

Dieser Typus ist in der Lage, Informationen und Einsichten zu gewinnen, welche nicht rational erklärbar oder leicht in Worte zu fassen sind. Diese Konstellation öffnet den Zugang zu intuitiver Wahrnehmung, welche leichter in Bildern oder Musik auszudrücken wären. Die geistige Wahrnehmung ist äußerst sensibel und funktioniert eher auf der intuitiven Ebene. Die gedankliche Beweglichkeit verleiht diesem Typus ein gutes Assoziationsvermögen auf künstlerischer wie spiritueller Ebene. Die Einbildungskraft ist ungewöhnlich aktiv. Im Idealfall vereint er rational–lineares mit kreativ–assoziativen Denken! Das Gefühlsleben ist nicht so ausgeprägt wie beim vorhergehenden Typus 2/20. Da dieser Typus eher visionär lebt, kann bei fehlenden Geburtszahlen wie 4, 5 oder 6 im Numeroskop die Durchsetzungskraft sowie die Verwirklichung aller Ideen eine bestimmte Hemmung erfahren. Die „Erdung“ ist ein ungemein wichtiger Faktor, da dieser Typus von seiner ideellen Kreativität lebt und nur wirklich mit sich selbst glücklich ist, wenn er Taten auf Worte folgen lässt. Im Erscheinungsbild ist bis zum 29. Lebensjahr eine sanguinische Natur zu erwarten, was äußerlich schon auf ein empfindliches Nervensystem hinweist. In der Partnerschaft ist es wichtig, eine konkrete Kommunikation aufzubauen. Es könnte eine Schwierigkeit darin bestehen, vom Gegenüber sprachlich nicht das erwünschte Feedback zu bekommen. Das Thema Vertrauen in intimen Beziehungen ist meist durch das Elternhaus negativ geprägt worden, so dass es eine Lebensaufgabe ist, über eigenes, reales Selbstvertrauen, welches aus dem Wissen um die eigenen Fähigkeiten resultiert, dem Partner mehr Vertrauen entgegenzubringen. Später, etwa ab dem 46. Lebensjahr, kommen gute und erwünschenswerte Aspekte organisatorischer sowie heilerischer Aspekte mit in das gesamte Erscheinungsbild Beruflich wären die Bereiche Mystik, Esoterik, Psychologie und die Schriftstellerei hierin ein idealer Kanal, um den neptunischen Aspekt in Fluss zu bringen.

Dieser 2–er Typus ist von der Seele her ein Philosoph. Diese Anlage kann er u.a. praktisch als Schriftsteller (sekundär), Architekt (softwaremässig), EDV–Spezialist (primär), Fotograf, in einer Verlags– oder Agenturtätigkeit zum Ausdruck bringen.

TYPUS 2/38

Uranus–Venus Konjunktion

Dieser Typus erweitert vollständig den vorgehenden Typus 2/29, bitte lesen Sie als Vorspann den vorherigen Text dazu. Verstärkt erlebt dieser Typus die Ebene der zwischenmenschlichen Beziehungen als roten Lern– und Lebensfaden. Allein durch die Kombination 3 und 8 in der Quersumme handelt es um einen „Spätentwickler" auf der Partnerebene, d.h. frühkindliche Erfahrungen und erste Liebesbeziehungen sitzen tief und werden schwer losgelassen. Die Auseinandersetzung in diesem Bereich zeigt häufig Menschen, welche beruflich sehr zuvorkommend und herzlich wirken, privat jedoch aus oben genannten Gründen extrem verschlossen sein können. Man verschenkt an viele Bezugspersonen seine Liebe und kann sich selten oder erst sehr spät daran gewöhnen, seine Zuneigung einem einzigen Menschen zu schenken. Dieser Aspekt könnte konventionell denkenden Menschen Probleme bereiten oder die Tendenz, sich zurückzuziehen, fördern. Oft ist Eifersucht ein sich wiederholendes Thema, entweder aktiv oder als passives Thema. Beruflich kommt daher als Zielrichtung Partnerberatung im weitesten Sinne in Frage, da selten ein numerologischer Typus mehr über die Destruktivität, aber auch um die positiven Lösungsmöglichkeiten von Partnerproblemen weiß. Erweitern ließe sich das berufliche Spektrum mit Körpertherapie, Yoga und Qi–Gong, also Verfahren für Einzelne wie auch Gruppen mit strukturierter, aber meditativer Körperarbeit.

TYPUS 2/47

Sonne–Saturn Konjunktion

Ein praktisch orientierter Mensch, welcher sich seine Ziele und Erfolge manchmal „hart“ erarbeiten muss. Das Thema Unterordnung unter gesellschaftliche Systeme und Autoritätsstrukturen müssen in den Griff bekommen werden. Dieser Mensch neigt dazu, als Einzelgänger durch seine Egozentrik im Denken und Handeln sein Streben auf materielle Erfolge zu konzentrieren. Daran ist überhaupt nichts auszusetzen, wenn dieser Typus merkt, dass er sich seinem leiblichen Vater überhaupt nicht beweisen muss. Dieses Thema erzeugt einen unglaublichen Ehrgeiz, welcher unbewusst jedoch über die Kompensation das Gefühl von Unzulänglichkeit und „den anderen Menschen unterlegen fühlen“ bedeuten kann. Die 2 als Grundschwingung dieses Typus deutet auf schöpferische Visionen hin, einen Umgang mit Formen und Farben. Auch zeigt dieser neptunisch gefärbte Aspekt einen einfühlsamen Umgang mit Design, Mode und Architektur. Die kreativen Impulse erhält dieser Mensch in weiter Natur, in offenen Räumen sowie einer freien, unabhängigen Arbeitsatmosphäre ohne „Druck“. Das intuitive Wahrnehmen von räumlicher Atmosphäre und deren kreativer Gestaltung verleiht ihm Ausgeglichenheit und Frieden. Die erforderliche Selbstdisziplin zeitigt etwa ab dem 45. Lebensjahr gute, organisatorische Fähigkeiten. Sodann reguliert dieser Typus seine Erfolge selbst, da sein Selbstvertrauen oft an äußere Erfolge gekoppelt sein wird. Partnerschaftlich besteht in beruflichen Beziehungen Herzlichkeit und Wärme, privat werden Emotionen solange wie möglich blockiert, da das Thema Hingabe erst einmal mit der Aufgabe des eigenen Willens und damit dem Ego zusammenhängt. Es werden daher traditionelle Beziehungen bevorzugt. Die Lernaufgabe dieses Typus ist es, eine Wechselwirkung von kreativer Schaffensfreude (Selbstbewusstsein) und Herzenswärme in der Partnerschaft zu entwickeln. Wenn das „Besitzen–Wollen“ in der Beziehung aufgegeben worden ist, handelt es sich um einen spielerischen, erfolgreichen und souveränen Typus.

TYPUS 2/56

Jupiter–Mars Konjunktion

Dieser Aspekt drückt Beziehungsfähigkeit aus. Da die meisten 2/56er Typen sich aus vorangegangenen Wandlungen ergeben, ist diese Beschreibung auch als Erweiterung des jeweils vorherigen Typus ergänzend zu verstehen. Die Fähigkeit des Gebens und Nehmens im zwischenmenschlichen Bereich drückt eine besondere Fähigkeit dieses Typus aus. Er steht sicherlich gerne im Mittelpunkt des gesellschaftlichen Interesses und weiß sich sicher auch gut zu behaupten. Dieser Typus ist oft energiegeladen und weiß, dass er seine Ziele erreichen wird. Die expansive Kraft der 5 wird durch die sexuell–erotische Motorik des Mars (6) Erfüllung in Mode, Kunst, Architektur, Planungen im architektonischen Bereich finden. Späte Selbständigkeit löst eine harte Phase von Krankheiten im emotionellen Bereich ab. Nicht selten kommt es bei einer Zahlenbesetzung im Numeroskop mit 4 bis 8 zu einer übertriebenen Machtdemonstration. Partnerschaftlich wird früh Wert auf Treue und Verbindlichkeit gelegt. Die Freude an Familie und Kindern ist groß. Dieser Typus lernt aus falscher Anpasserei an seine Umwelt, eine echte Beziehungsfähigkeit zu allen Mitmenschen herzustellen. Ein arbeitsreiches Leben kennzeichnet einen offenherzigen Menschen, welcher als Gegenpol zur Isolierung des Menschen steht (siehe auch Typus 2/11). Die Möglichkeit, im Dienst einer spirituellen Organisation zu stehen oder diese inneren Werte zu vermitteln, ist gegeben.

TYPUS 3/12

Pluto–Neptun Konjunktion

Stark ausgeprägte, geistige Fähigkeiten mit schöpferischen Qualitäten. Die Tendenz, isoliert zu leben, ist bei diesem phlegmatischen Typ oft zu beobachten, da die Zahlenkombination 3–1–2 dem 1. Quadranten des Numeroskops entsprechen, dem Quadranten der theoretischen Verursachung, der Mentalsphäre. Ein überpersönliches Streben nach Harmonisierung im Kollektivbereich, meist im Arbeitsleben, kennzeichnet die berufliche Motivation. Wissenschaftliches, analytisches Arbeiten fällt ihm leicht. Ein Schwerpunkt beim hochentwickelten 3er Typus kann ein spirituelles Sendungsbewusstsein sein, welches nicht im Gegensatz zu den analytischen Fähigkeiten steht. Sein Ziel ist es, veraltete Lebensanschauungen der Gesellschaft zu verändern und der neuen Generation eine Philosophie des persönlichen Selbstausdrucks zu vermitteln. Seine Gefühle und leidenschaftlichen Interessen stehen im Hintergrund. Neuen Begegnungen im zwischenmenschlichen Bereich steht dieser 3er Typus zurückhaltend gegenüber. Das verstandesbetonte Denken und das gleichzeitig irrationale Erfassen natürlicher Lebensvorgänge macht es ihm nicht leicht, zwischen Intuition und Logik für sich selbst unterscheiden zu können. Die Zahl 3 unterliegt den spontanen Willensimpulsen. Die Hemmungen resultieren oft aus dem konventionellen Umgang der Eltern mit gesellschaftlichen Themen. Deren Lebensziel war eher das des Funktionierens und Angepasstseins an äußere Normen. Beziehungen werden auf gefühlsmäßiger Basis gebildet. Das ist auch der Zustand, der es diesem Typ ermöglicht, Harmonie mit sich selbst zu erleben. Verbindungen sind auch religiöser Natur, weil unbewusst ein kollektives Lebenssystem wie es z.B. eine Religion für viele Menschen darstellt, den unbewussten Neigungen, den traditionellen Werten und Vorstellungen des Elternhauses entspricht. Das Einfühlungsvermögen ist ausgeprägt und in Verbindung mit dem oben gesagten „erleidet“ dieser Typ die Probleme für andere Menschen. Die spirituelle Seite ist ein erfüllendes Thema, da Zurückgezogenheit und das „In–sich–gekehrt–sein“ diesem Typus nicht schwer fällt. Leider kommt es zu großem Ungleichgewicht im Leben selbst, da einerseits das transzendente Bewusstsein mit dem eher gehemmten Charakter im Alltagsgeschehen diffus wirken können.

TYPUS 3/21

Neptun–Pluto Konjunktion

Dieser Typus hat ein Sendungsbewusstein und kümmert sich um den spirituellen Werdegang von Umwelt und Gesellschaft. Er vertritt die neuen, revolutionären Ideen und passt sich in seiner Lebensphilosophie sicherlich nicht der gängigen Meinung oder traditionellen Sichtweise an. „Trends“ bedeuten für Ihn Bewusstsein, nicht Mode. Das Wollen oder Wünschen wird in den Dienst der Menschen gestellt. Der folgerichtige Werdegang von 1 bis 3 symbolisiert subtile Kräfte und intuitiven Scharfsinn für die Probleme und Leiden der Anderen.

Ein stark empathisches Einfühlungsvermögen wird für andere Menschen eingebracht. Dieser Aspekt zeigt an, wie das persönliche Karma des Einzelnen in die Gruppe integriert wird. Hier paart sich tiefes, emotionelles Empfinden für die Umwelt und den Mitmenschen mit der Fähigkeit, Kräfte aus dem Unbewussten sinnvoll wirken zu lassen (PSI). Der innere Energiezustand schwankt zwischen moralischem Pflichtdenken (ansatzweise ähnlich wie Typus 3/12) und völliger Zerstreutheit. Das zielstrebige Durchsetzen eigener Ideen ist ein Wesensmerkmal, welcher das Leben dieses 3er Typus wie ein roter Faden durchzieht. Feingeistige Theorien wirken nur auf Ihn, wenn diese sich im sozialen wie praktischen Leben alsbald umsetzen lassen. Daraus entsteht die Tendenz, sich seine Normen und Regeln für das Leben ganz zu erstellen, was auch das Meiden von Normen und kollektiven Wertidealen mit sich zieht. Die privaten Interessen sind gleichzeitig spiritueller sowie künstlerischer Natur. In der Partnerschaft werden besonders empfindsame und feinsinnige Naturen mit kulturellem Ambiente geschätzt. Die innere seelische Verbundenheit hinsichtlich der Auflösung von gesellschaftlichen Normen und Strukturen lässt einen revolutionären Charakter erkennen. Die Partnerschaft kann ein Ausdruck für das gemeinsame Erkämpfen obiger Ideale sein! Erfolge im Berufsleben bauen diesen Typ sehr auf, was Ihn immer wieder dazu veranlassen wird, größere Verantwortungsbereiche zu übernehmen. Das Knüpfen von neuen Kontakten fällt leicht, wobei die Beziehungen insgesamt keinen langfristigen Charakter haben. Häufige Reisen geben diesem 3er Typus das Gefühl, Außergewöhnliches im Leben zu finden bzw. selbst durch diesen Aktionsdrang besonders interessant zu sein.

TYPUS 3/30

Uranus–Mond Konjunktion

Dieser Aspekt verspricht intuitive Begabung, originelle Phantasie und blitzartiges Handeln, sowie ein ausgeprägtes Einfühlungsvermögen in allen Lebensbereichen. Die unkonditionierte Energiestimmung des Mondes (0) geht mit dem hochfrequentierten Denken des Uranus (3) ein sprungartig–impulsives, eher unberechenbares Verhalten ein. Das Denken erscheint eher bizarr, eigenbrötlerisch hinsichtlich zwischenmenschlicher Beziehungen. Dieser Typus sucht das Ungewöhnliche im Alltag. Das Gefühlsleben ist stark ausgeprägt und es wird emotionell ständig neue Anregung gebraucht, der gewisse „Kitzel" des Unerreichbaren in Beziehungen darf nie fehlen. Ein sehr sprunghaftes, eher extremes Gefühlsverhalten verhindert in beruflicher Hinsicht die Umsetzung der klaren Tatimpulse, welche vom Geist des 3er Typus ausgehend, eine starke Hemmung durch die Überbetonung des Gefühlslebens erfahren. Es ist möglich, dass diese Typen eine lange, emotionelle Bindung zur Mutter nicht wahrhaben wollen. Die oben beschriebene Gefühlsthematik kann so ausufernd sein, dass die ungelebten Emotionen der Mutter sich wie in einem Stau hier widerspiegeln. Man nennt diesen Aspekt auch den Auftrag der Mutter. Um nicht länger Spielball emotioneller Verwirrungen zu sein, muss dieser Mensch erkennen, seine eigenen Gefühlsstrukturen zu bilden um persönliche Unabhängigkeit zu erreichen. Dies meint, dass der weibliche Aspekt seiner Seele (Phantasic, Einfallsrcichtum, Krcativität etc). bislang auf die Mutterfi gur bzw. das weibliche Geschlecht projiziert wird und beim Durchsetzen in beruflicher Hinsicht fehlt. Dies hat nichts mit eben beschriebenen Personen zu tun, diese spiegeln realistisch gesprochen, die eigenen Schattenthemen in gehemmter Form wieder. Eine freiberufliche Tätigkeit, in welcher das Gefühl der Unabhängigkeit herrscht, bestätigt das geistige Streben nach Verbesserung der eigenen wirtschaftlichen Lebensumstände. Bereiche wie Nachrichten– und Satellitentechnik, sowie des Projektmanagements im Bereich der Datenverarbeitung entspräche der raschen geistigen Auffassungsgabe dieses Menschen. Die Arbeit in einer kreativ tätigen Agentur z.B. wo die zwischenmenschliche Kommunikation im Mittelpunkt steht, würde dem 3/30er Typus einen gelungenen Anfang bieten, gleichwohl die

Branchen Musik, Kunst und Sportmanagement. Zur Umsetzung braucht es ausgleichende Aspekte der Zahlenwerte 4, 5 oder/und 6, um das unbestimmte Wollen im Privat– wie im Berufsleben zu kanalisieren. Das Krafttrigon (5–6–7) sowie die 1–6 Opposition gäben Rückhalt, um den vorhandenen Tatwillen in die Praxis umzusetzen. Die männlichen Typen haben Kontakte zu mehreren Frauen, welche sie wiederum mehr als Schwestern empfinden. Eine Ehe in traditioneller Rollenverteilung wäre vergleichbar mit einem Vogelkäfig bei gleichzeitigem Singverbot. Die weiblichen Typen sind verbindlich und moralisch aufbauend vom Charakter her, verantwortungsbewusst und haben einen stark ausgeprägten Hang zum Übersinnlichen. Deshalb suchen gerade sie einen spirituellen Mann mit emotioneller Weichheit.

TYPUS 3/39

Uranus–Merkur Konjunktion

Diese Menschen zeichnen sich durch ein fotografisches Gedächtnis aus. Der Typus ist extrem beweglich, geistig wie körperlich gesehen, und wird daher nicht selten, wenn der Bezug zur spirituellem Ebene fehlt, einer zeitaufwendigen beruflichen Tätigkeit oder einer stark sportlich orientierten Betätigung nachgehen. Die extreme Sprunghaftigkeit dieses Wesens benötigt seinen Ausgleich in kreativen Ausdrucksformen wie Malen, Schreiben, Dichten und Musizieren, Ebenen, welche die höheren Dimensionen des Irrationalen sichtbar wiedergeben. Diese Konstellation ist günstig für Lebensberatung und Therapieformen, welche beratende Funktionen beinhalten, die einen klaren und gleichzeitig einen originellen Verstand erfordern. Für Astrologen ist dieser Aspekt wichtig. Häufig kommen diese Menschen blitzartig oder im Schlaf zu ihren Erkenntnissen. Es geschieht nicht selten, dass dieser Typus kaum lernt und kurz vor der Prüfung im Eiltempo den Stoff überfliegt, förmlich fotografiert und kurz danach die Prüfung mit „sehr gut" besteht. Eigentlich ist er der intuitive Typus par excellence. Dieser Typus benötigt eine solide Ausbildung im schulischen wie spirituellen Bereich, um seine Fähigkeiten optimal einsetzen zu können. Im Beruflichen geht es um alle Formen der Mitteilung und Kommunikation. Eine technische Begabung, z.B. in der Mikrophysik, bei Computern und verwandten elektronischen Medien sollten zum Ausdruck gebracht werden. Auch für soziale und politische Organisationen hat die ser Typus eine Vorliebe. Im partnerschaftlichen Bereich hat dieser Typ sehr viel Liebe und Energie zu verschenken, bekommt aber eher selten ein entsprechendes Feedback zurück. Seine geistige Originalität und die damit verbundene Sprunghaftigkeit machen es keinem Partner leicht, sich in dessen Gedanken– und Gefühlswelt zu versetzen. Beziehungen haben für diesen Typus kameradschaftlichen Wert zum Entsetzen mancher hartnäckiger Verehrer/innen. Auf Intellektueller Ebene entsteht ein tieferes Volumen des gegenseitigen Gebens und Nehmens. Da dieser Typus selten sein Privatleben vom Beruf trennen wird, entsteht ein freundschaftlicher Personenkreis, welcher ihn familienähnlich umgeben wird.

TYPUS 3/48

Saturn–Venus Konjunktion

Ausgeprägte künstlerische Neigungen, welche die vorhandene Phantasie mit den künstlerischen Anlagen (8) ideal mit Struktur und Materie verbindet (4). Die Grundenergie verleiht dem Typus Geduld und Bodenständigkeit. Zuverlässige Menschen reihen sich in diesen Typus ein mit Sinn für Gerechtigkeit, Loyalität und besitzen wenig Eigensinn. Das Ego wird meist in den Hintergrund gestellt. 4 und 8 bilden gleichsam die Ebene der Sensibilität, der Ebene des Unterbewusstseins. Bei Frauen spielt der eigene Vater zeitlebens eine große Rolle. Dies bedeutet, dass Genuss und Lebensfreude oft von der eigenen Leistungsfähigkeit abhängig gemacht wird. Der Vater wird im Unbewussten häufig idealisiert. Das Lebensmotto lautet lange Zeit „Nach vollbrachter Leistung im Außenleben und der gebührenden Anerkennung durch meine Mitmenschen komme ich an die Reihe“. Der ideale Beruf beschäftigt sich mit dem emotional–künstlerischen Aspekt der Liebe. Körper– und Gesprächstherapie ergänzen die sinnliche Grundstimmung dieses 3er Typus. Die Körperarbeit bezieht sich konkret auf feinstoffliche Massagetechniken (Saturn–Venus). Numerologisch gesehen symbolisiert die Quersumme 4–8 die Elementeverbindung 4–8 des Unterbewusstseins, der Welt der Emotionen und damit der Vergangenheit des Menschen. Das Zahlenprinzip 4 (Saturn) versinnbildlicht den Zeitaspekt des Lebens und damit auch Karma. So begünstigt dieser Aspekt das zeitlich–regressive Aufarbeiten von unterdrückter Emotionen anderer Menschen über deren Körper als Einstiegsmedium zur Psyche. Die weiblichen Typen unter dieser Konstellation sind sehr gute Ehefrauen und Mütter. Sie lieben Ihre Kinder und umsorgen gerne die ganze Familie. Auch alle Klienten oder Patienten „gehören“ zu einer großen Familie im übertragenen Sinn. Ab dem 48. Lebensjahr besteht die Neigung, sich selbständig zu machen um zusätzlich im schriftstellerischen Bereich tätig zu werden.

TYPUS 4/13

Pluto–Uranus Konjunktion

Dieser Typus symbolisiert die Wechselwirkung zwischen dem persönlichen Willen (3) und dem allumfassenden Willen des Schöpfers (1). Die Grundenergie dieses Typus umfasst den Prozess der Zerstörung alter Formen und Strukturen im Denken und Handeln auf gesellschaftlicher wie politischer Ebene, um das Freiwerden neuer Denk– und Gesellschaftsformen zu ermöglichen. Dieser Aspekt verspricht ein ungewöhnliches, geistiges Sendungsbewusstsein. Dieser Typus setzt sich für seine private wie berufliche Umwelt bei entsprechender geistiger Reife ein, übernimmt dann gerne vordergründig Verantwortung, um so seinen Zielen und eigenen Vorhaben näher zu kommen. In diesem Fall können die hohen geistigen Ideale verbunden mit praktischen Gedanken des Alltags für Machtspiele ausgenutzt werden. Das Privatleben ist geprägt von abenteuerlichen Tendenzen und Überraschungen. Freie Liebesverhältnisse gelten diesem Typus mehr als die Ehe oder dauerhafte Beziehungen. Es wird in mehreren Beziehungen versucht, eine Partnerschaft von insgesamt hohem Niveau an Intelligenz, gesellschaftlichem Rang und kulturellem Ambiente verbunden mit äußerem Ansehen zu erreichen. Beim unterentwickelten 4er Typus aus 13 kann dies durchaus einen berechnenden Charakter beschreiben, beim entwickelten Typ werden diese nicht selten nebeneinander laufenden Freundschaften symbolisch als eine Familie verstanden. Die berufliche Situation erfasst die Gebiete hoher geistiger Konzentration, Ausdauer und Widerstandsfähigkeit. Körperliche Arbeiten im Stein–, Metall– sowie Schwerindustriebereich finden sich häufig auf dieser Berufsebene wieder. Durch die enorm praktische Veranlagung interessieren diesen Typus die rein spirituellen Disziplinen vom rationellen Standpunkt aus, wie die neuere Quantenphysik oder die Theorie der morphogenetischen Felder (Sheldrake). Trotzdem setzt er sich für die Erneuerung sozialer Einrichtungen ein. Religiös orientiert sich dieser 4er Typus an sehr alten Traditionen des europäischen sowie östlichen Kulturkreises. Die Dynamik dieses wechselhaften Charakters erfährt Ruhe und Selbstorientierung durch körperbezogene Therapieformen, welche gerade über den Körper in die Bereiche des Emotional– und Mentalkörpers führen wie Bioenergetik, Alta–Major und Shiatsu.

TYPUS 4/22

Neptun–Neptun Konjunktion

Dieser Typus besitzt eine übergroße Ideenfülle (2x2), welche nicht selten zu einem Grundspannungsverhältnis zwischen Denken und Tun führt. Ein ständiges Ausbalancieren im Geist, verbunden mit einer intensiv geprägten, emotionalen Grundstimmung lässt diesen Typus die Dinge im Leben mit großer Zurückhaltung tun. Beruflich ist er oder sie sehr ehrgeizig und besticht durch Präzision und Genauigkeit, da die Grundschwingung der 4 die Ideenfülle der Doppelzwei konkretisiert (der Wille zur Manifestation). Deshalb besteht immer das Problem der Einseitigkeit, die eigentliche Lebensenergie ganz in den Beruf zu investieren. Es besteht die Gefahr der Kompensation persönlicher Gefühle in den Beruf als Ersatz privater Liebe. Berufe, welche eine lange organisatorische und statistische Vorbereitung benötigen, finden seine Vorliebe. Der Beruf, welcher arbeitsfreudig und diszipliniert erlebt wird, bestätigt den ausgesprochenen Ehrgeiz, eine leitende Stellung zu übernehmen. Es könnte sich um eine verwaltende Tätigkeit im Bank– wie Versicherungswesen handeln. Über mehrere enttäuschende Partnerschaften und emotioneller Leere findet dieser Typus den Weg zu seiner eigenen Spiritualität. Dieser Typus hat meist bis zum 44. Lebensjahr keine konkrete Vorstellung von sich und seinen privaten Lebenszielen und ist daher ganz mit finanziellen und beruflichen Dingen beschäftigt. Er bemüht sich danach erst um emotionelle Harmonie in der Partnerschaft, nachdem die materiellen Verhältnisse abgesichert sind. Dieser Mensch entwickelt sich dann zu einem vorbildlichen Elternteil mit ausgeprägtem Familiengefühl. In unserer heutigen, oberflächlich–schnellen Zeit würde man den Begriff des Workaholic bemühen, um die einseitige Lebensführung zu beschreiben. Andererseits besteht die Möglichkeit, dass besonders kreative Menschen eben noch nie Befriedigung in traditionellen Lebensweisen und Beziehungen gefunden haben. Mir ist in meiner vielseitigen Tätigkeit als Berater weder ein Künstler, Schriftsteller, Modeschöpfer, Schauspieler oder Musiker o.a. je begegnet, die sich in irgendeiner Form vom „normalen" Leben inspiriert gefühlt hätten. Das könnte der springende Punkt in der Karriere dieses Typus sein: das Management bzw. eine agenturähnliche Tätigkeit für hochkreative Menschen.

TYPUS 4/31

Uranus–Pluto Konjunktion

Dieser Typus repräsentiert die Einheit, den universalen Schöpferwillen mit dem eigenen Ego verbinden zu wollen. Traditionelle und spirituelles Werte werden in deren vielfältigen Aspektierungen bis zum 45. Lebensjahr versucht, zu einer ganzheitlichen Symbiose zu vernetzen. Daher werden vorrangig alle gesellschaftlichen Normen in Frage gestellt. Unbewusst spielt sich folgende, zyklische Wiederholung im Bewusstsein ab: Der sehnliche Wunsch nach konkreter Unterstützung im materiellen Bereich! Einerseits sind die Antennen auf neue Trends ausgerichtet, die dem Menschen auf natürliche Weise den Alltag erleichtern und von dort in seine Mitte bringen; andererseits benötigen alltägliche Routinen soviel Zeit, so dass es häufig zu einer Kollision mit dem tatsächlich vorhanden Zeitmanagement kommt.
Dieser Aspekt wirkt wie ein frischer Wind für alle Beteiligten, die tatsächlich eine neue Gesellschaft mitgestalten wollen. Tatsächlich handelt es sich von der Grundenergie her um ein revolutionäres Wesen. Er strahlt mitunter ein kämpferisches Ambiente aus, da er selten von seiner Umwelt die Freiheiten erhält, seine teils originellen Visionen umzusetzen. Das Wesen dieses Menschen ist bestimmt durch den Drang, andere Menschen zu ihrer ureigenen Quelle zu führen. Die praktisch–gestalterische Grundenergie mit leicht exzentrisch anmutendem Realisierungswillen führt zu einem ausgeprägten Drang nach Selbständigkeit, um das originelle Denken und Fühlen zu manifestieren. Ab dem 15. Lebensjahr fördert dieser Aspekt die Zusammenarbeit mit anderen Menschen, um gemeinsame Interessen in den Bereichen der Erfindung und Wissenschaft zu tätigen. Alles was dieser Typus später berührt, reichert er mit seiner starken, persönlichen Willenskraft an. Der persönliche Wille und das Selbstbild werden spät entwickelt, meist durch zu starke Anpassung an Normen der Gesellschaft, Erziehung, Ausbildung, Ehe, Tradition. Dies ist in einer unbewussten Angst vor Ablehnung begründet, da dieser 4/31er Typus häufig an der Anonymität in der eigenen Beziehung zum Vater leidet. Dieser Mensch ist sehr stark auf sich selbst fixiert und muss lernen, aus seinem Wollen und Wünschen eine wirkliche eigene Tat werden zu lassen. Die Gründlichkeit und Tiefe des Wesens erzeugen den Drang, in zwischenmenschlichen

Beziehungen alte, liebgewonnene Muster und Gewohnheiten aufzulösen. Eines der Lebensziele wird sein, die Angst vor der eigenen Courage aufzugeben!

TYPUS 4/40

Saturn–Mond Konjunktion

Dieser Aspekt deutet auf eine gewisse Isolierung hin, da dieser Typus dazu neigt, sich emotionell allzu sehr mit den Erinnerungen der Vergangenheit zu beschäftigen. Auch ist der Hang vorhanden, sein Leben mit materiellen Dingen zu verknüpfen. Im Vordergrund steht die Identifikation mit Gefühlen aus der Vergangenheit. Die Persönlichkeit ist oft schwermütig und daher eher als isoliert zu betrachten. Praktischer Realismus mit gesundem Menschenverstand paart sich hier mit destruktivem Gefühlsleben und Identifikation mit der Vergangenheit. Eine Abwehrhaltung und ein mangelndes Selbstvertrauen lassen diesen Typus manchmal reserviert und leicht verletzlich erscheinen. Das Denken ist meist auf das Nützliche und Praktische im Leben gerichtet. In Beziehungen fühlt sich dieser 4er Typus unterlegen und manchmal hintergangen, was zu einem launischen Verhalten führen kann. Daraus resultiert auch die Ernsthaftigkeit im Beruf. Das transformierende Element wäre hier Körperarbeit, um Muskelblockaden zu lösen. Alte, eingefrorene Emotionen lassen diesem Saturntypus über den Bewegungsapparat und deren Muskeln die entsprechende Affinität über den Körper zeigen. Zusätzlich wären Verfahren wie Atemtherapie, Rollenspiel und Rolfing (nach Ida Rolf) angesagt, wo er lernt, Gefühle ausdrücken, welche die Hauptblockade dieses Wesens anzeigen. Dieser Mensch verliert seine Traurigkeit, wenn er begreift, dass Emotionen auch Gefühle der Liebe transparent machen können und nicht nur Energie zur Arbeit zur Verfügung stellt.
Ein wesentlicher Aspekt in der Reifung dieses Typus ist die Verarbeitung des eigenen Mutter–Themas. Unbewusst wird dieser Mensch mindestens bis zum 40. Lebensjahr mit dem Leitbild „Der Auftrag der Mutter“ konfrontiert, also einem idealisierten, unrealen Umgang mit der leiblichen Person der Mutter. Dieses desintegrierte Bild überträgt sich häufig entweder auf den Umgang mit der eigenen, weiblichen Seelenseite oder in der Realität auf einen gespannten Umgang mit femininen Seite des Lebens, speziell in Beziehungen.

TYPUS 4/49

Mond–Merkur Konjunktion

Durch die schicksalhaften Umstände (4–9 Opposition) erlebt dieser Mensch Überordnung (Gesetze) und Autoritäten als einengend und schwer ertragbar. Diese Konstellation zeigt eine verhärtete Beziehung zur eigenen Mutter bzw. gibt einer gefühlsmäßigen Zurückhaltung Ausdruck, wie die eigene Mutter in der Kindheit erlebt wurde. Bei 4/40 kompensiert der Vierer durch disziplinierte s, berufliches Verhalten den Gefühlsstau; hier bei 4/49 spiegelt die persönliche Umwelt das innere Missverständnis, sich gefühlsmäßig vom Partner und der Umwelt nicht akzeptiert zu fühlen, wieder. Permanent versucht dieser Vierertyp sich gefühlsmäßig mitteilen zu wollen gerade in seiner privaten Umwelt. Die eigenen familiären Verhältnisse erscheinen diesem Typus wichtig. Genauso verhält es sich mit der Ernährung, welche sehr ernst genommen wird (Merkur/Jungfrau–Affinität zu Diät und Ernährung, Mond stellt den versorgenden Aspekt dar). Das Bedürfnis, sich emotional mitzuteilen, kann auf eine unkomplizierte und kreative Art und Weise geschehen, wenn die mütterliche Energie als neutral und nicht hemmend erlebt wird, d.h. um seine Gefühle fließen zu lassen, bedarf es einer inneren Überzeugung, dass Ich und die Mutter gleichwertige Partner und keine Konkurrenten oder Rivalen sind.

Lernthema: Die emotionale Bestätigung muss auch durch sich selbst erfolgen und ist nicht von den Reaktionen der Außenwelt abhängig.

TYPUS 5/14

Pluto–Saturn Konjunktion

„Das Geheimnis sterben zu lernen, um leben zu können“ deutet eine Metamorphose seelischer Kräfte ins Bewusstsein des Menschen an. Wenn die Zahl 1 das Prinzip der Metamorphose repräsentiert und die Zahl 4 das Gesetz von Struktur und Form bedeutet, so setzt dieser Typus erfolgreich okkultes Wissen in Beruf und Alltagsleben um. Begünstigt durch die Grundschwingung der expansiven 5 deutet dieser Aspekt auf einen enormen Ehrgeiz hin. Willensbetont, durchstrukturiert und mit allen Wassern gewaschen ist dieser Mensch durchaus mit einem Machtstreben ausgestattet, wodurch er etwa ab dem 42. Lebensjahr große, wirtschaftliche Erfolge erreichen kann. Die Wahl der Mittel, dieses Ziel zu erreichen, sind nicht immer die Maßstäbe von Ethik und Moral. Schon früh ist der Bewegungsspielraum des persönlichen Lebensraumes durch disziplinäre Autoritätsstrukturen etwas eingeschränkt. Die Ideen und Visionen dieses Menschen können wirtschaftliche Veränderungen bewirken hinsichtlich der ökonomischen Strukturen, z.B. wie Materie wirtschaftlicher genutzt werden kann. Das berufliche Engagement lässt daher wenig Zeit für eine tiefe Harmonie in der Partnerschaft. Das magische Element dieses Typus, aus allem „Gold“ zu erschaffen, d.h. aus allem Geld zu erwirtschaften, zeichnet diesen Menschen mit einer gewissen Rastlosigkeit aus. Gehobene Positionen des Managements, in der auch internationale Kontakte eine Rolle spielen, sind in diesem Lebensabschnitt die ideale Bühne. Für den Partner erscheint er wahrscheinlich in der ersten Lebenshälfte zu selbstsüchtig, was sich in der zweiten Lebenshälfte sprungartig ändern wird, da die Sehnsucht, auch partnerschaftlich Harmonie und Erfolg zu erleben, dann sehr groß sein wird. Zu bemerken wäre in jedem Fall, dass die Ansprüche sehr hoch angesetzt sind und eine Art Dualseele bevorzugt wird. Entweder lebt dieser Typus in mehreren vitalen Beziehungen seine Sexualität praktisch aus und findet in einer platonischen Beziehung den geistig–seelischen Austausch. Mit Gewissheit kann hinzugefügt werden, dass durch mehrere Partnerkrisen dieser Mensch ein ausgeglichenes Bewusstsein des Gebens und Nehmens erhält. Die Verantwortung für das seelische Wachstum in Übereinstimmung mit seinen

Mitmenschen wächst heran und es entsteht ein gesundes Verhältnis von Privat– und Berufsleben.

TYPUS 5/23

Neptun–Uranus Konjunktion

Die Vision dieses Typus ist die Neuschaffung eigener wie gesellschaftlicher Strukturen. Es wird eine tatsächliche Synthese zwischen der eigenen Ideen– und Erfahrungswelt sowie der Durchführung im praktisch Machbaren direkter angestrebt als beim vorhergehenden Typus 5/14. Hinzu kommt das sensitive Einfühlungsvermögen gepaart mit Intuition für die Bedürfnisse anderer Menschen. Die Gebiete Wissenschaft und Spiritualität erfahren eine angenehme Synthese. Der Fortschritt, größere Massen von Menschen mit bahnbrechenden Erkenntnissen dieser Synthese zu befruchten, ist einer der Hauptziele dieses Typus. Er besitzt eine ausgeprägte Phantasie, ein originelles Denken, einen Blick für Ökologie und Umwelt und versucht auch, sozial schlechter gestellten Menschen Unterstützung zukommen zu lassen. Durch die Jupiter–Grundschwingung der 5 lässt sich sagen, das die religiösen Glaubensbekenntnisse und spirituellen Ideale von Uranus und Neptun durch Jupiter eine Form von ethischen und moralischen Grundsätzen erhält, d.h. die angeborene Mystik dieses Typus erhält eine enorme Klarheit durch wissenschaftliche Konzepte. Die höchste Form dieses Aspektes sind spirituelle Weisheit und göttliche Hingabefähigkeit. Freunde sind diesem 5er Typus wichtiger als der Beruf. Die zwischenmenschlichen Beziehungen erfahren eine normale Qualität der Manifestation. Beruflich wird anstelle der steilen Erfolgskarriere ein therapeutischer Beruf bevorzugt. Nicht selten sind Berufe wie Drogenberater, Suchthelfer, aber auch Betäubungsspezialisten und Narkoseärzte unter diesem Typus zu finden. Dieser Aspekt umfasst alle bewußtseinserweiternden Zustände, meist unter Einfluss von Drogen, Narkotika oder durch Trance hervorgerufen. So versucht dieser 5er Typus die Tiefen der menschlichen Seele auf einer therapeutischen Ebene aufzugreifen und zu heilen. Die Täuschung und Konfusion, welche durch die oben beschriebenen Zustände hervorgerufen werden, balanciert dieser Therapeut meist mit meditativen und kreativen Verfahren auf eine realere Bezugsebene der Wahrnehmung aus. Insofern ist eine spätere Auseinandersetzung mit psychologischen Verfahren wünschenswert.

TYPUS 5/32

Uranus–Neptun Konjunktion

Hier handelt es sich um einen aufgeschlossenen, hoch intelligenten und einfühlsamen Persönlichkeitstypus. In fast idealer Weise werden eigene Ideen in die Praxis umgesetzt. Das Zahlenprinzip der 3 (Tatimpuls, Wille und Spontaneität) wird erfolgreich mit dem Zahlenprinzip der 2 (Denk– und Planungsprinzip) umgesetzt. Von inneren Impulsen geleitet, macht dieser Typus die harte Erfahrung, dass das Leben gutmütige, gutgläubige und aufopferungsbereite Menschen enttäuscht. Der Zweckoptimismus und die originelle Phantasie dieses Typus sollten geerdet werden, d.h. neue Projekte sind erst mit der entsprechenden Strategie zu starten, wenn die alten komplett und erfolgreich abgeschlossen wurden. In beruflicher Hinsicht handelt es sich um einen ausgeprägten Teamgeist. Von Berufen, welche Design, Gestaltung, die Entwicklung ausgefallener Formen und Farben verlangen, fühlt sich dieser Typus inspiriert angezogen. Hier können in idealer Weise Kreativität (5er Grundschwingung) mit spontan–blitzartigen Ideen (3) künstlerisch und kreativ umgesetzt werden. Gesellschaftliche Beziehungen werden als genauso so wichtig wie Intimbeziehungen verstanden. In beruflicher Hinsicht ist die tiefe Neigung, sich spirituelles Wissen anzueignen, sehr ausgeprägt. Die idealistische Grundeinstellung zum Leben könnte durch eine feste Beziehung, bevorzugt mit den Persönlichkeitstypen 6 oder 7 bzw. einem Typus mit den Zahlenhäufungen 6 und 7 im Geburtsdatum einen harmonischen Ausgleich bewirken. Zusätzlich ist zur enormen, geistigen Beweglichkeit die Arbeit mit Erde und Ton zu raten, da diese Elemente zur tieferen Konzentration und Ruhe beitragen (Umgang mit dem Erdelement). Im Gegensatz zur Neptun–Uranus Konjunktion des vorhergehenden Typus 5/23 fällt das Gesamterscheinungsbild dieses Typus weicher, runder und harmonischer aus, da der revolutionäre Charakter, die Welt verändern und verbessern zu wollen, sowie Methoden zur Bewusstseinstransformation zu entwickeln, wegfällt. Dieser Typus kann andere Menschen durch sein liebevolles Wesen inspirieren und motivieren.

TYPUS 5/41

Saturn–Pluto Konjunktion

Dieser Typus stellt eine starke Führungspersönlichkeit mit hohem Sicherheitsbedürfnis dar. Im Vergleich zum Typus 5/14 weicht das egozentrische Denken dem Teamgeist. Das Denken ist gerechtigkeitsbetont und das Interesse an der eigenen, spirituellen Entwicklung prägt diesen Typus. Beruflich sind die Organisation und Planung eine mitgebrachte Stärke. Die hohe Konzentrationsfähigkeit und die enorme Entschlossenheit machen es diesem Menschen leicht, seine angestrebten Ziele zu erreichen. Die Beschäftigung mit Yoga, Meditation und Atemtherapie unterstützen diese Aspekte enorm.

Partnerschaftlich sowie in allen zwischenmenschlichen Beziehungen legt dieser 5er Typus Wert auf Kontinuität und Beständigkeit. Als Beispiel wäre eine Urlaubsreise mit der eigenen Familie zu nennen, welche mit der gleichen Akribie und Genauigkeit geplant wird, als wäre es ein Business–Meeting. Das Bild der Familie muss mit der beruflichen Erscheinung eine Harmonie bilden, was natürlich auf Dauer gesehen ein Traum bleiben wird. Eine bestimmte kämpferisch–revolutionäre Einstellung haftet diesem Typus in allen Angelegenheiten des Lebens an, wobei der Weg der Diplomatie bei der Durchführung eigener Interessen beibehalten wird. Berufe in Justiz– und Rechtswissenschaften sowie höhere Verwaltungsaufgaben fallen diesem Typus leicht. Die Fähigkeit, in die Tiefe einer menschlichen Seele schauen zu können, ergibt einen freundschaftlich–kooperierenden Geist, welcher von fast allen Mitmenschen gleichwohl geschätzt wird. Etwa ab dem 50. Lebensjahr erschweren sich all die beschriebenen Aspekte der partnerschaftlichen Zusammenarbeit auf Berufswegen durch eine ganz bestimmte Hartnäckigkeit und Zähigkeit des Wesens. Urplötzlich denkt dieser Typus fast ausschließlich an sein persönliches Wohlergehen, wobei viele freundschaftliche Kontakte zerbrechen können. Es ergibt sich im Alter ein ausgeprägter Eigensinn verbunden mit eigenbrötlerischem Charme.

TYPUS 5/50

Jupiter–Mond Konjunktion

Dieser 5er Typus möchte seinen Mitmenschen Gutes tun. Er verfügt über eine enorme Herzensgröße. Dies erklärt sich unter anderem durch das Zahlenprinzip der 0, das die unkonditionierten Emotionen und unseren Körper repräsentiert und dir Art, wie wir auf unsere Umwelt spontan reagieren. Das Prinzip der 5 zeigt die Öffnung, die Transparenz unseres Wesens in bezug auf unsere Umwelt und den Mitmenschen. Jupiter (5) steht auch für Bewusstseinserweiterung. Der Mond steht für den emotionellen Bereich, das Gefühl. So kann es sich letztendlich um einen Typus handeln, welcher aus zweierlei Gründen offenherzig ist oder sein will: eine starke Mutterbindung, welche durch eine persönliche Öffnung anderen Menschen gegenüber abgelöst werden will oder die tiefe Zuneigung einer gereiften Person, welche wirklich die Mitte zwischen Kopf und Bauch gefunden hat und so selten oder nie aus dem Gleichgewicht fällt. In Beziehungen verhält sich dieser Typus daher eher unselbständig. Diese Menschen verfügen oft über eine gute Gesundheit. Beruflich tendiert dieser Typus zu sozialen Dienstleistungen, wo Ehrlichkeit, Aufrichtigkeit und Einfühlsamkeit gleichermaßen Einsatz finden. Bis zum 40. Lebensjahr hat dieser Typus etwas Globetrotterhaftes in seinem Wesen, was er allmählich ab dem 42. Lebensjahr gegen ein vertrautes Heim mit allen Annehmlichkeiten eintauschen wird. Dieser überraschende Sinneswandel ist emotional bedingt und bringt ihm Bodenständigkeit und Kontinuität. Hier beginnt ein wunderbares Leben, da die reiche Lebenserfahrung das traditionelle Familienleben jederzeit befruchten und erheitern wird. Niemand hat mehr das Gefühl, etwas im Leben verpasst zu haben. Dieser Mensch hat seine Kopfenergie mit seiner Herzkraft in Einklang gebracht.

TYPUS 6/15

Pluto–Jupiter Konjunktion

Kraftvolle, energiegeladene Persönlichkeit, welche zielgerichtet durchdachte Konzepte verwirklicht. Ein Typus mit Führungsqualitäten. Dieser Mensch hat den Drang privat und beruflich Vorgänge zu kontrollieren. Sein leicht fanatisches Charisma will passivere Zeitgenossen verändern bzw. „mitreissen". Dieses Zahlenprinzip ist das Prinzip des irdischen–körperlichen Willens, welche die Gestaltungs– und Werdekräfte in der Natur repräsentieren. Diesem Prinzip liegt die materielle Schöpfung zugrunde, d.h. das Sechserprinzip gleicht den Keimkräften des Frühlings. Gleichbedeutend dem Sternzeichen Widder und dessen Geburtsherrscher Mars stellen wir uns dieses Energieprinzip wie die Kraft eines Keimlings vor, welcher einen ihm darüber liegenden Stein beim Aufkeimen wegschiebt. Diese ungestümen, vitalen Energien werden über die Körperebene, speziell im Beruf ausgelebt. Als Analogie zu diesem Energieprinzip steht die 16. Karte des Tarot, der Turm. Hier erleben wir sinnbildlich die Neugestaltung und die Neubelebung alter und starrer gesellschaftlicher Formen. Die Kraft des Frühlingsbeginns liegt symbolisch in diesem Wesen, die Kraft, welche Phönix aus der Asche auferstehen ließ. Dieser Typus kann auf seine Mitmenschen eine radikale Neuorientierung in deren Denken, Fühlen und Handeln bewirken. Er funktioniert ähnlich einem Spiegel als Auslöser für persönliche Veränderungsprozesse für seine Mitmenschen. Dieser Typus zeigt ein leidenschaftliches Interesse für Mode und Kunst, sowie alle Bereichen der Erotik. Das Selbstbild dieses 6er Typus ist das Bestreben, aus eigenen Erfahrungen wie oben beschrieben zu eigenen Überzeugungen zu gelangen und danach zu handeln. Ein eigener Lebensfilm wird entworfen. Der Sinnspruch von Lao–Tse drückt es in komprimierter Form folgendermaßen aus: „Lebe das Leben wie Leben sich selbst lebt."

TYPUS 6/24

Neptun–Saturn Konjunktion

Durchsetzung persönlicher Ziele durch wohldurchdachtes Planen (2 und 4). Das Denken und Handeln bezieht sich auf die Durchsetzung materieller wie beruflicher Pläne. Starke Willensbetonung und ausgeprägtes Selbstbewusstsein wirken nach außen hin, emotionelle Labilität und Schwäche nach innen. Dieses ungleiche Spannungsverhältnis kann zu Trennungen, Verlusten und Enttäuschungen im partnerschaftlichen Bereich führen, da sich dieser 6er Typus nie ganz und endgültig für eine bestimmte Richtung entscheiden kann, ähnlich einer Waage, welche sich nie ganz auspendelt. Schon früh wird das Verhältnis zu Autoritäten als einengend und sehr mächtig empfunden, trotzdem kann dieser Typus später einen Weg finden, die unbewusste Spannung dadurch zu umgehen, indem er eben intelligenter wirkt und handelt als seine Vorgesetzten. Das Seelenleben prägt sich früh diese Spannungen bezüglich „falschen Autoritäten" ein was meint, eine wirkliche Autorität bringt für jeden Anspruch auch einen konstruktiven Vorschlag für das persönliche Wachstum des Einzelnen ein; falsche Autoritäten wie im Falle des 6/24er Typus häufig durch einen anonymen Vater und eine übersensible Mutter repräsentiert, sehen nur die Vorteile der eigenen Macht gegenüber den Kindern und verhindern so von Grund auf eine reale Kommunikation. Beruflich finden wir hier einen typischen Angestellten in sozialen Berufen, wo Hilfe– und Schutzbedürfnis gefragt sind. In diesem Bereich kann dieser Typus zu ungeahnten Kräfte gelangen, fast aufopfernd verfolgt er das Schicksal sozial schlechter gestellter Menschen und versucht diese bestmöglichst zu unterstützen. Es bestehen enge Beziehungen zu den eigenen Eltern und Verwandten, wenn auch nicht unbedingt von integrativer Natur. Die große berufliche Chance kann dieser Typus nutzen, seine kreative Phantasie und Vorstellungskraft in Bereichen der bildenden Kunst und Musik zu verwirklichen. Dieser Typus wird öfter die Erfahrung machen, viel gegeben zu haben und wenig zurück erhalten zu haben. Eine Gefahr sind natürlich alle offenen und versteckten Formen von religiösen Sekten und Organisationen, die durch die verschiedensten Methoden versprechen, eigenes Leid zu mindern. Deren Heilversprechen klingen zwar zunächst angenehm, zwingen jedoch, die Individualität, das höchste

Gut des Menschen übrigens, ganz zu vergessen. Bezeichnend für diese genannten Gruppierungen ist es, dass Ihre Mitglieder nicht selbst denken sollen. Auch Glaubensgemeinschaften vermitteln diesem Typus das Pseudogefühl von Familie und Geborgenheit, hier verschwimmt das Leben in einer gezüchteten Emotionalität. Durch dieses Wissen um den eigenen Typus kann dieser 6er Typus aufwachen und lernen, Selbstverantwortung zu übernehmen und lernen, „Nein" zu sagen, ohne sich schuldig fühlen zu müssen. Kann dieser Typus die Spannung in dieser Projektion der Außenwelt erkennen, löst er sich von beiden Autoritätsstrukturen, den Eltern und den Pseudoeltern verschwiegener Gruppierungen. Abschließend ist anzumerken, dass dieser 6er Typus eine rege Geschäftigkeit im Dienstleistungsbereich entwickelt, da die soziale Stärke im zwischenmenschlichen Bereich einer seiner natürlichsten Potenziale darstellt.

TYPUS 6/33

Uranus–Uranus Konjunktion

Die Energie dieses Typus ist in der ersten Lebenshälfte geprägt von übermäßig gestauten Vitalenergien durch Überbetonung des Willens und einem instinktiven Handlungsbedürfnis (2x3). Dieser Typus wird versuchen, ständig neue Ideen, Verbesserungen und Pläne revolutionierend einzusetzen. Seine leistungsbezogene und oft ungeduldige Natur lässt Ihn öfter „Ganz–von–vorne–Anfangen", d.h. durch ein euphorisches, eher südländisches Temperament werden beruflich anfangs schnell Erfolge auf verschiedenen Ebenen erzielt, jedoch ohne die erforderliche, kontinuierliche Planung und entsprechende Strategie. Dieser Mensch hat das unbedingte Bedürfnis, die gewaltigen, mentalen und vitalen Energien (auch Mars–Uranus–Konjunktion) irgendwie freisetzen zu wollen. Ohne eine verbindliche Arbeitsanforderung von außen wird er schnell ungeduldig. Das feurig–luftige Temperament ist euphorisch, jedoch selten klar strukturiert. Daher ergibt es sich nicht selten, dass bis zum 33. Lebensjahr mehrere Tätigkeiten ausgeführt werden, anstatt die Konzentration zielgerichtet auf eine Sache zu lenken. Es ergibt sich dadurch die Kompensation, sich privat halsbrecherische Situationen und Aktionen zu schaffen, welche einen teilweise lebensgefährlichen „Kitzel" erzeugen (Hochleistungssport, wagemutige Spekulationen u.a). Beruflich alles andere als ein Schreibtischmensch, zieht es diesen Typus in die Welt der Reportage, des Films, aber auch eines Sportmanagers. Dieser 6er Typus ist meist an Wissenschaft und Technik interessiert und hat auch ein bestimmtes Interesse, in diesem Bereich zu experimentieren. Das Lebensziel ist immer leistungsbezogen, eigensinnig, gepaart mit selbst entwickelten Arbeitsmethoden. In der Partnerschaft wiederum handelt es sich um einen zuverlässigen und verantwortungsbewussten Partner mit Sinn für Zuhause und eine Familie mit mehreren Kindern. Für Freunde gibt dieser Typus nicht selten seine ganze Großzügigkeit und seinen persönlichen Erfahrungsschatz. Nach all den irdischen Eroberungen und Kämpfen, verbunden mit dem leidenschaftlichen Wollen, in allen Lebensbereichen immer als erster ans Ziel gelangen zu wollen, wandelt er sich ab dem 42. Lebensjahr zu einer ruhigen, mehr philosophisch aktiven Natur.

TYPUS 6/42

Saturn–Neptun Konjunktion

Dieser Typus versteht es im Gegensatz zum Typus 6/24 seine Ideen zu fixieren und umzusetzen, sowie auch im Privatbereich Gefühle und Schwächen zulassen zu können. Ein wohldurchdachtes Vorgehen im beruflichen und privaten Bereich ersetzt die gesundheitlichen Nachteile, welche der Vorgängertypus 6/33 durch sein allzu spontanes Vorgehen erlitten hat. Beim nicht spirituellen Typus kann eine leichte Skrupellosigkeit im Bezug auf die Durchsetzung eigener Ansprüche vorherrschen. Durch einen enormen, selbsterzeugten Leistungsdruck nimmt sich dieser Typus weniger Zeit für seine seelischen Angelegenheiten. Das selbstsichere Auftreten ist eine Schutzfunktion. Melancholische Anwandlungen sind Ausdruck seiner hochsensiblen Psyche. Nicht selten unterliegt er Selbsttäuschungen und Illusionen. Seine grenzenlose Phantasie wächst gerade im partnerschaftlichen Bereich ins Uferlose hinaus, was eine häufige Unzufriedenheit mit dem Partner mit sich bringt. Hier wird der Partner im klassischen Sinn als Projektionsfläche benutzt. Die ständige Wechselwirkung zwischen der konkreten Welt und dem Jenseits kann zur Desorientierung im praktischen Leben führen. Beruflich reicht die Erfahrungspalette von einem mit Ehrgeiz erfüllten Managertyp im Bank– und Versicherungswesen bis hin zum theologisch überzeugten Missionar, welcher im naiven Eigenglauben, die Welt (wie schon viele vor ihm) zu bekehren. Das Lernziel, welches auch das eigene Selbstverständnis fördern könnte, wäre für diese Inkarnation die triebhaften Energien diszipliniert durchzustrukturieren (mehr Freizeit im privaten Bereich, kontinuierliche Ruhezeiten, bewusste Ernährung und gezieltes Körpertraining) um dadurch mit der erzeugten Geduld, die persönlichen Ziele stressfreier zu erreichen. Die Balance wäre hierfür durch die genannten Voraussetzungen gegeben. Die Fähigkeit, andere Menschen zu führen, wird bei diesem Typus dadurch erreicht, dass physische Kräfte in Ausdauer und Zähigkeit verwandelt werden. Seine Analysefähigkeit erhält er auch durch die Beobachtung kleinerer Vorgänge und er kann die daraus entstandene Ruhe und Konzentration auf andere Menschen übertragen. Nicht umsonst ist das Motiv, ein Leitbild für andere Menschen zu sein, sein existentielles Lebensthema.

TYPUS 6/51

Jupiter–Pluto Konjunktion

Ein beweglich–beschwingter Grundtypus, ein höflicher Mensch, der sich mit viel Charme und Einfühlungsvermögen durchsetzen wird. Entgegen des Typus 6/15 lässt er sich und anderen Menschen mehr Spielraum und verhandelt liebenswürdiger. Dieser Typus verfügt über eine natürliche Kontrolle über sich und andere. Anstelle sich über sein Ego bei seinen Mitmenschen durchzusetzen, benützt dieser Typus sein angeborenes Einfühlungsvermögen und seine innewohnende Diplomatie. Sein Selbstbild und Ziel ist es in diesem Leben, Mitmenschen für größere und spirituelle Ideale zu begeistern. Er schätzt die Kraft der transformativen Therapien und Möglichkeiten des magischen Weges der rechten Seite um sich selbst auf das höchste Ziel vorzubereiten. Er steht an einer Wegscheide zwischen materieller und geistiger Welt und übernimmt schon früh die Funktion eines Wegbegleiters bzw. Seelsorgers, Therapeut oder Beraters, um später das Leben so zu leben, als wäre es eine einzige Feier, am Leben teilhaben zu dürfen. Alle Berufe, welche das Erfassen einer höheren kosmischen Ordnung zulassen, sind interessant. Da Mars die vitalen Energien beschreibt (6) und Pluto (1) das höhere Selbst, enthält diese Verbindung die numerologische 1–6 Opposition der höheren Persönlichkeitsentfaltung. Partnerschaft im individuellen Sinn, also in monogamer Form, ist hier eher die Seltenheit. Die Gruppe wird zur Familie, die Probleme der Gruppe sind wie erste Laufschritte eines Kleinkindes zu verstehen. Dieser Mensch wird oft von dem Gefühl getragen, nicht von dieser Welt zu sein, weil dieser im Lauf seines Lebens automatisch Zugang zu höherer Magie finden wird. Die fruchtbare Entfaltung in Beruf und Partnerschaft hängt ganz von dem Verständnis einer freien, offenen Zweierbeziehung ab. Diese stellt Ihm alle gewünschten, geistigen Energien zum Erreichen seiner geistigen Ziele zur Verfügung, der Umgang mit den Wesenheiten höherer Sphären wird genau soviel Beachtung geschenkt wie den zwischenmenschlichen Beziehungen. Diese bemerkenswerte Aussage setzt voraus, dass der Umgang mit den Sphären perfekt beherrscht wird, da gleichzeitig die Möglichkeit der geistigen Umnachtung existiert.

TYPUS 6/60

Mars–Mond Konjunktion

Dieser Typus ist rechnerisch nur durch eine mehrfach vorausgehende Wandlung möglich, ist also entweder als Wandlungstyp A oder als Mischwandlungstyp A und C zu behandeln. Durch ein reales Geburtsdatum ist dieser Typus nicht errechenbar. So ist die folgende Beschreibung auch als Entwicklungsstadium für einen Zeitraum von etwa 10 Jahren zu verstehen (zwischen dem 60. und 70. Lebensjahr). Die angesprochenen Qualitäten und Lebensthemen können jedoch über das 70. Lebensjahr hinaus wirken, falls diese nicht integriert wurden. Dieser Typus erinnert sich stark an die eigene Mutter und deren gemeinsame Erfahrungen in der frühen Kindheit. Es ist eine Art innerer Kampf mit der Frage, wer zum Schluss von beiden mehr Recht hatte in der emotionalen Frage der Bestätigung und Rückbestätigung (Mutter–Kind Feedback). Dieser Aspekt kann Wut, Aggression und Heftigkeit auslösen. Der späte, innere Zweifel, es der Mutter nie komplett Recht gemacht zu haben, beschäftigt diesen Typus mit einer leicht aggressiven Komponente. Wahrscheinlich wird in dieser Zeit eine entsprechende Therapie oder Gruppe besucht mit dem Ziel, diese alten, emotionalen Verhärtungen aufzuarbeiten. Dieser vom Ansatz her ödipale Konflikt setzt ungeahnte Kräfte frei, welche zumeist über die Kompensation in Arbeitswut umgesetzt werden. Die griechische Mythologie kennt den Archetyp vom Königssohn, der seinen Vater tötet, um für immer in den Besitz der Mutter zu kommen und fortan gleichberechtigt neben dieser herrschen zu können. In dieser Zeit wird nach erfolgreicher Aufarbeitung des Ödipusthemas ein neues Leben beginnen, ein Leben ohne Zweifel an den eigenen Fähigkeiten, ein Leben ohne Rechtfertigung gegenüber Dritten. Ein souveränes, buntes Leben wartet. Dieses neue Identitätsgefühl führt zu kreativem, künstlerischen Schaffen, verbunden mit ausgedehnten Reisen in südliche Länder.

TYPUS 7/16

Mars–Pluto Konjunktion

Dieser Typus verfügt über eine ungeheure Energie und Aktionskraft. Die Verbindung zu einer sehr hohen, spirituellen Quelle ermöglicht diesen starken Energieeinfluss psychischer Natur. Eine starke, nach außen strahlende Persönlichkeit. Wenn das Zahlenprinzip der 7 mit dem Prinzip der 1 in Konjunktion steht, bedeutet dies Wandlung und Wachstum der Persönlichkeit, indiziert durch transformative Bewusstseinskräfte. Pluto (1) zeigt in jeder Hinsicht Wandlung und Wachstum mit der Zielrichtung, Materie Form zu geben (das Zahlenprinzip 7 bedeutet die Fülle der materiellen Welt). Dieser Mensch besitzt einen unerschütterlichen Willen und außergewöhnlichen Mut, große Dinge zu erreichen. Numerologisch gesprochen, geht die Hauptachse der 1–6 Opposition eine Verbindung grobstofflicher Kräfte der Erde mit Ihren vitalen Naturkräften ein, welche eine Verbindung mit den feinstofflichen Kräften des Geistes (1), eine Verbindung mit Lebensfülle (7) und Kreativität ergibt. Wir können auch sagen, dass die Opposition 1–6 das Zahlenhoroskop vertikal durchdringt, und somit die eigentliche Mitte des Menschen darstellt (die Wirbelsäule mit ihren Chakren bzw. feinstofflichen Zentren). Diesen polaren Ausgleich (wie oben, so unten) nun in die sonnenhafte Seite des Lebens zu manifestieren bedeutet, dass dieser Typus auch die Kraft besitzt, kosmische Gesetzmäßigkeiten im Beruf zu vermitteln. Er kann sich zu einer idealen Führungsperson entwickeln, wenn kein numerologisches Quadrat im Numeroskop aspektiert ist, was gleichbedeutend wäre mit der kämpferischen und machtvollen Durchsetzung persönlicher Interessen. Bei einer Quadratur würde sich dieser Mensch anhand seiner enormen Energiestrukturen sehr machtvoll und egozentrisch durchsetzen. Häufige Orts– und Berufswechsel zeichnen den äußeren Lebensweg. Dieser Typus besitzt eine tiefe Einsicht und Klarheit über die Schattenseiten mit all seinen Aspekten des Lebens, was zu einem gründlichem, okkulten Studium der Geisteswissenschaften führen wird. Der männliche Typus bevorzugt jüngere Frauen, der weibliche Typus wiederum einen älteren, männlichen Gegenpart als Symbiose von Vater, Lehrer und Freund. Beide sind äußerst tolerant in Beziehungsfragen, weil sie intuitiv spüren, dass Spiritualität durch Freiräume wachsen kann. Selbständig leitende Berufe in gehobenen Positionen der Wirtschaft und Industrie, organisatorische Tätigkeiten, welche Eigenkreativität verlangen, werden bevorzugt. Auch repräsentative Berufe im Verlagswesen kommen in Frage. Der rote Faden des Lebens wird von der Machtfrage und deren Umsetzung bestimmt sein. Je nach Niveau kann dieser Aspekt selbstzerstörerisch und gewalttätig gegen sich und andere sein bzw. durch Einbezug des Themas „Dienst am Nächsten" kann dieser Typus sein Ego transformieren und als spiritueller Therapeut hervorragende Leistungen erbringen.

TYPUS 7/25

Neptun–Jupiter Konjunktion

Dieser Typus verfügt über eine ungewöhnlich gute Vorstellungskraft, welche in Verbindung mit der 7er Grundschwingung in die Bereiche Kunst, Musik, Religion und Philosophie ihren positiven Ausdruck findet. Dieser Aspekt stellt eine Erweiterung des Typus 7/16 hinsichtlich angewandter Intuition dar. Ein etwas mehr zurückgezogener Typus, der das nach Außen gerichtete Image des vorhergehenden Typus außer acht lässt. Der tiefspirituelle Ton dieses Wesens muss lernen, jenseits organisierter Religion und Sektiererei seinen eigenen Weg zu gehen. Neptun–Jupiter Konstellationen erfassen den Menschen in seiner tiefen Sehnsucht, mit dem transzendenten Sein zu verschmelzen. Dieser Typus befasst sich mit religiösen und sozialen Aspekten im Beruf. Die Sinnlichkeit und Moral dieses Wesens Gerechtigkeit unter die Menschheit zu bringen, begünstigt Freundschaften und Beziehungen zu den unterschiedlichsten Gesellschaftsschichten. Der Nutzen aus seiner Arbeit fließt zumeist seinen Mitmenschen zu. Ihm reicht es wiederum, Gerechtigkeit als Lohn zu empfangen. Durch die ausgeprägte Intelligenz hat es dieser Typus leicht, leitende Positionen in sozialen Institutionen zu erreichen. Durch sein intuitives Anpassungsvermögen kann sich dieser Typus schnell in neue Problemsituationen anderer Menschen hineinversetzen und diese dank seiner umfangreichen Erfahrungen schnell zu einer Lösung bringen. Meist wird dieses Wesen erst in seiner zweiten oder dritten Ehe glücklich. Er hat sein Leben lang im partnerschaftlichen Bereich ausreichend Bewerbungen und attraktive Möglichkeiten, neue Bindungen einzugehen. Zu der Beziehung, die er lebt steht er auch verbindlich. Die Festigkeit seiner Beziehung ist entscheidend abhängig von den Bewusstseinsprozessen, welche durch den Partner ermöglicht werden. Seine geistige Natur verwöhnt andere Menschen durch seine moralische Gerechtigkeit. Das Privatleben ist nicht selten durch Eifersucht und emotionelles Chaos geprägt. Das schöngeistige Ambiente des materiellen Lebens ist der Einstieg für diesen Weg. Dieser 7er Typus möchte eine Einheit erreichen, welche das eigene Ich übersteigt. Der Glaube an eine höhere, nicht greifbare Realitäten (Jupiter–Neptun) prägt das Selbstbild und die spirituelle Suche dieses Menschen.

TYPUS 7/34

Uranus–Saturn Konjunktion

Dieser 7er Typus besitzt die originelle Gabe, originelle, intuitiv erfasste Ideen zum Ausdruck zu bringen. Das Streben nach Freiheit innerhalb festgefahrener Routinevorgänge im Alltag wirkt erfrischend und erneuernd auf seine ihn umgebende Umwelt. Er versteht es, traditionelle Fundamente kreativ zu verändern und erlebt überall dort eine aktive Schaffensfreude, wo er alte Strukturen des Denkens, aber auch Arbeitens, mit seinen schöpferischen Ideen befruchten kann. Das realitätsnahe und gleichzeitig phantasievolle Denken und Fühlen befähigt zu Berufen aus dem wissenschaftlichen Bereich wie Mathematik und Physik, jedoch auch insbesondere den „alten“ Wissenschaften wie Astrologie und Mystik. Neue Entdeckungen auf dem Gebiet der Esoterik durch die Einbeziehung moderner Computertechnik sind zu erwarten (z.B. astrologische Textanalysen oder spezielle Transitberechnungen). Seine Grundenergie beschreibt eine stark ausdehnend–expansive Kraft (3). Es besteht das Bedürfnis, das innere Selbst durch strukturierte Formen (4) zum Ausdruck zu bringen. Es ergeben sich günstige Aspekte zu einer schriftstellerischen Tätigkeit. Auch die rhetorischen Fähigkeiten sollten genutzt werden z.B. in Form von Vorträgen oder Seminaren. Das Bedürfnis nach Abwechslung und Spannung wird mit gesellschaftlicher Anerkennung gepaart. Die Disziplin (Sonne–Saturn) bringt Verantwortungsgefühl für sich selbst und den Mitmenschen, eigene Erkenntnisse über das Leben (Uranus) werden bereitwillig für andere zur Verfügung gestellt. Diese Funktion lässt sich mit einem Medium oder Kanal beschreiben. Die Hilfsbereitschaft verbunden mit einem Herz für die Probleme seiner Mitmenschen prädestinieren diesen 7er Typus schon früh für die Rolle eines Lebensberaters. Für viele Menschen stellt dieser Typus eine Art Zuflucht dar. Gleichbedeutend mit einem aufgeschlossenen, großzügigen und verantwortungsbewussten Vater (Mutter) liebt er das Leben, seine Kinder und hat den Vorteil, den spirituellen Weg nicht isoliert zu gehen. Seine Partner haben zusätzlich ein kreatives, künstlerisches und kulturelles Ambiente, was gleichzeitig eine ideale Ergänzung darstellt.

TYPUS 7/43

Saturn–Uranus Konjunktion

Dieser Typus widmet bis zum 43. Lebensjahr, dem Erreichen seines Persönlichkeitstypus, einen großen Teil seines Lebens seiner Arbeit. Er hat gelernt, mit Einschränkungen und Vorschriften durch Autoritäten umzugehen, und trotzdem seine kreativen und schöpferischen Anlagen auszuleben. Dank seiner organisatorischen Fähigkeiten kann er zu bedeutendem Einfluss gelangen. Seine schöpferische Energieanlage verbindet dieser in der 2. Lebenshälfte mit lebensbejahenden Impulsen. Die äußerst kreative und unkonventionelle Wesensart dieses Typus ist elektrisiert von seinen Ideen und inneren Eingebungen, ähnlich einer Antenne, welche fortlaufend auf Empfang eingestellt ist. In der Partnerschaft stehen emotionale Sicherheit und das Suchen nach Geborgenheit im Vordergrund. Ein starker Einfluss aus dem Elternhaus, speziell des Vaters, beeinflusst seine Energie zu einer Hemmung der eigenen Kreativität. Dadurch versucht dieser Festigkeit und Konstanz im materiellen Leben zu erreichen. Diese Manifestationsansprüche werden gleichzeitig wieder durch die eher revolutionär anmutenden Ideen und Einfälle, meist auf wissenschaftlichen Gebiet in Verbindung mit Technologie und Computern, aufgelöst. So verglichen, spielt sich in der Seele dieses Typus ein ewiges Tauziehen von traditioneller Lebenshaltung und originellen, sehr expansiven Zukunftsideen (Uranus) ab. Das betrifft auch die okkulten Energien dieser Saturn–Uranus Konjunktion, welche sich auf den beruflichen Weg auswirken. Er ist in der Lage, über seine inspirative Auffassungsgabe, scheinbar aus der „Luft“ Ideen zur Problemlösung wissenschaftlicher Forschungsarbeiten herzuzaubern. Er handelt direkt, kraftvoll und entschlossen. In der Mode entspricht seine Kleidung entweder den neuesten Kreationen oder einem eher schrullig wirkenden Kleidungsstil der 50er Jahre. Die persönlichen Besitzverhältnisse sind eher als geistiges Gedankengut zu verstehen, meist in Form von Bildung und naturwissenschaftlichen Erkenntnissen. Daher sollten sich seine Partner frühzeitig selbst um ein geregeltes Einkommen kümmern. Als Archäologe, Verwalter, Historiker oder Antiquariatshändler vertritt dieser Typus auch beruflich seine idealistische Einstellung dem Leben gegenüber. Die Lebensaufgabe ist es, ein verkanntes Genie aufzuwecken und ihm mehr Vertrauen für das Leben zu schenken.

TYPUS 7/52

Jupiter–Neptun Konjunktion

Dieser Typus kommt rechnerisch nur durch eine mehrfach vorausgehende Wandlung zustande, ist also entweder als Wandlungstyp A oder durch eine Kombination der Wandlungstypen A und C zu behandeln. Durch eine reales Geburtsdatum wäre dieser Typus nicht errechenbar. So gilt es, die folgende Beschreibung als Zyklus für ein Entwicklungsstadium für den Zeitraum von etwa 10 Jahren zu verstehen (zwischen dem 51. und 61. Lebensjahr). Die angesprochenen Qualitäten und Lebensthemen können jedoch über das 61. Lebensjahr hinaus wirken, falls diese nicht integriert wurden. Dieser Typus ist während dieser Zeitspanne im Zwiespalt religiöser und philosophischer Ideen. Seine Seele befindet sich in einem Zustand von spirituellen Träumereien und materiellen Problemen. Der Zusammenhang von spirituellem Streben und materiellem Wachstum (geschäftstüchtigem Denken) ist nicht zu verleugnen. Häufig findet man unter diesen Typen eine ausgeprägte Hingabe zu Gurugestalten, diversen jenseitigen Führern und sonstigen sich in sektenähnlichen Organisationen versteckten Mutter– und Vaterkomplexen verstreuten Gruppen. Die ursprüngliche Grundvibration der 7 verwandelt durch einen Transformationsprozess das ursprüngliche Karrieredenken in das Bedürfnis, einen ganzheitlichen Beruf auszuüben. Die Entscheidung steht an, welche Richtung nützlicher erscheint. Wenn die weltlichen Verpflichtungen karmisch gelöst sind und von daher keinerlei Verstrickungen resultieren, ist für diesen 7er Typ der spirituelle Weg offen. Primär würde sein Weg über Körperarbeit als Einstieg (Bioenergetik, Tantra, Prana-Atmen, Tai–Chi etc). führen. Die körperbetonten Verfahren entsprechen seinem Bewusstsein.

TYPUS 7/61

Mars–Pluto Konjunktion

Dieser Typus entspricht wiederum einem Zeitraum von etwa 10 Jahren Wandlung. Wie der vorhergehende Typus kann es keinen Grundtypus 7/ 61 geben, da rechnerisch aus einem Geburtsdatum unmöglich. In dieser Zeit kümmert sich dieser Typus darum, seine Lebensziele zum Abschluss zu bringen. Die Energie, um diese Aufgaben zu bewältigen, erhält er aus der konstruktiven Zusammenarbeit mit Gruppen und gleichgesinnten Freunden. Man kann in keinem Fall davon sprechen, dass er sich auf einen geruhsamen Lebensabend vorbereiten würde. Bei diesem Aspekt ist es von größter Wichtigkeit, zu wissen, was das Ziel tatsächlich ist. Die Zahlenkombination 7–6–1 entfaltet starke körperliche Energien, welche hervorragend geeignet sind, anstrengende Projekte und Reisen zu unternehmen. Es könnte sich auch um ein Entwicklungsprojekt im Ausland handeln. Mut, Selbstsicherheit und Initiative beschreiben diesen Typus in seinen Tätigkeiten. Alle Unternehmungen hängen in dieser Zeit von seinem geistigen Status ab, da sonst „nur" äußerlich etwas getan würde, der innere Genuss dabei aber fehlen wird. So ist die Frage der Selbstidentifikation mit seinen Zielen und geistigen Idealen vorrangig zu behandeln.

TYPUS 7/70

Sonne–Mond Konjunktion

Dieser Typus ist der Schlusstypus einer sechsfachen Wandlung des Grundtypen 2/20 und vollendet diesen dementsprechend. Als isolierter Persönlichkeitstypus ist er daher nicht zu betrachten, da es sich um den Zeitraum vom 70. bis 80. Lebensjahr handelt. In dieser Zeit wird das häusliche und emotionelle Leben betont. Das Gefühl, mit sich und der Umwelt eins zu sein, herrscht vor. Man begegnet allen Menschen und Situationen sehr gelassen und harmonisch, alle Begebenheiten sind weder von Ehrgeiz noch von Willen geprägt. Falls dieser Typus sich in der Zeit nicht um seine Gefühle kümmert, kann es turbulent und chaotisch werden. Das intensive Lebensgefühl und der Genussaspekt würden sich ins Gegenteil umkehren, wenn er nicht zu seinen emotionellen Bedürfnissen stehen würde. Die Ordnung aller Familienverhältnisse wird in dieser Zeit im Vordergrund stehen. Die Beziehungen zum anderen Geschlecht verlaufen sanft, leicht und spielerisch. Man zeigt sich sozusagen von seiner besten Seite. Die große Herausforderung dieses Aspekts wäre alle alten, ungelösten zwischenmenschlichen Interaktionen zu bereinigen und mental sowie emotionell zu reinigen.

Es gäbe keine besser Zeit hierfür!

TYPUS 8/17

Pluto–Sonne Konjunktion

Dieser Typus verfügt über eine kreative, schöpferische Fülle im Umgang mit Malerei, Musik, Kunst und Theater. Aber auch ein eigenes Lebenstheater will kreiert werden. Die Achtheit des Bewusstseins steht für Kunst, Erotik, für eine schöngeistige und harmonische Verbindung von Körperausdruck, Rhetorik, Sinnlichkeit und seelischer Tiefe. Dieser Typus kreiert schon etwa ab dem 20. Lebensjahr sein eigenes Leben. Seine schöpferische Ideen– und Gedankenfülle macht ihn zu einem feinstofflich–sensibilisiert wirkenden Menschen mit überaus kreatürlichen Fähigkeiten. Dies ergibt sich aus der Zahlenkombination 8–1–7 und schafft eine Verbindung der kreativ–materiellen Aspekte der 7 mit den künstlerischen und harmonischen Eigenschaften der 8. Beide gehen eine optimale Verbindung mit dem Geistprinzip der Zahl 1 ein. Nicht selten trifft man hier einen Musiker oder Therapeuten mit Fähigkeiten zur bildenden Kunst und zur Malerei. Acht ist die Verdoppelung des Zahlenprinzips der 4 und bedeutet daher die Potenz dieser Werte. Die Zahl 8 entspricht auch der Venusenergie, einer sanften und erotischen Grundausstrahlung ohne eine Spur von Kampf oder Gewalt. Eher neigt dieser Typus dazu, den Weg des geringsten Widerstandes zu wählen, um Streit oder Ärger zu vermeiden, was natürlich gerade das Gegenteil bewirken wird. Diese feinsinnige Natur sucht nach Geborgenheit und Wärme in der Partnerschaft. Die weibliche Aufnahmebereitschaft führt automatisch zu den gewünschten Kontakten privater wie beruflicher Natur. Durch die oben beschriebenen Qualitäten fällt es diesem Typus jedoch leicht, schnell gewünschte zwischenmenschliche Verbindungen zu bekommen. Dieser Typus sehnt sich nach Reisen und neuen, geistigen Erfahrungen. Die idealen Berufswege sind daher: Dekoration und Design, Mode allgemein, Kunstgewerbe und Kunsthandwerk, Kunstkritiker oder allgemeine Beratungsberufe. Andererseits setzt sich dieser stark für die sozialen Belange anderer Menschen wie auch für sog. Randgruppen ein. Ein Exponententhema des Typus 8/17 ist die Aufgabe des Helfens und Heilens.

TYPUS 8/26

Neptun–Mars Konjunktion

Dieser 8er Typus verfügt über ein angeborenes Einfühlungsvermögen und über eine starke Anziehungskraft dank seiner ausgeprägt psychischen Kräfte. Der Betreffende kann seine Fähigkeiten schöpferisch und mühelos zum Ausdruck bringen, da der Phantasiereichtum der 2 mit den Durchsetzungs– und Handlungsimpulsen der 6 verbunden werden. Die enorme Anpassungsfähigkeit mentaler wie emotioneller Natur ermöglicht diesem Typus ein rasches Aufsteigen in öffentlichen Berufen der Politik, des Finanz– und Verlagswesens. Auch ist eine gehobene Tätigkeit im reisenden Kunstgewerbe aussichtsreich.

Auch der literarische Bereich dürfte interessant sein. Ebenso deutet diese Konjunktion auf einen therapeutischen Beruf bei entsprechender Verantwortungsbereitschaft hin. Der Bereich der Körpertherapie mit psychologischer Ausrichtung wird ab dem 42. Lebensjahr sicherlich zu einem interessanten, beruflichen Terrain. Auseinandersetzungen mit der eigenen Familie und den Verwandten trüben das Privatleben, da dieser 8er Typus sehr viel Zeit für sich selbst und seine geistigen Ideale benötigt. Venus–Neptun Aspekte (8–2) symbolisieren eine von Leidenschaft geprägte Liebe. In diesem Bereich dürften sich die wichtigsten Lernerfahrungen abspielen. Diese Grundspannung erzeugt öfters Missmut beim Partner, da die Wärme aus jeder zwischenmenschlichen Beziehung diesem Typus seine Kreativität und Kraft zu steigern vermag; was meint, dass Mars–Venus Aspekte die Liebe nie auf einen einzelnen Partner fixieren. Das Selbstbild ist geprägt vom eigenen Traum, Sexualität zu transzendieren und diese lebhaften Phantasien (2–6) zu manifestieren. Dieser Mensch muss lernen, dass bis zum 52. Lebensjahr (2x26, also die Verdoppelung seiner Quersumme) die Quelle seiner Lebensfreude und Kreativität Sexualität und Erotik sein wird. Diese Bereiche können sinnvollerweise nicht im und mit dem Kopf gelebt werden. Eine komplette Integration dieses Aspektes schließt eine lebendige und lustvoll gelebte Sexualität mit ein. So kann ein Weg, die enormen Triebkräfte auszuleben, einerseits körpertherapeutische Arbeit sein, andererseits kann man Venusaspekte auch in Form von liebender Hingabe im beratenden und sozialen Arbeitsbereich lösen.

TYPUS 8/35

Uranus–Jupiter Konjunktion

Dieser Typus ist seiner Zeit meist voraus. Seine schöpferischen Energien erhält er aus seinem spirituellen, philosophischen und religiösen Engagement. Seine Vision wird es sein, neue Bildungsideale und Beziehungsformen zu entwickeln. Dieser Aspekt birgt ungewöhnliche Entwicklungsmöglichkeiten im beruflichen wie spirituellen Bereich, wobei nicht selten beides miteinander verbunden wird. Er setzt sich für reformerische Ideale in den Bereichen Liebe, Ehe, Umwelt und Politik ein. Das Denken und Fühlen ist durchzogen von dem Leitgedanken, die Weisheit alter wie spiritueller Kulturbereiche in das eigene Leben als System sozusagen einzubringen. Das innere Wesen ist revolutionär und ungestüm. Die partnerschaftlichen Begegnungen sind vielfach von abenteuerlicher Natur. Das Motto ist „Alle Menschen sind Freunde." So ist eine klassische Beziehung auf Dauer fast unmöglich. Die gemeinschaftlich angestrebte Lebensform wäre eine Kommune oder Lebensgemeinschaft auf dem Land in einer Villa oder ähnlich großem Gebäude mit dem Charakter der Vielfachnutzung, jedoch nicht alternativ oder niveaulos. Eine enge Beziehung wird eher als kameradschaftlicher Austausch verstanden. Beruflich kommen folgende Bereiche zur engeren Auswahl: Selbständige Berufe verbunden mit organisatorischen Aufgaben, Vortragstätigkeiten, Schauspieler oder Theaterregisseur, Heiler, Magnetiseur. Das spirituelle Streben dieses Typus verbindet sich mit der Beschäftigung der heilenden Wirkung von Farben und Klängen sowie Gruppentherapie als Ausdruck sozialen und ökologischen Denken. Die Lebensaufgabe würde lauten: Weniger ist mehr.

TYPUS 8/44

Saturn–Saturn Konjunktion

Häufig finden sich begabte Künstler unter dieser Konstellation wieder (Venus Konjunktion Saturn). Das Zahlenprinzip 4 verleiht den künstlerischen Neigungen in Verbindung mit dem Zahlenprinzip 8 Form und Ausdruck. Da Saturn (4) Raum und Zeit beherrscht, können Musiker einen ausgeprägten Sinn für Rhythmus, Harmonie und Melodie haben. Das Elternhaus prägte das Prinzip „Liebe durch Leistung". So erschuf sich dieser Typus früh seine eigene Traumwelt, in die er bei entsprechenden Unverständnis jederzeit flüchten konnte. Das Ziel dieses Typus ist in jedem Fall einen harmonischen Ausgleich in zwischenmenschlichen Beziehungen zu finden und das Zurücknehmen seines Egos. Man will auf keinen Fall die Elternthematik in seinen Beziehungen wiederfinden. Das Denken ist stark emotional geprägt. Er kann seine ausgebildete Denkfähigkeit zu hoher Erkenntnisfähigkeit entwickeln und hat dadurch eine Beziehung zu seinem Innenleben. Indem er diese Zusammenhänge findet, kann er seinem Gerechtigkeitsgefühl nach außen hin Ausdruck verleihen. Es besteht ab Erreichen des Persönlichkeitstypus ein Hang zu materiellem Wohlstand, zu Vergnügungen und Luxus. Hieraus ergeben sich oft falsche Freunde. Konflikte im zwischenmenschlichen Bereich entstehen durch Vertrauensseligkeit und Gutgläubigkeit. Für diesen Typus ist in der ersten Lebenshälfte dieser Bereich enttäuschend und deprimierend. Das Liebesleben lässt Rückschläge erwarten. Dieser Typus sucht die Nähe anderer Menschen, kompensiert durch Übernahme von Verantwortung und Pflichten im Beruf, die fehlende Harmonie in der Partnerschaft. Der Teamgeist lässt gemeinsame Leistungen zu, wenn dadurch das Sicherheitsbedürfnis dieses 8er Typus gestillt wird. Später gibt es kaum einen Vorgang, wo nicht für eine Leistung eine Gegenleistung auf zwischenmenschlicher Ebene indirekt gefordert wird. Der spirituellen Weg kann sich durch Drogenmissbrauch ergeben. Auch über die Welt der obskuren Kunst, des Surrealistischen und Phantastischen, dargestellt durch Künstler wie Bosch, Holitzka oder Fuchs. Es werden alle Formen von passiver Meditation bevorzugt.

TYPUS 8/53

Jupiter–Uranus Konjunktion

Dieser Typus ist von Natur aus optimistisch und positiv. Daraus ergibt sich eine großzügige und unterstützende Haltung seinen Mitmenschen gegenüber. Von seiner Seele her hat er die Natur des Friedensstifters. Er hat Visionen, einer größeren Masse von Menschen das Heil zu bringen. In diesem Bereich orientiert er sich stark nach religiösen und spirituellen Idealen. Auf der Ebene der Verinnerlichung wird Hingabefähigkeit und Demut zum Lebensthema. Ein tiefer Respekt zur Natur der Schöpfung und allen Lebewesen existiert bei diesem Typus bis in die letzte Faser seines Seins. Die Welt der Kunst entspräche gleich den vorangegangen 8er Typen als berufliche Ebene, jedoch versteht dieser Typ das Leben selbst als verehrungswürdiges Kunstwerk welches es gilt, in allen Belangen des Alltags zu verbessern. Alternative Lebensformen auf dem Land oder ein sozialökologisch orientiertes Landprojekt soll auch in der äußeren Lebensform diesen Anspruch rechtfertigen. Die stark künstlerische Neigung verbindet sich mit zahlreichen Liebesaffären. In der Liebe existieren auch abstrakte, sexuelle Phantasien, welche in Einzelfällen teilweise pervertierte Varianten erreichen. Eine liberale Einstellung zum Leben, unterstützt mit der diesem Typus eigenen Diplomatie führt zu mannigfaltigen Kontakten im In– und Ausland. Der kulturelle Anspruch wächst im Verhältnis seiner Auslandsreisen. Nicht selten tritt er als Gönner oder Mäzen für spirituell– kulturelle Projekte ein. Die Spiritualität wird nicht offen zur Schau getragen sondern im Hintergrund als Trend beobachtet und ökonomisch und unter ökonomischen Gesichtspunkten realisiert.

Hinweis: Die Persönlichkeitstypen 8/62, 8/71 und 8/80 ergeben keine nennenswerten Änderungen gegenüber dem Typus 8/53. Die Grundschwingung der 8 ist als Repräsentant des 4. Quadranten so feinstofflich und ausgewogen, so dass sich in Einzelfällen nur ganz geringfügige Varianten ergeben würden. Der Verfasser ist jedoch bereit, bei berechtigtem Interesse auf Anfrage im Institut Auskunft zu geben.

TYPUS 9/18

Pluto-Venus Konjunktion

Das Zahlenprinzip der 9 schafft grundsätzlich Bewegung, Veränderung, Unruhe und Transformation in allen Lebensbereichen. Es stellt konventionelle Strukturen in Frage und verändert zusätzlich die sichtbar manifestierte Welt. Es ist die Zahl der Auflösung schlechthin, deshalb möchte insbesondere der erste unter den 9er Typen als frühentwickelter 9er Typus die obigen Prinzipien der Menschheit, insbesondere seiner persönlichen Umwelt näher bringen. Erfindungsreichtum und ein starker Wille zeichnen diesen leicht revolutionären Typus aus. Durch die rege Gedankentätigkeit und die Gabe, blitzschnell zu assoziieren, eignet sich dieser Mensch für die Erfassung wissenschaftlicher Beobachtungen sowie elektronischer Datenerfassungssysteme. Verbunden mit dem stillschweigenden Hang zur „Unterwelt", dem Numinosen oder Metaphysischen, finden sich in diesem Bereich Softwareentwickler genau wie Genies, welche als Computerhacker bekannt sind. Dieser Typus agiert für seine Mitmenschen als Art Auslöser für elementare Bewusstseinsprozesse, ein spiritueller Geburtshelfer für die Einen, als Rebell und Unruhestifter für die Anderen. Beruflich benutzt er sein hochentwickeltes Denken, das dem Vergleich mit einer Nachrichtenredaktion standhalten würde. Überaus redegewandt arbeitet er vorwiegend in Bereichen der Überwachung, Kontrolle, Statistik und Börse sowie Anlageberatung. Durch sein kreativ–chaotisches Wesen eignet sich dieser Typ als leitender Angestellter. Er hätte jedoch permanente Probleme, wenn er selbständig alle seine geistigen Pläne und Errungenschaften selbst in die Praxis umsetzen müsste. Sein etwas eigenbrötlerisches Tun macht ihn nicht zum umgänglichsten Menschen. Partnerschaften im Beruf lösen immer wieder Konflikte aus. Die Kontaktfreude kann berechnend sein, wenn eine erotische Romanze in Aussicht gestellt wird. In der Ehe kann er vorbildlich zu allen Verbindlichkeiten und Pflichten stehen, solange sein auf geistigen Interessengebieten bevorzugter Lebensbereich nicht eingeschränkt wird. Negative Auswirkungen dieses Aspektes können sexuelle Leidenschaften und Drogenkonsum als eine Art Ersatzbefriedigung passiven Erlebens des oben Gesagten dienen.

TYPUS 9/27

Sonne–Neptun Konjunktion

Das Bewusstsein dieses Typus erhält seine Lebensenergie und Inspiration scheinbar aus einer subtilen, sehr mystischen Quelle, welche den meisten Menschen verborgen zu sein scheint. Er besitzt die Neigung, das rein materielle Leben durch seine Phantasie, seiner Hingabe zum Spirituellen und Mystischen zu transzendieren. Es handelt sich von der Ausdrucksweise her um einen beschwingten Wandlungstyp mit häufig wechselnden Ideen, Meinungen und Lebensanschauungen. Diese Sensibilisierung führt beim Mann zu einem ausgeprägten, natürlichen femininen Ausdruck, der auch ästhetische Züge aufweist. In der Partnerschaft wird nach einer beglückenden Erfahrung die nächsthöhere angestrebt, so dass auch hier regelmäßiger Konjunkturbedarf besteht. Das Berufsleben erfährt einen genauso häufigen Wechsel samt den damit verbundenen Ortsveränderungen. Dieser Typus steht unter geistigem „Starkstrom“. Seine geistigen Antennen können ihn aber bei fehlenden Gegenpolen der Zahlenprinzipien 4 und/oder 6 genauso verwirren und täuschen. Man kann von Glück sprechen, wenn er über einen Zeitraum von 3–4 Jahren einmal nur einem Projekt nachgehen würde. Kurzum handelt es sich hier von der Anlage um einen selbständigen Mystiker keiner bestimmten Richtung oder Couleur. Das Selbstbild zeigt eine starke Neigung zu transformatorischen Methoden wie Yoga, Meditation, praktischer Alchemie, und Atemtherapie. Durch die Quersumme 2–7 hat dieser Typus meist heilende Hände und damit einen Bezug zur Geistheilung. Früh entscheidend ist die Ausbildung und das Elternhaus, da hier die Grundsteine für die Verwirklichung spiritueller Ziele gesetzt werden können wie Disziplin, Ordnungsstreben, Organisation und Kontinuität (schwierigste Eigenschaft für diesen Typus). Eine eigensinnige Ichbezogenheit macht diesen Typus nicht besonders umgänglich für seine Umwelt, da dieser Typus meist die Meinungen und Überzeugungen des Jahres 2100 vertritt. Die Abneigung gegenüber der herkömmlichen Tradition und Konvention lässt folgende Berufe in Frage kommen: Yoga–Lehrer, Feng–Shui–Spezialist, Brainstormer, Heilpraktiker, alle spirituellen Dienstleistungsbereiche. Dieser Typus sollte lernen, in einer traditionellen Beziehung die Ruhe und Harmonie in sich selbst finden zu können. Meditation wäre geradezu ein Zauberwort für diesen Menschen.

TYPUS 9/36

Mars–Uranus Konjunktion

Dieser Typus besitzt ein energiegeladenes Denken und ein auf entschlossener Durchsetzung beruhendes Handeln. Bis zum 27. Lebensjahr wirkt sich diese 3/6er Energie sehr impulsiv aus, dieser Typus neigt daher zu überstürzten Handlungen. Er lehnt sich gegen jeden autoritären Zwang von außen auf. Als geborener Revolutionär oder Führer einer organisierten, umstürzlerischen Bewegung, was auch spirituell gemeint sein kann, setzt er seinen Mut und seine Entschlossenheit ganz für seine reformerischen Ideale ein. Durch die Vielzahl der Projekte kommt öfter Unruhe und Chaos in sein Leben, da er meist fünf Dinge auf einmal erledigen möchte. Zeit, Muse und Entspannung sind für dieses Zeichen genauso angesagt, wie schöpferisches, gewaltfreies Ausleben der obigen Ideale. Der hocheinfallsreiche Intellekt birgt einen „Hans–Dampf–in–allen–Gassen"– Effekt in sich. Probleme ergeben sich durch seine Ungeduld gegenüber seinen Mitmenschen. Dieser 9er Typus nutzt seine verbalen Fähigkeiten in Form von öffentlicher Darstellung. Hier fühlt er sich sehr wohl, da er öffentlich seine überaus neuzeitlichen Gedanken kundtun darf. Dies bringt ihm Erleichterung und Ruhe, da er es als seine tiefere Bestimmung ansieht, Menschen durch die Macht der Worte zu überzeugen. In Indien würde dies dem Karma–Yoga entsprechen, dem Yoga der Arbeit. Dieser Weg ist zum Beginn des spirituellen Weges für alle diejenigen geeignet, welche über Sprache, Originalität, Mut und vitaler Arbeitskraft verfügen, um so dem Göttlichen zu dienen. Dieser Typus muss sich nicht um Esoterik kümmern, da ihm dieses Gebiet von selbst zugetragen wird. Die empfehlenswerten Therapieformen für diesen quicklebendigen, überaus kreativen Typus sind Reinkarnationstherapie oder ein Aufenthalt im Zen–Kloster. Partnerschaftlich existiert kein großes Vertrauen in feste Beziehungen, da die Ängste der persönlichen Einengung stark ausgeprägt sein können. Man könnte eher viele Freundschaften als eine große Beziehung verstehen.

TYPUS 9/45

Jupiter–Saturn Konjunktion

Die extreme Beweglichkeit des vorherigen Typus nimmt nun Formen (4) an. Er hat ein großes Interesse an Philosophie, Religion und höherer Bildung. Auch die künstlerischen und gestalterischen Fähigkeiten werden nun realisiert (Kunst, Tanz und Choreographie insbesondere). Eine harmonisch aufgebaute Charakterstruktur (4–5) lässt auf einen geistig wie materiell erfolgreichen Menschen schließen. Die Zahlenkombination 9–4–5 lassen auf eine ausgezeichnete Redegewandtheit schließen. Ein großer Teil seiner Erfolge wird über das Medium Sprache erfolgen. Trotzdem machen es sich diese 9er Typen schwer, wirklich zufrieden zu sein. Sowohl das Zuviel an geistiger Aktivität und materiellem Überfluss als auch das Fehlen desselben frustriert diesen Menschen. Manchmal hat sich dieser Typus anhand seiner Vielseitigkeit zuviel aufgeladen. Es könnte unter Umständen sinnvoll sein, alles einer exakten Prüfung nach Wichtigkeit und Ordnung zu unterziehen. Wenn sich daraus eine Struktur ergibt, kann er gelassener dem ausgeprägten Drang nach Selbstentfaltung nachgehen. Die Prüfung zwischenmenschlicher Beziehungen nach Aufrichtigkeit und Ehrlichkeit reflektieren das Sicherheitsbedürfnis dieses 9er Typen. In der ersten Lebenshälfte lebt er in einer auf Sicherheit und Konvention beruhenden Partnerschaft, welche meist zu Trennungen in der Mitte des 40. Lebensjahres führt. Beruflich sind alle metaphysischen Bereiche interessant und versprechen Erfolg. Auch findet man diesen Typus häufig in Institutionen als Lehrer, Berater oder Anwalt. Seine Vision ist jedoch ein humanitäres Ziel. Dieser Typus kann gesundheitlich häufig mit entzündlichen Erkrankungsformen der Schleimhäute und Gelenke zu tun haben, weiterhin Störungen der Atemwege und Bronchien. Ein Wohnort, welcher nach geomantischen Gesichtspunkten ausgesucht wird und auch nach baubiologischen Prinzipien erbaut wurde, schafft von selbst einen Ruhepol, so dass sich das ständig angespannte Nervensystem entladen kann, da sich dieser Typus selten die Zeit nimmt, etwas für die Gesundheit seines Körpers zu tun. Er ist zwar gedanklich sehr beweglich, der Körper jedoch hat Defizite.

Hinweis: Die Persönlichkeitstypen 9/54, 9/63, 9/72, 9/81 und 9/90 ergeben keine nennenswerten Änderungen gegenüber dem Typus 9/45. Rein rechnerisch können sich keine numerologischen Persönlichkeitstypen ergeben, so dass nur Prinzipien und Themen in einem Zeitraum von etwa 10 Jahren beschrieben werden könnten. Die Grundschwingung der 9 wirkt immer verändernd und transformierend, so dass nie von Ruhe oder Ausgleich gesprochen werden kann. Es ist eher so, dass im Alter die Unruhe und Rastlosigkeit zunehmen, da die körperliche Flexibilität weichen wird und somit all die Energie geistig zu wirken beginnt. Eine Möglichkeit des Ausgleichs würde in einer schriftstellerischen Tätigkeit oder als Lektor bestehen.

TYPUS 9/54

Jupiter–Saturn Konjunktion

Numerologisch bzw. rechnerisch ist es unmöglich, diesen Typus aus dem reinen Geburtsdatum eines Menschen zu erstellen. Jedoch kann in der entsprechenden Wandlungsphase (10–er Rhythmus) gesagt werden, dass unter diesem „Typus“ alle geistigen Arbeiten und die zwischenmenschliche Kommunikation im Vordergrund stehen.

Aus der archetypischen Bedeutung der Zahl 9, deren Ziel die Harmonie verbaler wie nonverbaler Kommunikation darstellt, arbeitet bei diesem „Typus“ der Verstand ungewöhnlich klar. Man weiß in jeder Lage genau, was man will. Wenn nötig, ist man gegenüber den vorangegangenen 9er Typen fähig, seine Sache auch vor den Menschen zu vertreten, die sich um eine ganzheitliche oder spirituelle Sicht der Dinge wenig kümmern.

Der 54er Typ ist großzügiger in weltanschaulichen wie philosophischen Aspekten und agiert in jedem Fall diplomatischer.

Das Organisationstalent ist fließender und auch das umstürzlerische Verhalten, das den 9er Typen im Allgemeinen anhaftet, ist selten oder nicht mehr vorhanden.

Der Familiengeist entwickelt sogar soziale Komponente, ja sogar lautschreiende Kinder werden als herzlich und natürlich empfunden, wenn „Verwandte“ den Nachwuchs aus irgendwelchen gründen einmal platzieren sollten.

Grundsätzlich ist diese Zeit von einer großen Wissbegierde gezeichnet, so dass eine eigene Hausbibliothek angeschafft wird (wenn nicht schon vorhanden).

Auch Reisen und die allgemein typischen merkurischen Charaktereigenschaften wie Austausch, Diskussion und verbale Auseinadersetzung sind als Komponenten dieser 10er Phase zu bemerken.

Fazit: Der 54er erreicht ein für den 9er Typus ungewöhnliches Einfühlungsvermögen, die jenseits von der typischen 9er–Logik geprägten Lebensauffassung stehen. Er „spürt“ empathisch, was beim Gegenüber „läuft“. Diese Kommunikation mit dem Unbewussten ist ein Schatz im Leben des 9er´s.

KARMA

"Was mit einem Menschen geschieht, ist für ihn charakteristsch. Er repräsentiert ein Muster und alle Teile passen zusammen. Mit dem Fortschreiten seines Lebens gelangen sie Stück für Stück auf ihren Platz, entsprechend einem vorbestimmten Plan."

C. G. Jung

Die Karmapunkte

und deren

Bachblütenzuordnungen

Karma bedeutet Handlung aus Kenntnis der Gesetzmäßigkeiten in selbstbestimmter Freiheit. Der Begriff Karma stammt aus dem Sanskrit, wo er so viel wie Tat oder Handlung bedeutet. Der Mensch kann nur innerhalb der von der Schöpfung gegebenen Möglichkeiten frei sein! Je reifer ein Mensch ist, desto größer ist auch seine Freiheit. Freiheit heißt: Bestimmung von innen durch das höhere Selbst. Leben wir in solcher Freiheit hören wir auf die innere Stimme- und nicht auf die abhängig machenden Wünsche des Ich.

In seinem Karma spiegelt sich die Freiheit eines Menschen: es zeigt, wie frei er wirklich ist. Durch die Möglichkeit der Seele, Reifeprozesse in verschiedenen Inkarnationen zu erfahren, ist Karma nicht unbedingt das Gesetz von Ursache und Wirkung, da dieser Gedanke gleichzeitig Vergeltung und Bestimmung einschließt. Die altindische, vedische Lehre unterscheidet drei Arten von Karma:

Pralabd Karma

Das Karma, das man durch persönliche Entscheidungen im gegenwärtigen Leben schafft. Es zeigt die Grundstrukturen eines Schicksals, also mit welchen Mustern von Spannung und Ausgleich wir es in einer bestimmten Inkarnation hauptsächlich zu tun haben: Lernaufgaben der Liebe, der Gnade, des Loslassens von Aggression usw. Pralabd Karma resultiert natürlich symbolisch aus seelisch-geistigen Gewichtungen als Summe früherer Leben.

Viel zu selten denkt man an die Möglichkeit, dass ja jeder Mensch diese ererbte Schicksalsspur verändern kann, nämlich durch Selbsterkenntnis, vor allem das Erkennen des eigenen Schattens. Wir müssen Karina etwa so verstehen: als Herausforderungen in der Gegenwart- die wir in der Vergangenheit einmal selbst geschaffen und daher notwendig gemacht haben. Sie haben nur eine aber um so wichtigere Funktion: aus unserem kleinen Ich, das wahre Selbst hervorzubringen. Dieser perfekt funktionierende Schicksalsmechanismus gleicht persönliche Entscheidungen des kleinen Ich, an die Harmonie im Kollektiv sowie die Harmonie der Natur an. So ist Karma ein persönliches Strickmuster, um in Gnade und Demut reifen zu können. Das Prinzip als solches können wir durch Erkennen und Einlösen unter Berücksichtigung unseres freien Willens selbst gestatten. Voraussetzung bleibt jedoch die Überwindung der bewusstseinsbedingten Auf-

spaltung aller Erscheinungen in polare Gegensätze. Die Natur kennt keine solchen Polaritäten. Sie werden von uns projiziert, damit wir sie in uns verarbeiten und überwinden können.
Die von der 4 und dem Saturn regierte Dimension der Zeit ist ein wichtiger Faktor der von uns im Einklang mit dem 2-er Prinzip selbst erschaffenen Polaritäten. Diese Polaritäten müssen wieder in Einklang gebracht werden. Die Evolution spaltet und wertet nicht, Karma ist ein Prinzip der Gnade. Wann wir unser persönliches Schicksal lösen, schreibt kein Gesetz vor.

Kriyaman Karma

Die zweite Karmaform ist Kriyaman Karma. Sie bedeutet, dass wir das jetzt von uns geschaffene Karma erst später auszugleichen brauchen, wenn wir zur Zeit nicht die Reife besitzen, unser Tun und Denken sofort zu verstehen, einzusehen und zu lösen. In den meisten Fällen wird dieser Aufschub unbedingt gebraucht, damit wir uns weiterentwickeln können, bis wir die Wirkungen der von uns geschaffenen Ursachen verarbeiten und die in ihnen sich manifestierenden Lernprozesse nachvollziehen können. Kriyaman Karma bezeichnet die Gnade, dass von uns nur Einsichten und Entwicklungsschritte verlangt werden, die wir leisten können. Unser Bewusstsein muss mit den Wirkungen der von uns geschaffenen Ursachen aktiv mitschwingen und sich infolgedessen in einem weiteren Entwicklungsschritt wandeln können. Das Gesetz des Kriyaman Karma widerspricht der landläufigen Interpretation, die Karma mit gefühlloser, mechanischer Vergeltung gleichsetzt und nicht in Betracht zieht, dass die Schöpfung ihre eigenen Geschöpfe liebt.

Durchschaut der Mensch ein negatives, lebensbestimmendes Muster, das ihn lange Zeit eingeengt und in seiner Entwicklung gehemmt hat, so wird diese Erkenntnis in die Zusammenhänge seiner Konditionierung das Problem transformierend durchleuchten. Das Muster wird nicht länger gebraucht, und auf die damit verbundene Erfahrung kann man verzichten.
Erkenntnis transformiert alle Lebensbereiche: schlechte, das Immunsystem schwächende Eßgewohnheiten nicht weniger als für Liebe und Partnerschaft. Das sich über lange Zeiträume wiederholende negative Muster löst sich auf der Stelle auf, wenn wir es als solches erkennen. Wir hören dann schlagartig auf, es auf Partnerin oder Partner zu projizieren. Wir haben es neutralisiert, und zwar nach dem Spiegelprinzip der Selbsterkenntnis, das be-

sagt: was ich dem anderen vorwerfe, ist im Grunde mein eigener Schatten. Anders ausgedrückt bedeutet Kriyaman Karma: Das Problem wird sich ewig wiederholen, bis ich endlich die Verantwortung dafür übernehme

Die Schöpfung gibt dem Menschen Zeit zu seiner freien Entfaltung. Was ich heute an Karma verursache werde ich unter Umständen erst sehr viel später, ja vielleicht auch gar nicht einlösen müssen- vorausgesetzt, ich habe in der Zwischenzeit seine Mechanismen verstanden, durchleuchtet und damit seelisch integriert.

Sinchit Karma

Hier wird auf eine Reserve für Karma angespielt, welches sich in der gegenwärtigen Existenz nicht auswirkt, obwohl wir es aus vergangenen Inkarnationen mitbringen. Es handelt sich um besondere Schicksalsschläge, die in der richtigen Dosierung zum richtigen Zeitpunkt die richtige Veränderung herbeiführen. Wir können unmöglich alle Verwicklungen aus allen Leben in einer einzigen Existenz einlösen.* Wir können allerdings die Frucht des Schicksals voraussehen, indem wir das Spektrum unserer bewussten Wahrnehmung und Erkenntnis erweitern.

Bachblüten

Die Zuordnung zu den Bachblüten erfolgt im Zusammenhang mit den Karmapunkten aus erfahrungswissenschaftlicher Sicht.

Nachdem wir die ersten Grundzüge der Geburtsdatennumerologie kennen gelernt haben, differenzieren wir zwischen Innen – und Außenwelt. Der Persönlichkeitstypus, der als Essenzahl aus der Summe des Geburtsdatums hervorgeht, entspricht etwa 5% dem seelischen Potenzial des Menschen. Diese Mitgift wird in den meisten Fällen erst optimal mit Erreichen des Typus bewusst zum Ausdruck gebracht, so dass bis zu diesem Zeitraum meist die Außenwelt die sinnliche Wahrnehmung des Einzelnen stärker prägt, als sein eigenes Ich (Typus). So ist der betreffende Jahrgang bzw. Karmapunktthema ein Indiz für Verhaltensweisen, persönliche Interessen, Reaktionsmuster und spezifischer Gruppenzugehörigkeit.

Dies meint, dass die Individualität der eigenen Persönlichkeit selten bis zu diesem Jahr (Erreichen des Typus) klar erscheint. Hier ist der Karmapunkt, der die äußeren Rahmenbedingungen des Lebens beschreibt und dessen Interaktion mit dem Thema Persönlichkeitstypus illustriert, eine wertvolle Hilfe zur Orientierung.

Die Bachblüten helfen noch exakter, geistig die persönlichen Werte und typgemäßen Reaktionsmuster kennen zu lernen und zu verstehen. Gerade beim Thema Beziehungsfähigkeit dient dieses Thema einem klareren Verständnis für alle Beteiligten, wenn es um die Frage geht, auf welche Art und Weise die Persönlichkeit sich integriert.

Meist sind zwei bis drei Zuordnungen genannt, um das Lernthema herauszukristallisieren.

Diese Zuordnungen sind nicht im Sinne einer Verordnung zu verstehen.

Der Karmapunkt und seine Bedeutung

In den vergangenen Kapiteln erfuhren Sie Grundsätzliches über die numerologischen Begriffe Grundtypus und Persönlichkeitstypus. Diese ersten Anhaltspunkte sind Ansätze ihrer Persönlichkeit, in welchen Lebensbereichen ihr persönlicher Ausdruck zur Geltung kommt. Sie zeigen, wo und wie sie durch ihre persönliche Willenskraft ihrem schöpferischen Ausdruck Geltung verschaffen. In den jeweils angesprochenen Lebensbereichen erkennen sie ihr Kraftpotential, ihre persönlichen Vorlieben sowie Schwächen, die Grundlinien ihrer potentiellen Charakterentwicklung.

Diese individuellen Ausprägungen stellen ein Gerüst unserer persönlichen Anlagen dar, welche nun in Übereinstimmung mit dem Karmapunkt gebracht werden sollen. Wenn wir uns einen Kreis vorstellen, in dessen Mitte ein Punkt existiert, so beschreiben die Kapitel Grund– und Persönlichkeitstypus diesen mittigen Punkt. Der umgebenden Kreis beschreibt die Rahmenbedingungen, in welchen dieser Punkt lebt. Das persönliche Umfeld, die Rahmenbedingungen des Menschen, das zeigt uns der Karmapunkt. Manche Menschen würden dazu äußeres Schicksal sagen. Dieser Umkreis, der Karmapunkt, zentriert unser Karma auf ganz bestimmte Lebensthemen, welche wir auch als Lebenslinien bezeichnen können.

Diese Themen zeigen ein Reservoir von unbewussten Wünschen und den daraus resultierenden Zielen. Die Auskristallisierung unseres bereits manifestierten Schicksals und wie wir diese zur aktiven Lebensgestaltung verwenden, lesen Sie auf den folgenden Seiten. Welchen Karmapunkt Sie zum Beginn dieses Lebens gewählt haben, entnehmen Sie den Tabellen auf den übernächsten Seiten. Diese jeweilige Tierkreisbezeichnung entspricht nicht Ihrem Stern– oder Sonnenzeichen. Falls Ihr Geburtsdatum exakt auf den Wechsel eines Sternzeichens fällt, benötigen Sie eine exakte Berechnung, welche Sie in unserem Institut mit der genauen Angabe Ihres Geburtsdatums und Ihrer korrekten Uhrzeit erfragen können. Die Adresse finden Sie am Ende dieses Buches.

Der Begriff des Karmapunktes ist gleichbedeutend mit der Bezeichnung des Mondknotens. Astronomisch errechnet sich dieser Fixpunkt an jener Stelle, wo der Mond den scheinbaren Weg der Sonne um die Erde kreuzt. Das heißt, während der Mond einmal im Monat die Erde umkreist, kreuzt dieser zweimal die Ekliptik, nämlich wenn er von Süden nach Norden aufsteigt und zwei Wochen später in umgekehrter Weise abwärts gegen Süden absteigt. Immer dann, wenn sich die Sonne auf Ihrer scheinbaren Bahn um die Erde in deren Nähe befindet, sprechen wir von Neu– bzw. Vollmond, da Finsternisse entstehen können. Das bedeutet, dass der Mond einen Schatten auf die Erde bzw. die Erde einen Schatten auf den Mond wirft (Sonnenfinsternis oder Mondfinsternis). Dieser gedachte Weg umkreist einmal als aufsteigender Mondknoten, einmal als absteigender Mondknoten unseren Tierkreis, weswegen die Astrologie vom südlichen oder absteigenden Mondknoten und vom nördlichen oder aufsteigenden Mondknoten spricht.

Die Mondknoten stellen eine harmonische Verbindung von Sonne, Mond und Erde her. Der Mond repräsentiert, kurz formuliert, die Erfahrungen und Gewohnheiten aus der Vergangenheit, welche uns emotionell geprägt haben und sich nach dem Gesetz der Affinität so lange wiederholen, bis wir bestimmte Lebenserfahrung emotionell integriert haben. Was wir früher erlebt haben, prägt unsere späteren Erwartungen. Die Energie des Mondes ermöglicht uns, instinktiv aus unserem Wissen zu schöpfen.

So ist der Mond auch Träger für alle konditionierten Erwartungen und Gefühle im Bereich des Unbewussten. Das Gegenstück, das Bewusstsein, ist die Sonne als Repräsentant unseres Willens, auch unseres Ego. Astronomisch versinnbildlicht die Mitte von Sonne und Mond den Schnittpunkt, die Peripherie beider Bahnen. Andererseits zeigt der Mond unser konditioniertes Bewusstsein aus der Vergangenheit, die Sonne die Kraft der Veränderung und des Neubeginns, so dass wir hier im psychologischen Schnittpunkt das Aufarbeiten und gleichzeitige Verändern unseres Karmas verstehen können.

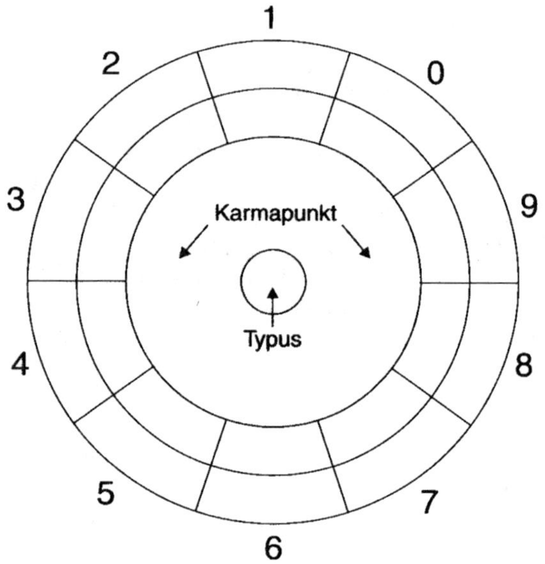

Der Typus muss sich innerhalb den „Rahmenbedingungen" des Karmapunktes verwirklichen. Beide bilden wichtige Grundstrukturen der Persönlichkeit!

Der Karmapunkt zeigt, wie wir gerade durch das Umwandeln unserer alten Strukturen neue Lebenskraft und Freiheit erreichen.

So stellen wir uns eine Achse aus der Vergangenheit als roten Schicksalsfaden, dem sog. Ariadnefaden vor, der uns Freiheit statt Einengung schenkt. Der Karmapunkt hilft uns, starre Neigungen und festgefahrene Verhaltensweisen zu erkennen und zu transformieren. Dieser Punkt macht uns zu einem entscheidungsfähigen Menschen, wenn wir ihn zur Anwendung im täglichen Leben benützen. Kurzum helfen uns die Texte, das gewohnheitsmäßige Verhalten mit bewusster Entscheidungskraft zu entschlüsseln. Symbolisch gesprochen läuft ein Hamster in seinem Rad unendlich lange Strecken, ohne sich tatsächlich fortzubewegen. Nur die ständige Rotation vermittelt Ihm das Gefühl des Neuen, obwohl es ständige Wiederholung ist. So macht uns der Karmapunkt das sich ständige bewegende Rad der alten Verhaltensweisen bewusst, hält das Rad an und befreit uns aus der Kette unserer Verzweiflungen und nutzlosen Wiederholungen.

Karmapunkt Tabellen 1897 – 2050

Geburtstag im Zeitraum			*Karma-punkt*
21. November 1897	bis	09. Juni 1899	Steinbock
10. Juni 1899	bis	31. Dezember 1899	Schütze

1900 bis 1949

01. Januar 1900	bis	28. Dezember 1900	Schütze
29. Dezember 1900	bis	17. Juli 1902	Skorpion
18. Juli 1902	bis	04. Februar 1904	Waage
05. Februar 1904	bis	23. August 1905	Jungfrau
24. August 1905	bis	13. März 1907	Löwe
14. März 1907	bis	29. September 1908	Krebs
30. September 1908	bis	18. April 1910	Zwillinge
19. April 1910	bis	07. November 1911	Stier
08. November 1911	bis	26. Mai 1913	Widder
27. Mai 1913	bis	13. Dezember 1914	Fische
14. Dezember 1914	bis	02. Juli 1916	Wassermann
03. Juli 1916	bis	19. Januar 1918	Steinbock
20. Januar 1918	bis	09. August 1919	Schütze
10. August 1919	bis	26. Februar 1921	Skorpion
27. Februar 1921	bis	15. September 1922	Waage
16. September 1922	bis	04. April 1924	Jungfrau
05. April 1924	bis	22. Oktober 1925	Löwe
23. Oktober 1925	bis	12. Mai 1927	Krebs
13. Mai 1927	bis	28. November 1928	Zwillinge
29. November 1928	bis	18. Juni 1930	Stier
19. Juni 1930	bis	06. Januar 1932	Widder
07. Jan. 1932	bis	25. Juli 1933	Fische
26. Juli 1933	bis	12. Februar 1935	Wassermann
13. Februar 1935	bis	01. September 1936	Steinbock
02. September 1936	bis	21. März 1938	Schütze
22. März 1938	bis	09. Oktober 1939	Skorpion
10. Oktober 1939	bis	27. April 1941	Waage
28. April 1941	bis	15. November 1942	Jungfrau
16. November 1942	bis	03. Juni 1944	Löwe
04. Juni 1944	bis	23. Dezember 1945	Krebs
24. Dezember 1945	bis	11. Juli 1947	Zwillinge

12. Juli 1947	bis	28. Januar 1949	Stier
29. Januar 1949	bis	31. Dezember 1949	Widder

1950 bis 1999

01. Januar 1950	bis	17. August 1950	Widder
18. August 1950	bis	07. März 1952	Fische
08. März 1952	bis	02. Oktober 1953	Wassermann
03. Oktober 1953	bis	12. April 1955	Steinbock
13. April 1955	bis	04. November 1956	Schütze
05. November 1956	bis	21. Mai 1958	Skorpion
22. Mai 1958	bis	08. Dezember 1959	Waage
09. Dezember 1959	bis	03. Juli 1961	Jungfrau
04. Juli 1961	bis	13. Januar 1963	Löwe
14. Januar 1963	bis	05. August 1964	Krebs
06. August 1964	bis	21. Februar 1966	Zwillinge
22. Februar 1966	bis	10. September 1967	Stier
11. September 1967	bis	03. April 1969	Widder
04. April 1969	bis	15. Oktober 1970	Fische
16. Oktober 1970	bis	05. Mai 1972	Wassermann
06. Mai 1972	bis	22. November 1973	Steinbock
23. November 1973	bis	12. Juli 1975	Schütze
13. Juli 1975	bis	29. Dezember 1976	Skorpion
30. Dezember 1976	bis	19. Juli 1978	Waage
20. Juli 1978	bis	05. Februar 1980	Jungfrau
06. Februar 1980	bis	25. August 1981	Löwe
26. August 1981	bis	14. März 1983	Krebs
15. März 1983	bis	01. Oktober 1984	Zwillinge
02. Oktober 1984	bis	20. April 1986	Stier
21. April 1986	bis	08. November 1987	Widder
09. November 1987	bis	28. Mai 1989	Fische
29. Mai 1989	bis	15. Dezember 1990	Wassermann
16. Dezember 1990	bis	04. Juli 1992	Steinbock
05. Juli 1992	bis	21. Januar 1994	Schütze
22. Januar 1994	bis	bis 11. August 1995	Skorpion
12. August 1995	bis	27. Februar 1997	Waage
28. Februar 1997	bis	17. September 1998	Jungfrau
18. September 1998	bis	31. Dezember 1999	Löwe

2000 bis 2050

Vom 01.01.2000	bis 09.04.2000	Löwe
Vom 10.04.2000	bis 13.10.2001	Krebs
Vom 14.10.2001	bis 14.04.2003	Zwilling
Vom 15.04.2003	bis 26.12.2004	Stier
Vom 27.12.2004	bis 22.06.2006	Widder
Vom 23.06.2006	bis 18.12.2007	Fisch
Vom 19.12.2007	bis 21.08.2009	Wassermann
Vom 22.08.2009	bis 03.03.2011	Steinbock
Vom 04.03.2011	bis 30 08.2012	Schütze
Vom 31.08.2012	bis 18.02.2014	Skorpion
Vom 19.02.2014	bis 12.11.2015	Waage
Vom 13.11.2015	bis 02.05.2017	Jungfrau
Vom 10.05.2017	bis 06.11.2018	Löwe
Vom 07.11.2018	bis 05.05.2020	Krebs
Vom 06.05.2020	bis 18.01.2022	Zwilling
Vom 19.01.2022	bis 17.07.2023	Stier
Vom 18.07.2023	bis 12.01.2025	Widder
Vom 13 01.2025	bis 27.07.2026	Fisch
Vom 28.07.2026	bis 26.03.2028	Wassermann
Vom 27.03.2028	bis 23.09.2029	Steinbock
Vom 24.09.2029	bis 21.03.2031	Schütze
Vom 22.03.2031	bis 02.12.2032	Skorpion
Vom 03.12.2032	bis 03.06.2034	Waage
Vom 04.06.2034	bis 30.11.2035	Jungfrau
Vom 01.12.2035	bis 29.05.2037	Löwe
Vom 30.05.2037	bis 10.02.2039	Krebs
Vom 11.02.2039	bis 11.08.2040	Zwilling
Vom 12.08.2040	bis 04.02.2042	Stier
Vom 05.02.2042	bis 18.08.2043	Widder
Vom 19.08.2043	bis 18.04.2045	Fisch
Vom 19.04.2045	bis 18.10.2046	Wassermann
Vom 19.10.2046	bis 12.04.2048	Steinbock
Vom 13.04.2048	bis 14.12.2049	Schütze
Vom 15.12.2049	bis 21.12.2049	Skorpion
Vom 22.12.2049	bis 23.12.2049	Schütze
Vom 24.12.2049	bis 31.12.2049	Skorpion

Weitere Daten auf Anfrage unter: info@aeonch.ch

Karmapunkt Widder

(Als Beispiel kommen die Jahrgänge 8.2.1911–26.5.1913; 19.6.1930–6.1.1932; 1.1.1950–17.8.1950 usw. in Betracht)

Dieser Karmapunkt strebt mehr als alle anderen Zeichen nach Selbstbestimmung und Eigenorientierung. Die erste Rolle, welche eingenommen wird, ist die, der Umwelt zu gefallen um Lob und Anerkennung zu erhalten, was wieder der alten, karmischen Struktur der Fremdbestimmung entspricht. Es geht hier um die Identifizierung mit dem eigenen Ego (Widder), mehr auf sich selbst zu achten als sich immer auf die Wünsche und Meinungen der anderen zu konzentrieren. Die Grundstruktur deutet ein ständiges „Vergleichen–Wollen" mit der Umwelt mit sich selbst an, worauf eine Matrix entsteht, vor seiner eigenen Identität fortzulaufen. Dieser Typus muss lernen sich im Sinne seiner eigenen Ansprüche durchzusetzen, ohne anderen schmeicheln oder sie verletzen zu wollen. Das alte Verhaltensmuster, sich nur Leute und Lebensumstände auszusuchen, welche ihm gefallen, sollte bewusst fallengelassen werden. Im Gefühl, die Anerkennung für große Leistungen aus früheren Inkarnationen nicht bekommen zu haben, sucht er sich diese eben fälschlicherweise in der Außenwelt. Das ständige Ausgleichen von Gegensätzlichkeiten führt letztendlich zur Aufgabe des sehr verletzlichen Ego. Die Lösung wäre, sich bereitwillig anzupassen und einen entsprechenden Teamgeist zu entwickeln, ohne Gegenleistungen im Sinne von Anerkennung zu erwarten. Die Labilität und Gutgläubigkeit wird sich im Laufe der zweiten Lebenshälfte mit Einsicht und Harmonie decken. Das verbindliche Annehmen seines Schattens ist das Ziel, um einen festen Standpunkt zu vertreten. Dadurch lernt er, zu sehen, wie eigene Standpunkte auf seine Umwelt wirken und er lernt, diese wiederum rückwirkend auf sich wirken zu lassen, ohne falsche Schuldgefühle dabei zu entwickeln. Diese Ruhe, das Feedback von außen auf sich zukommen zu lassen, erzeugt Kreativität, geistiges Wachstum und Gesundheit. In längeren Ruhephasen der Kontemplation und Abgeschiedenheit sollte er die

Umwelt als Spiegel auf sich wirken lassen.

Schwerpunkt: Richtig eingesetzt, kann der Persönlichkeitstypus innerhalb dieses Karmapunktes enorme schöpferische Leistungen durch das Entwickeln von Teamgeist, Zusammenarbeit und Kompromissbereitschaft hervorbringen. In der Partnerschaft kann der Geist der Zusammenarbeit koordiniert werden, ohne dass dies als Schwäche ausgelegt werden sollte.

Bachblütenzuordnungen:

Cerato (5) unterstützt die Entwicklung von Vertrauen zu sich selbst, zur Förderung der eigenen Intuition, um Selbstbewusstsein in die eigenen Fähigkeiten zu entwickeln.

Centaury (4) kann eingesetzt werden, um sich besser gegenüber anderen abgrenzen zu können und das „Nein–sagen“ zu erleichtern.

Karmapunkt Stier

Unter diesem Karmapunkt ist der Umgang mit dem Formaspekt der Materie in konstruktiver Form sehr wichtig. Es gilt, sein materielles Bewusstsein mit dem schöpferischen Aspekt der Arbeit in Einklang zu bringen. Die Kunst, welche es unter diesem Lebensthema zu lernen gilt ist, Stabilität und Festigkeit ins Leben einzubringen. Man soll es sich gönnen, Geld zu verdienen und auch die Hilfe anderer Menschen zu beanspruchen, ohne unter Schuld oder Rechtfertigung zu leiden. Die bereiche Sexualität und Partnerschaft sowie der materielle Besitz sind am meisten davon betroffen. Durch frühere Leben ist es dieser Typus gewohnt, Zerstörung, Macht und Kontrolle durch Magie auf seine Umwelt auszuüben. In diesem Leben kann in umgekehrter Weise die Eifersucht an diese alten Eindrücke erinnern. Das Ganzsein dieses Aspekts leidet unter der Angst, etwas von den obigen

Themen weggenommen zu bekommen, also die angesprochenen Themen als defizitär wahrzunehmen. Es geht hier um Neuaufbau und Errichtung einer neuen Strategie des Lebens und Handelns. Dieser Prozess fordert auf, das Prinzip des gerechten Geben und Nehmens zu manifestieren. In zwischenmenschlichen Beziehungen kann dieser Mensch klettenhaft und besitzergreifend wirken, weil er dies aus früheren Inkarnationen so gewohnt war. Deshalb wird er auch wieder mit allen Mitteln darum kämpfen. Pures Lustempfinden sollte in kosmische Liebe zu allen Wesen und Kreaturen gepflegt werden. Diese Menschen haben sicherlich öfter das Gefühl, irgend etwas Wichtiges zu verpassen. Die Lernaufgabe ist es, neutral zu geben und neutral anzunehmen, ohne irgendwelche persönlichen Verwicklungen daraus entstehen zu lassen. Schöpferisch kann dies im Umgang mit der Erde und der Natur umgesetzt werden.

Schwerpunkt: Entwickeln eines ökonomischen Bewusstseins. Der Begriff Substanz ist ein Schlüsselbegriff. Materie ist ein formaler Ausdruck inneren Geschehens, d.h. Besitz und Geld sind kreative, sich ständig verändernde Themen, welche im Bewusstsein des „Festhaltens“ Probleme bereiten wie auch in der Partnerschaft. Festigkeit oder Substanz bedeutet bei diesem Karmapunkt mentale Festigkeit und Selbstvertrauen zu entwickeln, ohne dafür kämpfen oder manipulieren zu müssen. Der persönliche Vorteil kann darin liegen, schöpferische und manuelle Fähigkeiten in den Beruf einzubringen. Diese mit Bestimmtheit vorliegende praktische Veranlagung kann auch für Körperarbeit, Energiearbeit und Feng–Shui zum Einsatz kommen.

Bachblütenzuordnungen:

Impatiens (18) hilft, mentale Spannungen, die durch die eigene Ungeduld entstanden sind, auszugleichen und grundsätzlich mehr Geduld zu entwickeln, zum Einen zu sich selbst, zum Anderen seinen Mitmenschen gegenüber, die einem in Allem (im Arbeiten, Sprechen etc)., grundsätzlich zu langsam sind.

Cerato (5) unterstützt die Überwindung von persönlichen Unsicherheiten, die durch Defizite im Selbstbewusstsein entstanden sind. Dadurch besteht die Chance, Selbstvertrauen zu gewinnen.

Gentian (12) ist sehr nützlich um Selbstzweifel abzubauen und Blockaden auf mentaler Ebene zu lösen, so dass dadurch eine Stabilität in der Psyche möglich wird und der Glaube an sich selbst und an sein Höheres Selbst entwickelt werden kann.

Karmapunkt Zwillinge

Bei diesem Karmapunkt versucht der Typus unglaublich viel Wissen auf den verschiedensten Gebieten zu erlangen. Seine Aufgabe ist es, die Fähigkeit zu logischem und klaren Denken zu erwerben. Dieser Aspekt zeigt dem Menschen, wie er sich in der Gesellschaft verhalten soll und anzupassen lernt. Es geht vordergründig um die Vermittlung von Ideen und Idealen, vornehmlich in Sprache und technischen Kommunikationsformen. Jede Art von Autorität kann als einengend empfunden werden und man versucht diese mit unglaublichem Einfallsreichtum und Sprachgewandtheit zu überlisten. Anpassung an äußere Normen versteht man als Reduktion des ausgeprägten Freiheitsgefühls. Das zuviel an den verschiedensten Interessen führt leicht zu mentaler Überlastung, man will oder kann so gut wie nichts verbindlich über einen längeren Zeitraum durchführen. In früheren Leben war er gewohnt, alles selbst zu tun, Taktgefühl, Höflichkeit, Kooperationsbereitschaft und Teamwork waren im Elternhaus bzw. in der persönlichen Biografie scheinbar Fremdwörter. Dieser Mondknoten wird ihn zwingen, immer zwei Seiten einer Erfahrung machen zu müssen, um von der *Unverbindlichkeit zur Verbindlichkeit zu finden.* Das Streben nach gesellschaftlicher Stellung und entsprechender Position wird nur durch die Aneignung von Tugenden, Verfeinerung des Umgangs mit anderen, Veredelung der Sprache und vor allen Dingen Aufrichtigkeit im Denken (Zwilling) möglich sein. Das ständige Auf– und Abspringen von Meinungen und Ideen soll gefestigt werden. Er bringt nicht sonderlich Karma mit und daher wirkt dieser Mensch eher unschuldig, egal welche Fehler er begehen wird. Er muss lernen, die Rechte der anderen nicht als Autorität gegen sich zu erleben, was er aus früheren Leben so gewohnt war. Das Studium von Sprache und Kultur wird meist mit aktiven sportlichen Betätigungen verbunden, die spirituellen Gebiete finden erst später, ca. ab dem 35. Lebensjahr Interesse. Dies erreicht er, indem er andere Kulturen, Glaubenssysteme und spirituelle Werte kennen lernt.

Schwerpunkt: Kenntnisse und Fähigkeiten in Worte und artgerechte Kommunikation verwandeln lernen. Den Verstand nicht überbewerten und als Transportmittel zwischen Seele und Außenwelt erkennen. Das Zeichen Zwilling lebt von dem Feedback zu seiner Umwelt, einem regen Gedanken– und Kommunikationsaustausch. Diesen Fluss von Energie muss er bewusst aufrecht erhalten, indem er auf die *seelischen* Werte seiner Mitmenschen achtet.

Bachblütenzuordnungen:

Beech (3) unterstützt das Lösen von blockierten Gefühlen, so dass Einfühlungsvermögen entwickelt werden kann. Dadurch wird es möglich, sich in den anderen hineinzuversetzen und dessen seelische Werte zu begreifen bzw. zu achten.

Water Violet (34) fördert einen liebenswürdigen verbindlichen Umgang zu den anderen und Taktgefühl ihnen gegenüber.

Scleranthus (28) wirkt harmonisierend auf die innere Ruhelosigkeit und Sprunghaftigkeit und fördert die innere Ausgeglichenheit und Harmonie, so dass ein konzentrierter Gedanken– und Kommunikationsaustausch möglich werden kann.

White Chesnut (35) sorgt für einen „ausgeglichenen Kopf“, so dass man objektiv und rational denken kann, ohne wiederum den Verstand in Vordergrund zu stellen.

Karmapunkt Krebs

Es handelt sich um eine stolze, selbstbewusste Seele, welche gewohnt ist, überall und von jedem Respekt und Anerkennung gezollt zu bekommen. Aus früheren Leben war man gewohnt, sich Ruhm und Ehre um jeden Preis zu erkämpfen. Es wurde viel Anstrengung unternommen, um die Anerkennung anderer zu bekommen. Das Grundprinzip ist, Leistung zu erbringen, um zu erhalten, was sich in diesem Leben persönlich nicht auszahlt, da diesmal gelernt wird zu geben und andere zu versorgen (Krebs). Der innere Widerstand, jetzt für andere selbstlos da zu sein gegenüber früherer gezielter Machtanstrebungen um Siegen und Beherrschen zu können ist neu und deutet auf ein ständiges Abwägen jeder Tat im Leben hin. Geben und Nehmen wird immer noch im Aufrechnungsverfahren gelebt, gleich ob es um Gefühle, Gedanken, Gespräche oder materielle Dinge geht. Dieser Typus hat zu lernen, nichts mehr für das eigene Geben erhalten zu wollen, sondern einzusehen, dass Gott auch diejenigen segnet, welche selbstlos lieben. Eine der Hauptaufgaben in diesem Leben ist, den inneren Widerspruch zwischen Familie und Karriere zu überwinden. Wahrscheinlich werden die eigenen Eltern schon sehr früh als übermächtig empfunden. Der Gegenpol ist das Märtyrertum, jetzt Selbstlosigkeit in den Vordergrund zu stellen, um so weiter Macht und Anerkennung zu bekommen. Dieser Mensch lässt nur schwer Gefühle zu und hat für seine Privatangelegenheiten kaum einen seelischen Beistand. Unstimmigkeiten und Fehler zu tolerieren wäre hier der erste Schritt, um die hohen Ansprüche zu mildern. Das selbstgerechte Denken sollte gegen das Akzeptieren anderer Standpunkte eingetauscht werden, ohne Angst haben zu müssen, „von der Rolle zu sein“. Ein reicher Geber ist ein umso reicherer Empfänger. Kritik sollte konstruktiv verstanden werden, um eigene Mauern, welche gebaut wurden um nicht verletzt zu werden, abzureißen. In der Partnerschaft lernt dieses Wesen den weiblichen Teil einzunehmen um dort das zu realisieren, was später jedem Mitmenschen gezeigt werden sollte aus natürlicher eigener Erfahrung heraus. Das Geld spielt natürlich auch eine große Rolle, obwohl diese Gedanken im Hintergrund bleiben. Steinbock ist das Zeichen der großen Geschäfte, wenn auch nur im früheren Leben erlebt (südlicher Mondknoten). Auch hier ergeben sich klare Veränderungen.

Schwerpunkt: Einen offiziellen Beruf mit sozialer Komponente ergreifen, um aus dem persönlichen Gefühl, anderen Menschen nur privat nützen zu können, heraus zu kommen. Sich auch ein eigenes Ego gönnen, um beruflich ein konstruktives Schema von rationalem Denken und materiellem Erfolg zu erreichen. Erkennen, dass die Hilfe für andere Menschen selten in dem Maß zurückkommt, wie es nötig wäre. Daher sollte sich dieses Zeichen um konstruktive Eigeninitiave im Beruf kümmern. Trotzdem muss ein emotioneller Einklang mit der eigenen Familie fortbestehen können.

Bachblütenzuordnungen:

Cherry Plum (6) hilft, die blockierenden inneren Kontrollmechanismen zu überwinden, um sich für „sein Leben“ zu öffnen und seine Lebensaufgabe anzugehen.

Pine (24) ermöglicht es, Gefühle zuzulassen, sie auch zu akzeptieren und zu schätzen und fördert gleichzeitig Verständnis für seine Mitmenschen sowie innere Bescheidenheit bzw. Demut.

Water Violet (34) fördert innere Harmonie sowie den taktvollen, toleranten Umgang mit seinen Mitmenschen.

Karmapunkt Löwe

Dieser Aspekt zeigt enorme Willensstärke und den Kampfgeist, diesen auch durchzusetzen. Dieser Mensch nimmt gerne die Dinge selbst in die Hand und hat trotzdem häufig Sehnsucht nach wahren Freunden, die ihm zur Seite stehen, wenn er „einen Berg versetzen möchte". Der Löwe will sein Selbst primär verwirklichen und muss diesmal im Gegensatz zu früheren Leben lernen, dies mit seinen Mitmenschen zu tun. Symbolisch ist er es gewohnt, von einem „Hofstaat" umgeben zu sein, welcher Ihm dient. Diese Distanz muss er jetzt aufgeben. Da dieser Aspekt die Fairness und Kameradschaft fremder Menschen benötigt, möchte er Menschen dabei helfen, Interessen gemeinsam wahrzunehmen. Einsamkeit entsteht automatisch durch das Demonstrieren von Macht. Die Zeiten der Isolation sollten genutzt werden, um sich und anderen wirklich verzeihen zu können und sollten den entsprechenden Versöhnungsprozessen dienen. Die enormen geistigen Energien sollen diesmal zu mehr Selbstvertrauen führen, obwohl sich dieser Mensch selten etwas sagen lässt, da er im Inneren um seine Dominanz fürchtet. Die Tendenz undiszipliniert und überaus großzügig mit den eigenen Energien umzugehen, stellt ihn vor das Problem der Nachlässigkeit in allen Dingen. Die plötzlichen Energieschübe sollten zum Wohl der Umwelt eingesetzt werden. Etwa in der Mitte des Lebens sammelt sich materieller Wohlstand an, welcher verleiten kann, sich wieder abzukapseln vom Kollektiv der Menschen. Die Unabhängigkeit ist für ihn deshalb wichtig, weil es in diesem Leben darauf ankommt, Selbstvertrauen durch das Bewusstmachen des eigenen Potentials zurückzugewinnen, um Freundschaften schließen zu können und gerade beruflich erfolgreich zu sein. Fairness ist ihm angeboren und er misst sich nur an großen Zielen und Wünschen. Eines seiner Ziele ist die Gleichberechtigung für alle Menschen, so spricht aus dem Tiefen seiner Seele ein großes Engagement, soziale und humane Ziele zu verfolgen. In beruflicher Hinsicht kann er so über Mitgefühl Freunde gewinnen. Die großen Erfolge stellen sich ein, wenn er es versteht, seinen Willen in den Dienst der

Menschen zu stellen. Das Kämpfen um Einzigartigkeit kommt aus früheren Leben. In diesem Leben soll er seine individuellen Ansprüche auch mit anderen Menschen teilen.

Schwerpunkt: Den Mut finden, sich im Kollektiv einzubringen. Das im Kern des Wesens bereits vorhandene soziale Bewusstsein muss manifestiert werden. Es soll auch für die Aufgaben und Ziele anderer Menschen Verantwortung mit übernommen werden. Das Ego löst sich dann auf, wenn er lernt, dass er in Wirklichkeit seine Einzigartigkeit mit vielen Menschen teilen kann und dadurch eher an Persönlichkeit gewinnt als verliert.

Bachblütenzuordnungen:

Centaury (4) hilft die eigene Willenskraft zu stärken, sich unabhängiger zu machen von den Meinungen anderer und trotzdem sich in Gemeinschaften zu integrieren und dabei die eigene Individualität beizubehalten.

Cerato (5) fördert das Vertrauen auf seine innere Stimme.

Elm (11) unterstützt das Verantwortungsbewusstsein und die Bereitschaft, Verantwortung für sich und andere zu übernehmen.

Karmapunkt Jungfrau

Als sog. karmisches Zeichen sorgt dieses Zeichen für Gerechtigkeit in Beruf und Familie und hat ein starkes Mitgefühl für die Schwächen und Schmerzen der Umwelt mitgebracht. Das stark ausgeprägt–analytische Unterscheidungsvermögen in Beziehung zu seinen eigenen Gefühlen zu bringen, ist eines der Hauptthemen dieser Inkarnation. Es gilt zu lernen, dass Mitfühlen nicht Mitleiden bedeutet. Die Neigung sich schnell Schuldgefühle übertragen zu lassen, führt aus der Gutmütigkeit der Vergangenheit her, wo es galt, das Prinzip „Helfen und Heilen" zu leben (falsch verstandene Form von Anpassung)! Diese emotionellen Tendenzen bedingen nun den Einsatz des Verstandes und der Analyse, vor allen Dingen um für sich selbst festzustellen, was angebracht ist und was nicht, unabhängig von der Meinung anderer. Dieser Selbständigkeitsprozess drückt sich unter anderem darin aus, „Nein" sagen zu lernen, bei allem Mitgefühl „Nein–Sagen" bedeutet aber, sich innerlich keine Rechtfertigungsstrategie für das Gegenüber zu konstruieren, ansonsten erzeugt diese Haltung auf Dauer mehr statt weniger Schuldgefühle. Optimal ist diese Konstellation für Heil– und Therapieberufe, da hier die Sensitivität und Einfühlsamkeit der Fische (Komplementärmondknoten) mit dem Wunsch, auch geistige Prinzipien der Heilung hinzukommen zu lassen, verschmolzen werden kann. Etwas überproportional wird das Prinzip der Kritikfähigkeit und Disziplin in den Vordergrund gebracht, welche nicht selten bei diesem Typus anzutreffen sind, weil er es selbst früher nie verstanden hat, seine Ziele konsequent bis zum Schluss durchzuziehen (theoretische Ideenvielfalt). Diese nach außen scheinenden Pfeilschüsse wollen jedem sagen, nie vom Ziel abzukommen. Berechenbarkeit und Erfolg sind bestimmende Faktoren auf dem Weg. Sichtbare Erfolge sind sehr wichtig als Art innerer Beweisführung. Kleinigkeiten werden sehr ernst genommen. Symbolisch zeigt sich hier ein riesiges Uhrwerk, was ständig am Laufen gehalten werden will, welches ständiger Kontrolle bedarf. Für die

Reparaturen jeder kleinsten Ungenauigkeit ist dieses Zeichen am ehesten zuständig.

Schwerpunkt: Den richtigen Platz in diesem Leben finden. Als Ausdruck des *konstruktiven Dienens* kann Liebe in einem heilerischen Beruf gelebt werden. Das Ziel ist es auch, die Mechanismen der Seele mit dem Herz und nicht nur mit dem Kopf rational zu verstehen. Der analytische Verstand wird dazu benutzt, kein Märtyrer für andere Menschen zu sein. Das Prinzip des Anpassens an seine Umwelt wird eines der roten Fäden dieses Lebens sein, verbunden mit dem Ziel, Flexibilität für eigene Unternehmungen zu gewinnen. Manchmal wirkt dieser Mensch in seiner Ausstrahlung zu mütterlich.

Bachblütenzuordnungen:

Centaury (4) trägt dazu bei, eine evtl. angenommene ‚Opferhaltung' abzulegen, Selbstvertrauen aufzubauen und sich über seine eigene Identität klar zu werden.

Larch (19) fördert ebenfalls den Aufbau von Selbstvertrauen und hilft Situationen objektiv zu analysieren und einzuordnen.

Gentian (12) unterstützt Selbstzweifel abzulegen und fördert Zuversicht, um nicht bei Herausforderungen zu verzagen.

Karmapunkt Waage

Im Vordergrund steht die Entwicklung von Kooperation und der Bereitschaft, sich in zwischenmenschlichen Beziehungen einzugliedern und anzupassen. Als ausgeprägter Individualist hat er eine egobezogene Meinung von Partnerschaft mit anderen Menschen. Aus vergangenen Leben war er gewohnt, seine Umwelt öfter für seine eigenen Ziele zu benützen. Die soziale Komponente steht daher in diesem Leben im Vordergrund. Der Ausgleich gegenüber der letzten Inkarnation mit dem Motto „ich bin immer der Erste und Beste“ (Widder) kann nur erfolgen, falls die starken Persönlichkeitsenergien in den Hintergrund gestellt werden um anderen Menschen zu helfen, ihr eigenes Vertrauen in sich zu entwickeln. Der fordernde Charakter, etwas tun zu müssen, verliert hier an Bedeutung. Persönliche Anteilnahme an einem Gemeinschaftsprojekt, wobei jeder die gleiche Gewichtung erhält, wäre eine gute Aufgabe für ihn. Dieser Mensch kann ein Licht für den Partner sein, wenn er den Anderen als Spiegel seiner Selbst entdeckt. Das Beste des Charakters wird hervorgebracht, wenn zwischenmenschliche Beziehungen nicht dazu benutzt werden, die eigene Meisterschaft zu erlangen.

Schwerpunkt: Geduld, Vertrauen und Respekt für andere Menschen aufzubauen. Er muss lernen, seine Umwelt in neutraler Art und Weise an seinem Mut, seiner Vitalität und seinem Unternehmergeist teilhaben zu lassen. Das ausgesprochen kreative Potenzial dieses Aspektes dient einer soliden, privaten Lebensqualität.

Bachblütenzuordnungen:

Beech (3) unterstützt die Bereitschaft zu Toleranz und Akzeptanz anderen gegenüber, ebenfalls Verständnis, dass nicht alle Menschen gleich sind und die gleichen Bedingungen im Leben haben. Dadurch wird die Bereitschaft zur Kooperation in zwischenmenschlichen Beziehungen gefördert.

Chicory (8) fördert die Zurückhaltung von übermäßigen persönlichen Energien bzw. persönlichen Erwartungen gegenüber anderen. Zum einen entwickelt man dadurch eine eigene innere Sicherheit und Stabilität (im optimalsten Fall ruht man in sich), zum anderen strahlt man Verbundenheit und Verbindlichkeit aus.

Impatiens (18) wirkt entgegen impulsiven, überschießenden Emotionen und hilft, Geduld zu entwickeln – in 1. Linie bei sich selbst und dies ist wiederum die Voraussetzung, um Geduld seinen Mitmenschen entgegenzubringen.

Karmapunkt Skorpion

Dieses Zeichen muss eine eigene, selbstlose Lebensstruktur entwerfen. In früheren Leben wurde hartnäckig um den Besitz von Freunden, Wissen und Geld gekämpft. Dieser Mensch macht es sich gerne schwer und fühlt sich manchmal als Märtyrer. Er weiß oft für andere besser, wie diese sich ändern sollten, so dass eine Betriebsblindheit nicht ausgeschlossen ist. Gerne wird dabei vergessen, sich selbst dabei mitzuverändern. Es kann sein, dass sich ab der zweiten Lebenshälfte äußerer Ballast angehäuft hat, resultierend aus inneren Beweiszwängen, materiell etwas darstellen zu müssen, dass dieser Mensch einen völligen Abbruch in Beruf, Partnerschaft und Beziehungen allgemein erfährt. Dieses Zeichen repräsentiert Tod und Wiedergeburt und es ist so ähnlich, als habe man alle erworbenen geistigen und materielle Formen nur erlangt, um sie wieder loszulassen. Dieser scheinbare Gegensatz zwingt den Menschen letztendlich, alles loszulassen was liebgewonnen wurde, um das geistige Selbst als einzigen „Besitz" in den Vordergrund zu stellen. Der gesellschaftliche Status sollte nicht zur Erhöhung der eigenen Person benutzt werden. Andererseits gibt es viele Menschen, denen diese Wandlung geglückt ist und auf dem spirituellen Weg beachtliche Erkenntnisse und Fortschritte machten. Wenn dieser Typus etwas anfängt, wovon er überzeugt ist, widmet er sich mit einer unnachahmlichen Leidenschaft diesem Ziel. Das Ziel ist es, sich auf der tiefsten nur möglichen Ebene selbst begegnen zu können, nämlich symbolisch durch den „Tod" des Ego das Leben selbst zu erkennen.

Schwerpunkt: Schwäche zulassen und den spirituellen Weg nicht alleine gehen. Das Ego benötigt noch die Hilfe und das Vertrauen anderer Menschen, um die eigenen starren Wertmaßstäbe zu verwandeln. Verluste sind nicht immer Verluste, wenn man das

Gesetz eines höheren Ausgleichs verstehen lernt. Die Sexualität kann für dieses Zeichen ein wertvoller Schlüssel zur eigenen Befreiung sein. Ein anderer Aspekt auf höherer Ebene ist das Thema Sterbe- und Wegbegleitung in Krisenzeiten.

Bachblütenzuordnungen:

Cherry Plum (6) unterstützt stagnierende Emotionen, die mit der Thematik ‚Festhalten und Loslassen' verbunden sind, zu lösen. Sie wirkt ausgleichend auf übertriebenes Festhalten an Kapital, Besitz oder das Klammern an (Bezugs–) Personen und fördert Prozesse des Loslassens bzw. Loslösens.

Chicory (8) wirkt entgegen einer Persönlichkeitshaltung, die einen stark dominanten bzw. besitzergreifenden Aspekt aufweist und fördert den Aufbau der eigenen inneren Stabilität und Sicherheit. Zudem fördert sie das Respektieren und Anerkennen der persönlichen Grenzen der anderen.

Rock Water (27) hilft starre Haltungen, Emotionen etc., durch die man sich selbst das Leben schwer macht, wieder in Fluss zu bringen und sich dadurch den beständigen Entwicklungen und dem Wandel des Lebens hinzugeben.

Karmapunkt Schütze

Dieses Zeichen steht für die Erweiterung des eigenen Horizontes. Die expansiven Bewusstseinsqualitäten können in natürlicher Weise die Gebiete Philosophie, Religion und Ökologie erfassen und umsetzen. Andere Kulturen und Glaubenssysteme erweitern das Bewusstsein. Das Streben nach geistiger Autonomie wird primär verwirklicht (Siehe auch Typus 3/30). Eine der wichtigen Aufgaben in diesem Leben wird es sein, sich eine selbständige Lebensanschauung zu erarbeiten. Es geht darum, alle Möglichkeiten der Selbstdarstellung in ehrlicher und aufrichtiger Weise zu verwirklichen. Vieles ist angelernt und antrainiert, was selbst praktisch nicht erfahren wurde. Es wird versucht, die eigenen Lebenskräfte auf ein Höchstmaß zu bringen, um scheinbar Willen und Macht auszuüben. Wichtig ist es für dieses Zeichen, zu erkennen, ein ganz normaler Mensch zu sein wie jeder andere und trotzdem seine eigene Individualität voll zu erfahren. Dieses Zeichen versucht, alle Gruppenerfahrungen zu individualisieren und sie teilweise als eigene auszugeben. Die Weltklugheit des Schützen transformiert sich zu alltäglichem Geschehen, um „normal" zu werden, d.h., um den Gruppengeist zu erfahren, muss man sich vollkommen leer von Erwartungen und Wünschen machen. Der rege Austausch an Philosophie und Spiritualität löst Grenzen auf. Die größte Aufgabe besteht für diesen Menschen in der Suche und Realisierung des höheren Wissens, um dieses für andere transparent zu machen.

Schwerpunkt: Eigene Lebensanschauungen erarbeiten und sich nicht von den Werten anderer Menschen zu stark beeinflussen lassen. *Kompetenz* in Gemeinschaftsprojekten erwerben. Das Entwickeln von *Selbstverständnis und Autorität.* Die eigenen Botschaften in Schrift und Wort umsetzen lernen.

Bachblütenzuordnungen:

Cerato (5) fördert das Vertrauen in seine Intuition und das Hören auf die eigene innere Stimme. Es wird möglich, Wissen und Informationen zu sammeln, sie für sich auszuwerten und dadurch seine eigene Lebensanschauung zu entwickeln und auf sein Lebenskonzept zu übertragen.

Wild Oat (36) fördert die Klarheit, die eigenen Fähigkeiten und Potenziale zu sehen, um den „roten Faden" in seinem Leben zu erkennen und mit diesen klaren Vorstellungen und Ambitionen seine Ziele zu erreichen.

Impatiens (18) wirkt ausgleichend auf innere Spannungen, die sich in Form von Ungeduld ausdrücken, um gelöst–(er) und gelassen– (er) seinen Aufgaben im Leben gegenüber zu stehen.

Karmapunkt Steinbock

Das Thema der eigenen Autorität, welche durch lange, harte Arbeit erworben wurde, steht im Vordergrund. Primär gilt es, Reife zu erwerben, um wirklich erwachsen zu werden (das Bewusstmachen der eigenen, natürlichen Ressourcen, die als innerer Reichtum allgemein gelten die folglich zu einem natürlichen Selbstwert beitragen!) In den meisten Fällen erlebt dieses Zeichen früh Konflikte im Elternhaus, wahrscheinlich deshalb, weil es das Kindsein im letzten Leben zu sehr ausgekostet hat. Die Bindung ans Elternhaus aufzugeben wird dazu führen, tatsächlich eine größere Identifikation mit der oben beschriebenen Autoritätsproblematik zu finden, um auch das Gefühl der eigenen Freiheit zu entdecken. Insbesondere sollte ein Versöhnungsprozess mit dem Vater angestrebt werden. Methodisches Planen und Eifern gehören zur Strategie, Gefühle nicht nach außen zeigen zu wollen. Das Erwachsensein hat viel mit „Erwachen" zu tun, also die latenten Potentiale anderer Menschen zu entdecken und zu führen, auszuleben, anstatt sich selbst immer in die passive Kindrolle fallen zu lassen, indem man andere nur idealisiert oder bewundert und sich damit bei alle der passiven Freude selbst blockiert. Es ist möglich, dass dieser Typus längere Zeit karmische Aufgaben in seiner eigenen Familie finden wird. Er hat dabei das Gefühl, wirklich schenken zu können, sein Ego wird dabei in den Hintergrund gestellt. Hier lernt er, dass seine emotionelle Zuwendung für seine Nächsten tatsächlich eine Vorbereitung für seine *langangestrebte Berufskarriere* sein wird. Ein Problem wird bei einigen die Tendenz der Isolierung sein. Später ist dieser Typus in eine rege und erfolgreiche Geschäftstätigkeit eingebunden. In den meisten Fällen werden dann irdische Reichtümer angehäuft, was auch als Versteck gelten kann. Lernt dieses Zeichen das „innere Kind" als Erwachsener zuzulassen, sind alle anderen Kompensationstalente überflüssig („Kindrollenspieler" zu sein als Teil der persönlichen Durchsetzungsstrategie). Man kann getrost seine wirklichen Fähigkeiten zeigen, ohne sich rechtfertigen zu müssen.

Schwerpunkt: Seine Bestimmung in einem Beruf finden, welcher seinen Mitmenschen zu mehr Klarheit, Struktur und Eigenverantwortung verhilft. Alte, gewohnte Denkstrukturen über Bord werfen. Lernen, Gefühle der Schwäche zuzulassen, welche der eigenen Authentizität keinen Abbruch tun. Keine emotionalen Blockaden in der Familie aufbauen. Er muss lernen, Vorbild für andere zu werden. Entspannungspädagogin ist ein Teil Ihres Wesens. Sie können durchaus eine Form ganzheitlicher Beratung durchführen.

Bachblütenzuordnungen:

Impatiens (18) wirkt ausgleichend auf innere Spannungen, die sich in Form von Stimmungsschwankungen bis hin zur Launenhaftigkeit zeigen.

Cherry Plum (6) fördert den Prozess des Loslassens von blockierten Emotionen, von Abhängigkeiten in welcher Form auch immer, vom Festhalten von Vergangenem, um dadurch offen zu werden, sich in den Fluss des Lebens (mit Freude) zu begeben.

Larch (19) hilft durch den Aufbau von Selbstvertrauen, Unsicherheiten und Minderwertigkeitskomplexe abzubauen. Dadurch wird es möglich, sich innerlich gelassener und sicherer zu fühlen, um dann auch Gefühle und insbesondere Schwächen zuzulassen.

Karmapunkt Wassermann

Das Symbol des Wasserträgers steht für die Aufgabe, sich sozial und spirituell für die Gemeinschaft einzusetzen. Ein starkes Ego, welches nach Macht und Dominanz strebt wird mitgebracht und wird in diesem Leben Gegenpol dazu erfahren. Die stark spirituellen Züge können ebenso zu eigenen Vorteilen benutzt werden, wie andererseits seiner Umwelt zur Verfügung gestellt werden. Das Thema ist, die Egodominanz fallen zu lassen und sich nicht immer selbst im Mittelpunkt des Universums zu sehen. Offenheit und Einfühlungsvermögen für die richtige Situation zeichnen diesen Menschen aus. Gute Kontakte zu den unterschiedlichsten Gruppierungen zu knüpfen, um alle Teile und Wesensrichtungen von Menschen kennen zu lernen ist der positive Teil, welcher auch in totale Isolation führen kann. Das Eremitendasein des Märtyrers kann einerseits bewusster machen, kann aber genauso als Folge von nicht anerkannter Macht und fehlendem Erfolg aus der Vergangenheit ins Gegenteil umschlagen. Das Ziel ist es, sich durch regelmäßige Kontemplation über die Quelle des Lebens zur eigenen inneren Stimme zu finden. Die innere Ruhe wird eine Quelle der Kraft für dieses Zeichen sein. Soziale oder politische Aktivitäten können einige Jahrzehnte den Lebensweg zeichnen. Man ist darauf bedacht, seine eigenen Erfahrungen anderen Menschen angedeihen zu lassen. Manchmal kommt es in diesem Zusammenhang zu irrealen Wertvorstellungen, das Leben könnte alleine philosophisch oder politisch gelöst werden. Der praktisch umsetzbare Wert muss erarbeitet werden.

Schwerpunkt: Da Wassermann ein Bewusstseinszeichen ist, geht es primär darum, einen klaren Kopf zu behalten bei den vielschichtigen Interessengebieten. Lernen, die eigenen Idealvorstellungen durch praktische Konzepte mit Ethik und Moral umzusetzen. Dieser Mensch sollte mit anderen Menschen zusammenarbeiten, da die Tendenz zu Eigenbrötlertum ausgeprägt ist. Die angestrebte „Freiheit–für–Alle“ ist nur mit dem entsprechenden Verantwortungsbewusstsein zu erreichen.

Bachblütenzuordnungen:

Water Violet (34) hilft innere Distanz und Reserviertheit und eine selbst aufgebaute isolierte Haltung (was sich als „Eigenbrötlerei" zeigen kann) auszugleichen, damit eine Offenheit entstehen kann auf andere zuzugehen, sich in Gemeinschaften zu integrieren und diese Schritte selbst als Bereicherung anzuerkennen.

Rock Water (27) unterstützt den eigenen Idealismus in die Tat umzusetzen unter Berücksichtigung, dass das Leben Wandel bedeutet. Es hilft wenn nötig, seine Prinzipien problemlos zu modifizieren.

Vine (32) fördert die Entwicklung eines sensibleren Gefühls für andere. Es wird eine Basis geschaffen, sich in Gemeinschaften zu integrieren und mit anderen zusammenzuarbeiten, wobei dadurch die bestehende Egozentrik etwas weichen wird.

Karmapunkt Fische

Das Aufklären von Karma kann zu einer zentralen Aufgabe werden, kontrollierend und in Schubladen verpackt. Ein großer Teil des Lebens wird damit verbracht, nach dem wirklichen Sinn des Lebens zu suchen. Die Genauigkeit und die Analysefähigkeit der Jungfrau (südlicher Mondknoten) bringt es mit sich, ständig mit der Außenwelt in Konfrontation zu geraten. Zeiten der Isolation wechseln mit Phasen intimen Zusammenseins mit mehreren Personen. Es gilt, eigene Stärke und Urteilsfähigkeit zu entwickeln, um so gelassener seinen eigenen, spirituellen Pfad zu gehen. Emotionelle und sexuelle Probleme können helfen, von sich aus zu geben, ohne zu erwarten. Manchmal ist der Hang zu organisierter Religiosität oder Sekten zu beobachten. Bei ungeraden Persönlichkeitstypuszahlen (3–5–7–9) wird eher versucht, weiterhin Macht und Stärke der Kontrolle über andere wirken zu lassen als bei den geraden Zahlen, welche im Gegenteil es nicht als Selbstzweck verstehen, sich für andere aufzuopfern. Gutmütigkeit kann durchaus kein neues Karma verursachen, wenn man bewusst guten Mutes ist, egal welche Herausforderung sich gerade im emotionellen Bereich stellt. Die Sachlichkeit und das Mitgefühl helfen jedem Menschen Kontrolle über sich zu erlangen.

Schwerpunkt: Die Fähigkeit der verstandesmäßigen Analyse mit den transzendenten Eigenschaften des Fisches in Übereinstimmung bringen. Das innewohnende Hilfebedürfnis für andere Menschen nicht als Machtmittel des Märtyrers missverstehen. Dieses Zeichen kann intuitiv die großen Wahrheiten des Lebens erfahren, hierfür braucht es genügend Erdung im Leben, um sich nicht ständig von irgendwelchen Illusionen täuschen zu lassen.

Bachblütenzuordnungen:

Mimulus (20) unterstützt die ausgeprägte Sensibilität, die sich in Ängstlichkeit und übertriebene Sorge in sämtlichen Lebensbereichen äußert, so zu transformieren, dass man innere Stabilität gewinnen kann und man sich auf ein „gesundes Maß“ an Sensibilität und Feingefühl einpendelt.

Clematis (9) hilft, den Blick von seiner selbstkreierten Traumwelt auf die tatsächlich reale Welt zu richten. Dadurch wird es möglich, das schöpferische Potenzial umzusetzen, um etwas reell zu erschaffen.

Centaury (4) fördert den eigenen Willen zu stärken, sich unter anderem auch zu trauen „nein–zu–sagen“ und sich besser gegenüber anderen durchzusetzen und abzugrenzen, ohne sich dabei aus der Gemeinschaft auszugrenzen.

Schicksalszahlen

Wir möchten aber nicht nur wissen wie sich die Energien in unserem Leben entwickeln, sondern auch, wann entscheidende Entwicklungen anstehen. Und mit welchen Energien sie uns dann konfrontieren.

Deshalb ist der nächste Schritt in der Numerologie das Aufschlüsseln des Geburtsdatums, um wichtige Lebensabschnitte und Wendezeiten zu ermitteln.

Beispiel: 24. 3. 1948 = 4/31 Typus, Karmapunkt im Stier.

In unserem Beispiel sind Grund- (4) und Persönlichkeitstypus (4/31) im Alter von 31 Jahren erreicht. Ein Persönlichkeitstypus 0/28 wird demnach im Alter von 28 erreicht. Beinahe jeder (95% der Fälle) erlebt mit dem Erreichen seines Typus große berufliche, partnerschaftliche, gesundheitliche oder andere Veränderungen. In den restlichen 5% der Fälle geschieht dieser grundlegende Wandel ein Jahr früher oder später.

Aber es gibt auch vor und nach Erreichen des Typus Jahre, in denen sich viel in unserem Leben bewegt.

Grundlage zur Berechnung der Schicksalszahlen ist das Geburtsdatum, das Zahl um Zahl **von rechts nach links** aufaddiert wird, wobei wir nach jeder Addition eine Summe bilden. Dann wird die nächste Zahl addiert. Das Ergebnis jeder Summenbildung notieren wir uns: Wir notieren zuerst die 8, addieren 4 und notieren die Summe 12. Zu der 12 addieren wir die 9 und notieren die Summe 21. Zu der 21 addieren wir die 1 und notieren die Summe 22 usw., bis alle Zahlen des Geburtsdatums aufaddiert sind. Mit der letzten Addition erhalten wir natürlich wieder die Quersumme des Geburtsdatums, also unseren Persönlichkeitstypus.

Es gibt auch nach Erreichen des Typus noch Veränderungen im Leben, die dann aber rhythmisch verlaufen.

Unser Beispiel: 24. 3. 1948, Typus 4/31

$$
\begin{aligned}
&8\\
8 + 4 &= 12\\
12 + 9 &= 21\\
21 + 1 &= 22\\
22 + 3 &= 25\\
25 + 4 &= 29\\
29 + 2 &= 31
\end{aligned}
$$

Mit 31 wird der Persönlichkeitstypus 4/31 erreicht. Danach ergeben sich in unserem Beispiel die Schicksalszahlen im Rhythmus des Persönlichkeitstypus. Wir addieren wiederum von rechts nach links, gemäss der Methode des Dreierschritts: +1+3+4 +1+3+4 usw. usw.
Es werden nach der Abwicklung der reinen Geburtszahlen nun lediglich nach der arabischen Weise die Ziffern der Quersumme und des Typus abgerechnet:

31 + 1 = 32
32 + 3 = 35
35 + 4 = 39
39 + 1 = 40
40 + 3 = 43
43 + 4 = 47
47 + 1 = 48 usw.

Wir addieren in diesem Rhythmus weiter, bis etwa das 80. Lebensjahr erreicht ist.
Ausnahmen: sie gibt es bei den Wandlungstypen:

1.) wenn im Geburtsdatum eine 0 erscheint;
2.) wenn der Grundtypus 0 ist;
3.) wenn in der Quersumme I eine 0 erscheint (siehe unter Wandlungstypen).

Es gilt für alle Wandlungstypen: Schicksalzahlen alle 5 Jahre ab Erreichen des Typus gelten als Zwischenrhythmus; eine weitere Regelung: Bei den Zahlen 8 und 9 sind Zwischenrhythmusbildungen (4 und 4,5) erlaubt. Wir addieren statt der 8 zweimal die 4, statt der 9 zweimal die 4,5., also jeweils vorab die Zwischensumme als Schicksalsjahr.

Schicksalszahl schwingung (Lebensalter)	**Ereignisjahr**	**Grund-** (des Ereignisjahres)
8	1956	3
12	1960	7
21	1969	7
22	1970	8
25	1973	2
29	1977	6
31/ 4 Typus erreicht	1979	8
32	1980	9
35	1983	3
39	1987	7
40	1988	8
43	1991	2

47	1995	6
48	1996	7
51	1999	0
55	2003	5 usw.

Die erste Schicksalszahl haben wir mit 8 Jahren erreicht, also im Jahr 1956 (1948 + 8). In diesem Jahr werden wir mit der Energie dieser Jahreszahl konfrontiert.
Wir schlagen nun im Kapitel „Zahlenqualitäten" nach und finden die für die Quersumme dieses Jahres (1+9+5+6 = 21 = 3) entsprechende Zahlenanalogie, die 3.
Auch hier achten wir auf männliche und weibliche Zahlen. In unserem Beispiel haben wir im Jahr 1973 die Grundschwingung 2.
Die 2 weist darauf hin, dass wir das „Schicksal" auf uns zukommen lassen, also die Dinge nicht aktiv in die Hand nehmen. 1980, im Jahr der 9, sind wir dagegen aktiv und bewusst nach außen gerichtet. Betrachten wir unser Leben im Rückblick, ist es sehr interessant, die wichtigen Lebensabschnitte unter diesem Aspekt zu betrachten.

Hier ein weiteres Beispiel zur Schicksalszahlenermittlung:

26.10.1943, Typus 8/26
= Wandlungstypus A

3	
7	
16	
17	
18	
24	
26	Typus 8/26
31	(Zwischentypus)
36	Typus 9/36
41	(Zwischentypus)
46	**Typus 0/46**

Einzel-Numeroskop

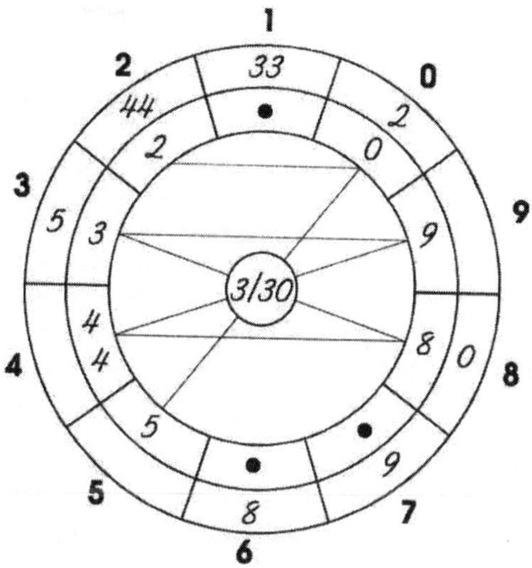

Das numeroskopische Bild

Das grundlegende numerologische „Erscheinungsbild" des Menschen ist durch seine Geburtszahlen geprägt. Es wird im Numeroskop dargestellt, einem Zahlenkreis, der sich in 10 gleich große Felder unterteilt. Die 1 steht am höchsten Punkt des Numeroskops, dem Plutopunkt, entgegen dem Uhrzeigersinn folgen dann die Zahlen 2, 3, 4, 5, 6, 7, 8, 9, und 0.

Durch die Verteilung der Zahlen des Geburtsdatums und der Geburtszeit im Numeroskop können wir später durch die Einzeichnung der Aspekte in Anlage und Progression die inneren und äusseren Werte eines Menschen bzw. eines Paares erkennen.

Die Zahlenverteilung kann sehr unterschiedlich aussehen. Es gibt Numeroskope, in denen alle oder fast alle Felder mit einer Zahl besetzt sind, aber auch andere, wo sich die Zahlen in wenigen Feldern häufen. Im letzteren Fall sind die Energien natürlich sehr interessant und beachtenswert.

Die Zahlenfelder beschreiben Lebensabschnitte und persönliche Eigenschaften analog der entsprechenden Zahlenqualitäten. Diese Felder berühren sich einerseits durch die natürliche Abfolge der Zahlen von 1- 0, andererseits bilden sie bestimmte Linienverbindungen (Aspekte) zueinander.

Die individuelle Verteilung der Geburtszahlen in den Feldern des Numeroskops entspricht den Lernaufgaben, Konflikten und auszugleichenden Polaritäten in unserem Leben.

Durch die Übertragung der Geburtszahlen ins Numeroskop erhalten wir ein Bild von der statischen Natur, nämlich den mitgebrachten Anlagen eines Menschen. Hier ist sein Lebensplan, das Grundgerüst, mit dem er umzugehen lernen muss, einzusehen. Die Zahlen im Anlagekreis sind das Rohmaterial, die Werkzeuge, die ihm zur Verfügung stehen. Das Pralabd Karma gehört zu seinen Grundelementen, einem rohen Steinklotz vergleichbar, der sich (durch Progression) ab Erreichen des Typus zu einem Kunstwerk entwickeln kann.

Wir müssen zwar mit unseren Anlagen leben, aber unser freier Wille bleibt darüber hinaus unangetastet! Die Anlagen sind aber unsere „Mitgift" für dieses Leben.

Unser Beispiel: (Übertrag der Zahlen gekennzeichnet)

Geburtsdatum: 24.3.1944, 7:38 Uhr

Persönlichkeitstypus: 9/27

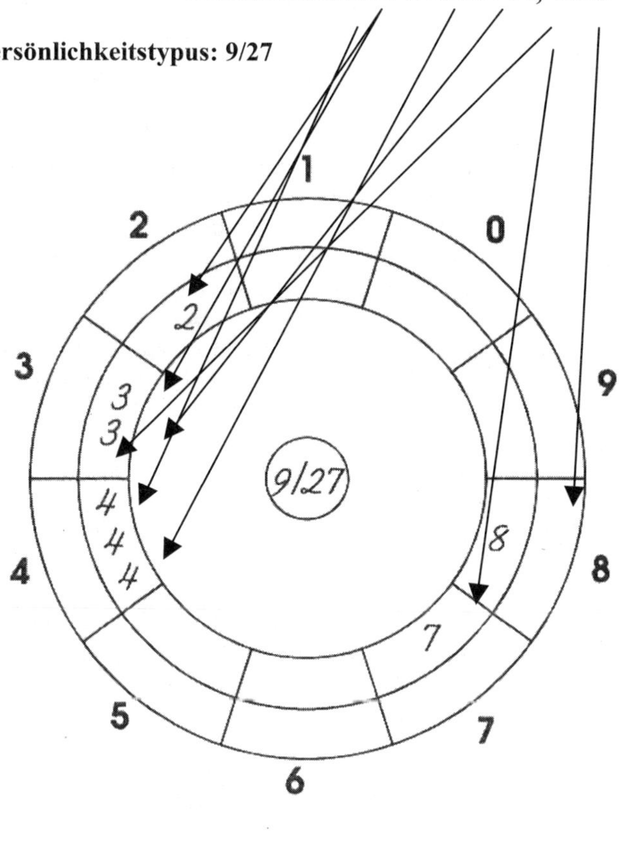

Die Sphären des Numeroskops

In das Numeroskop werden sinngemäss alle Zahlen des Geburtsdatums und der Uhrzeit in die entsprechenden Zahlenfelder eingetragen. Die Aufeinanderfolge bestimmter Zahlen lässt auch bestimmte Tendenzen erkennen, beispielsweise weist die Zahlenfolge 1- 4 auf einen materiellen Schöpfungsprozess von der Idee zu seiner Verwirklichung hin, also einer praktischen Veranlagung.

Wir können das Numeroskop senkrecht in zwei Hälften teilen, in den Kreislauf des geistigen oder kosmischen Willens.
Die Zahlenfolge 1- 6 symbolisiert eine unabhängig vom individuellen Geburtsdatum ausgehende Verwirklichungsrichtung vom Geistpol zum Kraftpol, d. h. vom obersten zum untersten Energiezentrum hin. Die Orientierung folgt einer zielgerichteten Zielstrebigkeit im Beruf (Managementfähigkeiten)..
Der Zahlenfolge 7- 0 zeigt den umgekehrten Kreislauf vom untersten Chakra zum obersten geistigen Pol hin. Die Orientierung nach erfolgt in die geistig-spirituelle Richtung.

Aus der Verteilung unserer Geburtsdaten im Numeroskop lässt sich schon die energetische Verteilung unserer Anlagen zwischen dem stofflichen und feinstofflichen Bereich erkennen (Geist-Körper-Prinzip).
Die waagerechte Teilung in die untere Zahlenfolge 4-5-6-7-8, die die Materialisierung seelisch-geistiger Prozesse anzeigt: Lebenspraxis, Durchsetzung und der praktischen Bewältigung des Schicksals. Die praktische Seite des Menschen.
Und in die obere Zahlenfolge 9-0-1-2-3, die Ideale, Wünsche und Sehnsüchte des Menschen versinnbildlicht, hier soll der geistig-seelische Bereich erfüllt werden, die Schöpfung von Ideen. Die philosophisch-schöpferische Seite des Menschen.

Die Numeroskop-Zeichnung

Um uns das numeroskopische Bild unserer eigenen Persönlichkeit (oder der unseres Partners) anzusehen, tragen wir die Zahlen unsres Geburtsdatums und der Geburtszeit in das Numeroskop ein. Sie müssen bei der Schreibweise der Daten folgendes beachten:

Datum: richtig: 24.3.1944- 7:38, ***falsch:* 24.03.1948 07:38!**

Die Jahrhundertzahl des Geburtsdatums wird nicht übertragen, sie ist zu allgemein und wird lediglich zur Berechnung, nicht jedoch zur Zeichnung verwendet.
Auch verwenden wir keine digitalisierte Form der Geburtsdaten.

Geburtszeit: Die Hermetische Numerologie rechnet mit Zeiten von 1:00 bis 12:59Uhr.Wirschreiben 13:00 als 1:00Uhr und 14:30 als 2:30 Uhr.

Sommerzeitkorrektur: Ortszeit auf eventuelle Sommer überprüfen (siehe Anhang: Sommerzeitkorrektur. Die Geburtszeit geben wir so genau wie möglich an. Zahlen, die mehrfach im Geburtsdatum vorkommen, werden auch mehrfach in das Numeroskop-Formular übertragen. Dann übertragen wir die Zahlen in den Innenkreis (Anlagekreis) des Numeroskops.

Übertrag der Daten: Alle Zahlen des Geburtsdatums und der Uhrzeit (außer den Jahrtausend- und Jahrhunderter-Zahlen des Jahrgangs) werden zuerst in die dafür vorgesehenen Zahlenfelder in den Innenkreis übertragen

Aspekte der Partnernumerologie nach Kritzinger

(Die Beziehung der Zahlen untereinander)

Numerologische Aspekte

Aspekte stellen eine Beziehung zwischen den Zahlenprinzipien innerhalb eines Numeroskops her. Diese Beziehungen sind absolut sinnvoll, da nur ganz bestimmte Winkelbeziehungen möglich sind. So ist eine Wechselwirkung zwischen zwei Zahlen eine andere als die Verbindung von drei Zahlen untereinander. Alle Aspekte gehen aus der Division des Zahlenkreises durch die Zahlenfelder hervor. Dadurch ergeben sich naturgemäß andere Winkelbeziehungen wie von der Astrologie her bekannt, da jedem Zahlenfeld 36 Grad und nicht wie einem Haus 30 Grad zugeteilt sind.

Die Teilung des Kreises in seine klassischen Aspekte ist seit den Griechen bekannt: Konjunktion, Opposition, Trigon, Quadrat und Sextil.

In der Hermetischen Numerologie arbeiten wir zusätzlich mit Quantenaspekten, die die Winkel von 72, 118 und 144 Grad ergeben.

Die harmonikale Natur der Aspekte bzw. die Teilung des Kreises durch eine der bekannten Einzelzahlen sind auch als „die harmonikalen Gesetze nach John Addey" bekannt. Dieser erforschte zusätzlich die alte Zahlensymbolik der Pythagoräer und der späteren Kabbalisten.

Vereinfacht dargestellt geht man von dem Grundsatz der Vervielfachung einer Zahl aus. So erhalten wir, wenn die Grundzahl 1 verdoppelt, verdreifacht und weiter vervielfacht wird, Oktaven dieser Grundzahl, genauso wie in der Harmonielehre Oktaven erzeugt werden, wenn Tonfrequenzen mit 2, 3 usw. vervielfacht werden. In der Hermetischen Numerologie zeigen die Aspekte die tatsächliche Dynamik der Seelenentfaltung bzw. deren Hemmung an. In der Anlage (Innenkreis) sind Aspekte sehr lange wirksam, etwa für die Zeit der doppelten Quersumme. Dies meint in unserem Beispiel, dass der Typus 8/26 „verdoppelt" bis zu seinem 52. Lebensjahr mit den durchgezogenen Linien konfrontiert wird.

Die später in der Dynamik (Außenkreis) gestrichelt gezeichneten Aspekte sind nur wirksam, wenn diese durch einen Kompensationspunkt gebildet wird. Lesen Sie bitte Genaueres im Kapitel „Verstärkungsaspekte und Kompensationspunkte."

Opposition: Herausfordernde Wechselwirkung zweier sich direkt gegenüberstehenden Zahlenprinzipien. Es stehen sich immer eine gerade weibliche Zahl und eine ungerade, männliche Zahl gegenüber. Diese gegensätzlichen Zahlen, die dadurch grundsätzlich ein befruchtendes Spannungsverhältnis eingehen, werden rot gezeichnet. Ein dadurch bezeichnetes Lernthema ist oft gleichzeitig auch eine Lebensaufgabe. Eine Opposition ist ein Aspekt, der erarbeitet werden muss. In der Hermetischen Numerologie existieren insgesamt fünf Möglichkeiten einer Opposition. Oppositionen fordern beständig zur Änderung unserer Energie– und Verhaltensmuster auf.

Elemente–Verbindung: Eine Verbindung von ebenfalls zwei Zahlen, die sich waagerecht im Numeroskop gegenüberstehen. Es handelt sich hier um bereits gelöste und harmonisierte Aspekte. Die vier Aspektmöglichkeiten verbinden entweder zwei gerade oder zwei ungerade Zahlenprinzipien miteinander. Elemente–Verbindungen sind gleichzeitig einem der vier klassischen Elemente zugeordnet. Hieraus folgernd geben uns die Elemente–Verbindungen Aufschluss über das Temperament und das Reaktionsvermögen des Menschen. Meistens ist die vorhandene Elemente–Verbindung ein Hinweis darauf, auf welcher Bewusstseinsebene sich der Typus bis zum Erreichen befindet.

Trigon: Zeichnerisch baut das Trigon auf der Grundlage einer Elemente–Verbindung auf. Diese zeigt sich schlicht als waagerechte Verbindung im Numeroskop. Ihr wird eine dritte Zahl hinzufügt wird. Die jeweilige Elemente–Verbindung wird entweder mit dem Geistpol der Zahl 1 oder dem Kraftpol der Zahl 6 verbunden. Aus dieser Erklärung heraus ergibt sich die Bedeutung von selbst: Entweder orientiert sich die Bedeutung einer Elemente–Verbindung in Richtung praktischer Realisierung (6), oder sie deutet die geistige Dynamik zur spirituellen oder religiös–philosophischen Seite der Geistpolverbindung an (1). Trigone bewirken ein leichtes Fließen mit seinen Zielen, einem dynamischen, aber sanften Kraftstrom vergleichbar. Je häufiger ein Trigon auftaucht, desto ausgeprägter ist das Selbstbewusstsein des betreffenden Menschen. Wir können sagen, Trigone sind stabilisierende und fördernde Aspekte, wenn wir unsere Ziele erreichen wollen.

Quadrat: Quadrate zeigen meistens Spannungen auf drei bestimmten Lebensebenen an, und zwar in der Partnerschaft, im Beruf und im Umgang mit Geld. Es ist möglich, dass der Betreffende ständig passiv mit diesen Themen konfrontiert wird. Ein Quadrat ist ein starker Spannungsaspekt, häufig geladen mit herausfordernder Energie. Ein Quadrat wirkt wie eine Bewährungsprobe.

Selten bringt ein Mensch die notwendige Geduld mit, sich einer langfristigen Entwicklung zu stellen. Meistens werden wir durch ein Quadrat erdiger und lernen die materiellen Gesetze sehr direkt kennen.

Hinweis, seine Visionen und Ideale noch genauer zu überprüfen und um so mehr seine Opferhaltung dem Leben gegenüber aufzugeben.

Das kleine Quadrat: Dieses ist weniger dynamisch wirksam als das große Quadrat. Es handelt sich um Anpassungsschwierigkeiten im Alltag und insbesondere dem Problem der persönlichen Abgrenzung zu allgemeinen Beziehungen mit anderen Menschen. Die persönliche Aufgabe besteht darin, sich in der Unterscheidung zu üben, ob wir den berechtigten oder unberechtigten Forderungen unserer Außenwelt genügen sollen, wenn diese nicht in einem natürlichen Gleichgewicht von Geben und Nehmen stehen.

Sextile: Sextile wirken sich als sogenannte „Chancen" im Leben aus, da sie weder spannungsgeladen noch herausfordernd wirken. Diese gelten jedoch mehr als ein zusätzlicher Betrachtungswinkel, da Sextile oft für die Abrundung des gesamten Persönlichkeitsbildes sorgen.

Sie wirken im Hintergrund als Unterstützung bei eigenen Vorhaben und Projekten und können helfen, vorhandene Quadrate auszugleichen.

Die fünf Oppositionen

Die Hermetische Numerologie ordnet den zehn Grundzahlen jeweils fünf Zahlenpaare zu, die sich im Numeroskop direkt gegenüberstehen (1–6, 2–7, 3–8, 4–9 und 5–0). Diese Zahlenpaare stehen sich exakt immer genau 180 Grad gegenüber. In diesem Zusammenhang gehen die Zahlenprinzipien untereinander eine Wechselbeziehung ein.
Die Aufteilungen des Zahlenkreises in zehn Zahlenfelder entspricht nun gleichzeitig auf der realen Alltagsebene des Menschen seinen elementaren Lebensprozessen und Lernerfahrungen (siehe auch die Bedeutung der vier Quadranten).

Die Oppositionen repräsentieren die ungelösten Spannungen und Herausforderungen im Leben. Im folgenden werden die fünf Grundpolaritäten oder Oppositionen erläutert. Zuerst beschreiben die Oppositionen das Rohmaterial der statischen Wesensnatur, also die Qualitäten individueller Lernprozesse bis zum jeweiligen Erreichen des Typus.

Werden die herausfordernden Aspekte nicht bis zum Erreichen des Typus' umgesetzt, bleiben jene Grundqualitäten die gesamte Lebensspanne über bestehen. Dies stellt eine neutrale Ausgangsmöglichkeit dar, sich jederzeit durch Selbsterkenntnis zu verändern. Der freie Wille des einzelnen bleibt an dieser Stelle natürlich völlig unberührt! Trotzdem zeigt das Rohmaterial der statischen Wesensnatur (Anlage) die „Mitgift" für diese Inkarnation an, die früher oder später sowieso bearbeitet wird.

Wie erklären sich nun die grundsätzlichen fünf Oppositionen?

Physikalisch ausgedrückt gehen die geraden, weiblichen Zahlenprinzipien, als plus–magnetische Energien, mit den ungeraden, männlichen Zahlen, die minus–magnetische Energien sind, ein Wechselspannungsverhältnis ein. So können wir auch sagen, dass statische (weibliche Zahlen) durch die dynamischen (männlichen) Zahlen in einem ständigen Spannungsverhältnis zueinander stehen, um überhaupt das Grundwirken der Schöpfung aufrechtzuerhalten (Yin und Yang). Keine Energie (Zahlenqualität) kann im Universum für sich alleine existieren, da sämtliche Zahlen aus der 0 entstehen und schlussendlich wieder in sie eingehen werden.

Zuerst zentrieren sich alle kosmischen Energien im Schöpfergeist (Geistpol), durchlaufen die Felder des Zahlenkreises, um alle Möglichkeiten und Beziehungen des Lebens zu „durchwirken“, um letztendlich den kosmischen Logos wieder zurück zur Einheit der jeweiligen Monade zu bringen (1).

Aus jeder polaren Opposition entsteht Spannungsverhältnis, das einfach darauf hindeutet, dass unsere Seelischen Energien (Wirkungsqualitäten) ständig durch die Kraft der Evolution angetrieben werden, praktisch ihre Herausforderung dadurch erhalten.
Dadurch kann die Schöpfung überhaupt in Erscheinung treten und ihre Schöpfungselemente (unter anderem den Mensch als harmonikale Erscheinung des Universums) können sich höher entwickeln.

Wo eine statische Zahl von einer ihr gegenüberliegenden dynamischen Zahl aktiviert wird, also beide zusammen ein Spannungsverhältnis miteinander eingehen, sprechen wir von einer Opposition.

Persönliche Verpflichtungen halten den Menschen nur solange fest, bis dieser individualisiert (im Jung´schen Sinne zu sich selbst findet und seinen Seelenweg erkennt).

Die statischen Zahlen wiederum wirken im Menschen als Antriebskräfte, die in ihm Energien entfalten, um so seine Ziele zu erreichen.
Die Oppositionen enthalten karmische Lektionen, die auch Ursachen aus anderen Leben zur Wirkung bringen möchten, jedoch nicht zwingend sind!
Das jeweilige Zahlenprinzip ist die der Wirkungsqualität und bekommt erst durch die Verbindung mit anderen Zahlen ihre Verwirklichungskraft, ihre notwendige Manifestationsqualität.

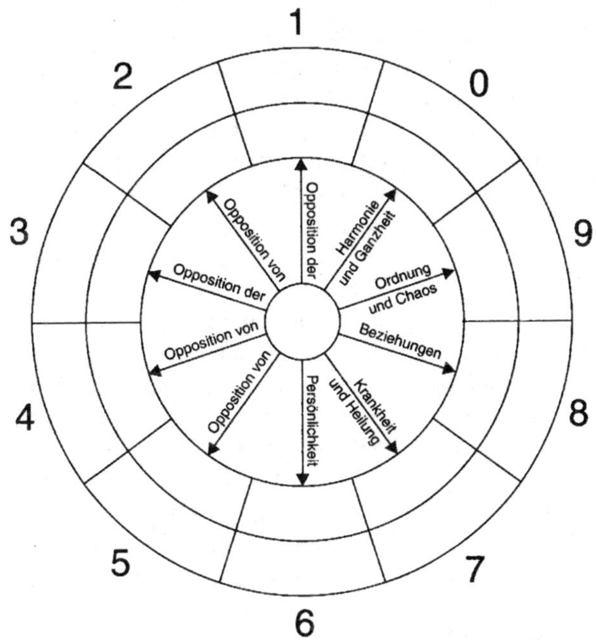

Die fünf Oppositionen im Überblick

1–6–Opposition
(Persönlichkeit und Selbstwert)

Die 1–6 Opposition zeigt symbolisch die Grundspannung zwischen Geist und Körper, also Geist (1) – und Kraftpol (6) an. Sie ist die Wirbelsäule des Menschen und zeigt auch das „Rückgrat" des Individuums an. Äußerlich wirken diese Menschen selbstbewusst und dynamisch, innerlich fechten sie Kämpfe Ihrer Sexualsphäre, der Arbeit und Ihrem Beruf (6) und der Starkstromspannung des Geistigen aus. Einerseits will man sich durchsetzen, andererseits verfügt dieser Mensch über eine so sensible Grundschwingung, da er oft über sich selbst reflektiert und reflektieren muss, um diese Polarität als erträglich zu empfinden. Dieser Aspekt wirkt sich in den meisten Fällen als frühe Selbständigkeit aus. Entweder existiert schon früh der Wunsch dazu, oder er wird zeitig vor Erreichen seines Typus durch seine Umwelt dazu herausgefordert. Wir können es als die frühe Übernahme von Verantwortung verstehen.

Manchmal kommt man mit dem Begriff Eigenverantwortung so zeitig in Berührung, da das Leben als Kampf empfunden wird. Es kommt natürlich darauf an, welche weiteren Oppositionen im Numeroskop vorhanden sind. Jede weitere Opposition, welche in der Anlage zur 1–6 Opposition hinzukommt, steht unter ihrem Einfluss. Die wirksamste Opposition ist die 1–6 Opposition, da sie zu Vernunft, Umsicht, Demut und Reife führt. Die Zahlenqualität 1 gleicht einer Antenne zum Universum. Die 6 bedeutet Leidenschaft, Instinkt, Aggression, ist erdig. Nach dem hermetischen Grundsatz gilt auch hier „wie unten so oben".

Die Chakrenlehre besagt, da die vier unteren Chakren den 3 oberen die Vitalität zur Umdrehung und damit deren Lebensfähigkeit verleihen. Umgesetzt müssen die äußeren Lebensumstände (Beruf, Partnerschaft, Finanzen, Kinder usw). des Menschen ihre Klärung erfahren. Erst dann kann sich die zentripetale Kraft der Zahlenqualität 6 zum Geistigen hin wenden.

Die 1 wirkt sich in dieser Opposition so aus, da alle Handlungen und Taten durch das inspirativ–geistige (1) zurückgeführt werden, was wir auch als Kontemplation verstehen können. Diese Menschen versuchen also über Selbsterkenntnis (Eigenschau) ihre geistigen Resultate im Leben umzusetzen. Hierdurch entwickeln Sie eine hervorragende Synthesefähigkeit.

2–7–Opposition (Psychosomatik und Heilung)

Das Zahlenprinzip 2 steht für Denken, Unterscheidungsvermögen, Empfindlichkeit gegenüber feinstofflichen Strahlungsfeldern, Magnetismus. Das Prinzip der 7 steht für Lebensfülle, für das sichtbare Leben in seiner gereiften Form, aber auch für Bewegung und Rhythmik, kurz für den menschlichen Körper. Man könnte auch sagen, die Polarität zwischen Gedanken und Tat, zwischen Psyche (2) und Physis (7). Psychosomatisch wirkt sich diese Opposition auf 2 Arten aus. Jede Polarität wünscht ja ihren Ausgleich durch Erleben und Integration beider Pole zu einem Ganzen.

Die Betonung Geist und Körper, Gedanke und Tatwerdung birgt in sich die Grundspannung zwischen Planung und Ausführung, zwischen schöpferischer Kreativität und deren Ausführung. Sehr viele Menschen mit dieser Opposition verfügen über heilerische Kräfte,wobei natürlich jeder Mensch über diese Kräfte verfügt, aber diese Opposition zeigt dem Numeroskopeigner an, dass dieser seine Heilkräfte entwickeln sollte.
Entweder lernt der Mensch durch häufige Symptome und Krankheiten, Heilsames zu tun oder zu lassen oder er wirkt im therapeutischen Bereich durch diese Veranlagung. Bitte verstehen Sie diese Deutung nicht so, dass jeder mit dieser Opposition ein Heiler ist, ich sagte, die Anlage dazu besteht in jedem Fall, wobei man sich dieser ganz oder teilweise verschließen kann. Dann wirkt diese Opposition beim Menschen als erhöhte Symptomanfälligkeit. Die hier veranlagten Heilerfähigkeiten sind immer als **Prinzip** zu verstehen, d.h., es geht um das Thema Heilung. Sie können durchaus jeden Tag mit kranken Menschen (geistig oder körperlich) zu tun haben als Heilpraktiker, Arzt oder Krankenschwester und sind trotzdem absolut gesund. Sie haben sich hier eben, mit dem Thema Heilung auseinander zu setzen.

Dieses Prinzip kommt in der ersten Lebenshälfte als körperliche Labilität und erhöhte psychische Anfälligkeit zum Tragen.

In der zweiten Lebenshälfte erforscht der Mensch diesen Aspekt in der Beziehung zwischen Körper und Geist. Würde diese Opposition erst in der Progression eingezeichnet, wirkt sich diese schwächer aus d.h., es wird eher eine geistige Heilung durch Selbsterkenntnis und Kontemplation als durch medizinisches Tun erreicht. Erschwerend wirkt sich die 2–7 Opposition weiterhin durch die 5–0 Opposition aus, da diese zusammen ja ein Quadrat bilden.

Das Grundprinzip will sagen, dass das Verbinden und Kombinieren von kreativen Gedanken zu einer klaren Absicht führen soll. Handlungen wollen hier durchgeistigt werden. Lebt man diesen Aspekt passiv, kommt dieser am ehesten durch Symptome und Krankheiten zur Geltung, da hier der Mensch zuerst aufwachen muss und über das Erlernen geistig–physischer Zusammenhänge immer auf den geistigen Weg (Geist–Bewusstsein=2, Weg=7) kommt. Die Seele des Menschen als geistiges Zentrum versucht, das erdgebundene Denken aus dem Instinktiven heraus zu führen. Die Lehre der Psychosomatik sagt aus, dass der Schlüssel zur Heilung primär im Seelischen begründet ist und erst danach, Reaktionen und Symptome gemäß den sieben Eskalationsstufen, über den Körper zeitigt.

3–8–Opposition
(Partnerschaft und Androgynität)

Diese Opposition zeigt grundsätzlich das Bedürfnis, bewusste Beziehungen zu anderen Menschen zu pflegen. Nach Jung ist es die seelische Anima–Animus Verbindung, welche durch Gegensatzvereinigung der Geschlechter den Weg der Harmonie sucht. Hier ist einerseits die intime Geschlechtsbeziehung zwischen Menschen gemeint, zum größeren Teil aber der aktiv–passive Pol des Wünschens (8) und Wollens (3). Es ist ganz wichtig, hier die Progressionszahlen (Zahlen welche in Progression über den Geburtszahlen der Anlage liegen) zu berücksichtigen, da diese auf Grund ihrer Zugehörigkeit (gerade–ungerade) Aufschluss geben, *wie* diese Aspekte verwirklicht werden. Im Klartext würde das bedeuten, dass Kompensationspunkte natürlich das Thema Partnerschaft generell zu einem Grundproblem werden lassen. Verdoppelungen oder Verstärkungen dieser Aspekte, helfen diese Polarität leichter anzugehen.

Das männliche Prinzip des Wollens (Wille) sucht sich hier den sichtbaren Ausdruck im Weiblichen wie auch umgekehrt. Geschieht dieser Austausch nicht im partnerschaftlichen Bereich, so versucht die uranische Energie (3), Normen und Gesetze der Gesellschaft zu durchbrechen. Die 3–8 Opposition birgt vielfach den Wunsch, unkonventionelle Beziehungen mit unterschiedlichen Menschen zu führen, d.h., es herrscht das Bedürfnis, einen regen gesellschaftlichen Austausch zu pflegen. Es geht hier darum, „Kontakte“ und Verbindungen unterschiedlichster Coleur zu schaffen. Die Ruhelosigkeit des männlich–weiblichen Seelenanteils, welcher oft schon in der Kindheit in einer „zähen“ Elternverbindung erfahren wird, kann später symbolisch als Kampf der Geschlechter erfahren werden. Dieser Mensch hat dadurch oft das Gefühl, immer nur „mittelmäßige“ Beziehungen zu haben.

Diese Spannung birgt ein ewiges Suchen nach der Dualseele, der seelischen Entsprechung auf der gleichen Sympathieebene. Da es die Dualseele in menschlicher Form nicht gibt, besteht die einzige Möglichkeit dies konkret zu erfahren, durch die Meditation über das höheres Selbst. Unter dem Einfluss dieses Aspekts zeigt sich das Suchen nach einem Vaterersatz in Form einer politischen, religiösen oder spirituellen Vatergestalt, aber auch die

Ersatzform der Übermutter. Hexenkulte und abgehobenes Matriarchatsdenken übertünchen nur den „verloren geglaubten" anderen Teil der Seele, der ungelebt ist. Das Problem über Gurugestalten zu kompensieren hieße, seine Eigenverantwortung für diesen Bereich blind abzugeben.

Wir müssen uns einig darüber sein, dass eine jede Form von Idealisierung von Vater oder Mutter zu einer noch größeren Abhängigkeit und zu noch weniger Selbständigkeit führt. Emotionell wollen diese Menschen sich nie ganz festlegen, da im Hinterkopf immer die „absolute" Partnerin oder der „absolute" Partner doch noch erhofft werden.

Die Angst, verletzt zu werden, ist größer als bewusst wahrgenommen wird. Um lebendige Energiemuster zu erhalten, gilt es, seine Gefühlswelt und das logische Denken im bewusst vertauschten Rollenverhalten zu trainieren. Authentisch kann dies nur praktisch nachvollzogen werden, wenn gegenseitige Schuldzuweisungen geschlechtspezifischer Art fallen gelassen werden. Androgynität bedeutet das gegenseitige „Enthalten–Sein" vom Weiblichen im Mann und Männlichen in der Frau. Anders ausgedrückt kann der Mensch dadurch lernen, ein Gefühl dafür zu entwickeln, dass wir eine direkte Beziehung zum Kosmos haben und wir die Ordnung als Mikrokosmos im Makrokosmos widerspiegeln sollen. Das kreative „Spielen–Wollen" der Venus (8) widerstrebt den etwas sprunghaften Partnervorstellungen des Uranus (3).

Um Partnerschaft überhaupt zu erleben, zählt als Ausgangspunkt die Beziehung zu sich selbst und die Integration aller abgelehnten Seelenanteile. Je weniger diese Anteile bewusst sind, desto schwieriger gestaltet sich die Beziehungsebene zur Farce. Die Mitte ist die Klärung der emotionalen Aspekte zu den eigenen Eltern und einer Analyse aller vorangegangenen Partnerschaften, um so einen roten Faden für Ausdrucksmöglichkeiten des Wünschens und Wollens in Beziehungen zu finden. Jedes eigene Ablehnen des Gegenpols erzeugt eine Untergewichtung des eigenen Seelenanteils und sorgt somit für eine Schattenbildung.

4–9–Opposition
(Die Spannung zwischen Struktur und Auflösung)

Die Polarität zwischen Ordnung und Chaos, zwischen Fixierung und Auflösung. Eine Zeit der Statik (4) wird von einer Zeit der Wandlung und Transformation (9) abgelöst und zwar mindestens solange, bis der Typus erreicht wurde. Dieser Mensch wird das Gefühl nicht los, ständig Schicksal auf den unterschiedlichsten Lebensebenen anzuhäufen, um es später auf einmal wieder loswerden zu wollen. Die Gegensätze Ordnung/Unordnung sind auf allen Lebensebenen erkennbar. Dies bedeutet, dass die Bereiche des Denkens und Fühlens, genau wie das berufliche Engagement den gleichen Wandlungen unterworfen sind wie soziale, politische, philosophische oder spirituelle Interessen. Ähnlich kann es sich um einen starken karmischen Aspekt handeln, welcher zu Verlustgefühlen aus Angst vor Verbindlichkeit (4) in vielen Bereichen führt.

Die ruhigen Zeiten sollten ganz bewusst zum Abschalten genutzt werden, da der nächste Tag schon eine neue Herausforderung zur Wandlung bringen kann. Langfristige Verträge, feste Wohnsitze, einen Beruf für das ganze Leben usw. sind hier völlig unangebracht.

Man könnte diesen Aspekt mit dem ewigen Wanderer verschiedener Welten bezeichnen. Da Ordnung immer von Chaos abgelöst wird, um Neues entstehen zu lassen, bringt jede Form des Festhaltens und Zurückhaltens diesem Typus nichts ein. Irgendwann reift die Einsicht, dass hier mehr Karma abgebaut wird als bei allen anderen Oppositionen. Es gilt, das Prinzip des Gebens ohne etwas dafür erhalten zu wollen, ins Leben einzubringen. Würden sich z.B. beide Oppositionen, nämlich 4–9 und 3–8 aus dem Geburtsdatum ergeben, so wirken sich diese als Ruhelosigkeit und wahllosem „Testen" von Beziehungen aus. Die speziellen Kombinationen der Oppositionen untereinander können hier aus verständlichen Gründen nicht näher erläutert werden.

Es gilt bei dieser Opposition zu lernen, seinem Leben eine neue Struktur durch das Setzen von Schwerpunkten zu geben, insbesondere in den Bereichen: Klärung der Vaterbeziehung, um eine reale Eigendynamik zu entwickeln sowie seiner Flexibilität im Denken und Fühlen einen bewussten Lebensraum zu verschaffen.

Die richtige Interpretation kann deshalb, um individuell wirklich beraten zu können, nur im Seminar behandelt werden.

5–0–Opposition
(Ganzheitliches Denken und Handeln)

Dieser Aspekt verweist auf die Fähigkeit der Synthese zu transzendentalem Verständnis aller Erscheinungsebenen im Kosmos. Die universale Ordnung in reale Zusammenhänge für den Menschen verständlich zu gestalten ist die große Aufgabe dieser Opposition. Daher bemüht sich der Mensch mit diesem Aspekt besonders um die Bereiche der Philosophie, Religion, Politik, Ökologie und Geisteswissenschaften. Sein Ziel ist es, Vollkommenheit und Vollständigkeit in Gefühl und Verstand zu erreichen. Jupiter (5) drängt mit seinen expansiven Qualitäten auf natürliche emotionelle Entfaltung. Die Möglichkeiten der Wandlung eigener Erfahrungen in die Grenzbereiche unseres Seins sind angesagt. Im Negativen kann dies auf übersteigerten Ehrgeiz im spirituellen oder philosophischen Bereich hinweisen, da immer die Grundtendenz zur Ausdehnung ins Grenzenlose führt. Grenzenlose Weite können wir aber nur dauerhaft in einer disziplinierten Geisteshaltung erfahren, die auf traditionelle Religionen, Dogmen, Kulte, Sekten, Gurulehren und traditionellen Werte des Denkens verzichtet. Dieser Mensch bemüht sich um die Synthese verschiedener geistiger Werte, unter anderem auch um die Verbindung von Wissenschaft und Esoterik. So finden wir symbolisch Physiker wie Heisenberg und Einstein, welche die Relativität unseres Lebens damit begründen, dass es weder Zeit und Raum gibt. 5–0 transzendiert alle weltlichen Erfahrungen zu spirituellem Sein. Der Dichter Rumi formuliert dies folgendermaßen: „Das Ziel ist der Weg selbst, der Weg ist das Ziel!“

Elemente–Verbindungen

Bei den Elemente–Verbindungen handelt es sich um bereits erarbeitete Bewusstseinsebenen. Im Gegensatz zu den Oppositionen sind es gelöste Qualitäten, Charaktereigenschaften, die auf Vertrautheit und ein gewisses Selbstverständnis hinweisen. Diese förderlichen Energiemuster verbinden zwei sich waagerecht gegenüberstehende Zahlen zu der *Reaktionsebene,* die unserem Temperament entspricht. So entspricht z.B. die Verbindung der Zahlenprinzipien 4–8 der emotionalen Ebene, durch die das Wesen in bestimmten Situationen sensibel und zurückhaltend statt intellektuell (3–9) oder vital (5–7) reagiert.

Elemente–Verbindungen stützen die Bewussteinserfahrungen des Menschen.

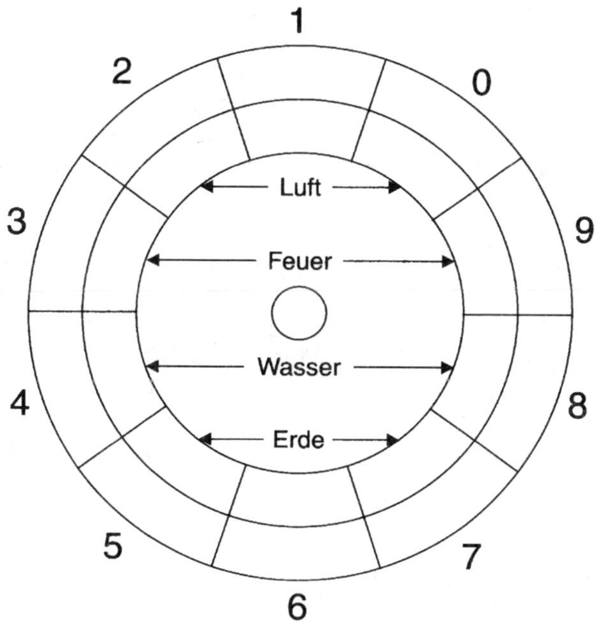

Die 4 Elemente–Verbindungen im Überblick

2–0–Elemente–Verbindung
(Die Ebene der Intuition)

Durch die Zahlenprinzipien 2 und 0 erhalten wir durch die Wirkungsqualität beider weiblichen Zahlen eine intuitive (0) und denkorientierte Grundqualität (2). Dieser Aspekt fasst beide Zahlenwerte harmonisch zum ganzheitlichen Denken zusammen, was auch als Intuition oder Inspiration bezeichnet werden kann. 2–0 ist dem Luftelement zugeordnet und daher spontan nicht fass– oder erklärbar. Es handelt sich um blitzartige Momente, in welchen der Mensch Botschaften aus seinem höheren Selbst empfängt.

Diese Eingebungen können bei gleichzeitigem Vorhandensein der 3–9 Elemente Verbindung Ihren ganzheitlichen Charakter durch das Intellektualisieren schnell verlieren, da die inneren Bilder und Eindrücke durch ein Nachdenken und Analysieren sich sprichwörtlich „in Luft auflösen". Die intuitive Wirkung von 2–0 kann kopfbetonten Menschen Kopfzerbrechen bereiten, da Sie dadurch Impulse aus der feinstofflichen Welt erhalten und diese meist vom Intellekt her nicht verstehen. Andererseits kann dies eine enorm befruchtende Auflockerung im Denken des Wesens bewirken, wenn man sich den Bildern und Eindrücken der inneren Stimme öffnet. 2–0 kann schon vor Erreichen des Typus Hingabefähigkeit und Vertrauen auf die göttliche Führung bewirken. Bei dem gleichzeitigen Vorhandensein der Zahl 1 in der Anlage deutet dies auf ein gutes, spirituelles Karma hin. Die Verbindung mit der 1 verleiht Hellfühlig– und Sichtigkeit.

3–9–Elemente–Verbindung
(Die Ebene des Denkens)

Die Verbindung zweier männlichen Zahlen deuten von selbst auf eine maskuline Energie hin. Die Prinzipien 3 und 9 sind aktive, nach Außen gerichtete Energien. 3 repräsentiert Willenstätigkeit und Impulsivität, 9 Transformation struktureller Werte, sodass dieser Aspekt die Analogie des rationellen Assoziierens beinhaltet. Dieser Aspekt ist dem Feuerelement zugeordnet, meint gleichzeitig das „Feuer" gedanklicher Aktivität. Im Vergleich symbolisiert 2–0 die spirituelle Ebene, 3–9 die wissenschaftliche Ebene des Lebens.

So trägt 3–9 die Fähigkeit der rationalen Analyse, der Selektion und des gedanklichen Ausdrucks in sich. Die Verbindung 3–9 gibt dem Mensch rhetorische Qualitäten und die Fähigkeit, strukturiert zu denken. Diese Erscheinung muss in jedem Fall zum Ausgleich eine Verbindung zur eigenen Gefühlswelt herstellen, da das Leben als inneren Ausdruck zur Vollkommenheit die Mitte von Kopf und Bauch benötigt.

4–8–Elemente–Verbindung
(Der Zugang zur inneren Stimme)

Physiognomisch ist diese Verbindung dem Bauchraum des Menschen zugeordnet. Das Element Wasser ist sein Herrscher. Die Ebene der Emotion, des Traumes und der inneren Bilder wird durch 4–8 repräsentiert. Sie macht den Menschen weicher und empfänglicher für die Stimmungen und Eindrücke seiner Umwelt. Ähnlich unsichtbaren Antennen, kann dieser Aspekt sogar unbewusste Stimmungen anderer Menschen empfangen. In Verbindung mit einer Doppelnull (2x0) wäre es ein medialer Aspekt. Oft finden sich unter diesem Aspekt Menschen, welche in einem sozialen oder heilerischen Beruf tätig sind.

5–7–Elemente–Verbindung
(Die Ebene der Vitalität)

Diese Elemente–Verbindung ist dem Erdelement zugeordnet. Sie bezieht sich auf die sicht– und „begreifbaren“ Aspekte der Materie. Gleichzeitig verleihen die Energien von Sonne (7) und Jupiter (5) Vitalität, Kraft und körperbetonte Bewegung. Es ist ein stofflicher Aspekt, welcher das Existenz– und Triebbewusstsein des Wesens repräsentiert. Vor Erreichen des Typus wirkt sich diese Energie meist als sportliche Aktivität oder als erhöhte körperliche Aktivität aus. Wir können 5–7 als den Boden bezeichnen, auf welche beide Füße fest stehen. Der grobstoffliche Aspekt von 5–7 kann sich bei unentwickelten Typen durchaus in handfesten Gemütsreaktionen zeigen.

Die Lernaufgabe ist die Entwicklung des Urvertrauens in die geistigen Kräfte des Menschen, ein Loslassen von der sichtbaren Struktur der Materie, das einfühlsame „In–sich–Horchen“. 5–7 ist dem Wurzelchakra zugeordnet und muss daher lernen, das frühkindliche Bewusstsein des Festhaltens zu ändern. Manchmal tut Besitzdenken gut, aber es sollte keine feste Charakterstruktur sein.

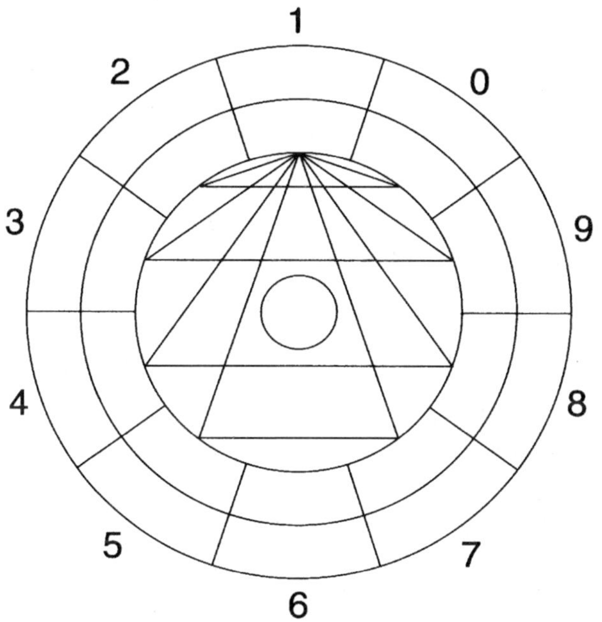

Trigone zum Geistpol (1)

Trigone

Trigone sind Stabilitätsaspekte und zeugen von Leichtigkeit, einem mühelosen Gleiten von einem Zustand in den anderen, anpassungsfähig und doch konservativ vom Kern des Aspektes her.

Numerologisch stellen Trigone eine Verbindung von drei Zahlenprinzipien dar. Graphische Grundlage zum Erstellen eines Trigons ist eine Elemente–Verbindung, die entweder die Verbindung zum Geistpol (1) und/oder zum Kraftpol (6) eingeht. Infolgedessen helfen Trigone in Verbindung mit der 6, die geistigen Ideale eines Menschen zu manifestieren.
In Verbindung mit der 1 fördern sie das geistige Verstehen weltlicher Erfahrungen und geben Einsicht und Erkenntnis. Trigone geben die Kraft, seine Ziele direkt in Angriff zu nehmen. Sie schenken Selbstvertrauen in Verbindung mit der 1, sie geben Kraft zur Realisierung eigener Projekte in Verbindung mit der Zahl 6.

Trigone – Wege der Selbstverwirklichung

Das Prinzip der 3er Zahlenverbindungen auf der Grundlage der Primärzahlen 1 und/oder 6, der grundsätzlichen Achse innerhalb eines Numeroskops, zeigt Wege, wie wir in Übereinstimmung zum *Text des Persönlichkeitstypus, dem Karmapunkt und dem Sternzeichen unsere Ziele verwirklichen möchten.*

Diese Verbindungen geben Kraft, um über die notwendige Erkenntnisfähigkeit, das Wissen um die eigenen Möglichkeiten, eine Brücke zwischen unseren Visionen und deren Realisierung zu bauen.

Bitte lesen Sie diese Textempfehlungen immer im direkten Zusammenhang mit folgenden Texten: Grundtypus, Persönlichkeitstypus, Karmapunkt. Sie lernen ganz von selbst in Verknüpfungen zu denken und orientieren sich fließender in die Gesamtzusammenhänge.

Ein Beispiel mag dies verdeutlichen: Angenommen, Sie sind dem numerologischen Persönlichkeitstypus 8/26 zugeordnet, der primär Aussagen über ihr Seelenpotential stellt, sowie ihre Mitgift für diese Inkarnation beschreibt. Der Karmapunkt, sagen wir Schütze, macht dem Typus 8/26 klar, in welchem *äußeren Lebensrahmen* dieser seine ursprünglichen Qualitäten am besten zum Ausdruck bringt.

Das Sternzeichen Zwilling zeigt in dieser Reihenfolge wohlgemerkt, die individuelle Persönlichkeit innerhalb dieses Prozesses an.

Trigone wirken sich als initiative, verbindende Energien innerhalb dieser Reihenfolge aus, die selbständig für die aktiven Verknüpfungen sorgen. So kann der angenommene Aspekt 1–2–0 der Gesamtpersönlichkeit den spirituellen Kräften einen leichteren Zugang verschaffen, *rundet* die Individualität mit dieser Färbung ab. Das Trigon 1–2–0 gibt der Ausdrucksqualität der Person in diesem Fall eine enorme Sensibilität mit auf den Weg, nämlich die Integration der inneren Stimme bei allen wichtigen Entscheidungen zu berücksichtigen.

Wohlgemerkt muss man sich dieser Verbindung bewusst sein, um diese Kraft nutzen zu können!

Dem verehrten Leser dieses Buches mag dies ein Hinweis sein, selbst unter Berücksichtigung dieses Hinweises die Texte von Trigonen soweit selbst zu aktivieren, da die technische Seite, also nur das bloße Vorhandensein automatisch nichts bewirken würde!

1–2–0–Trigon
(„Der Lichtarbeiter“)

Als Kind wurden Sie oft alleine gelassen. Es entstand früh eine Situation, die an das Märchen „Alice im Wunderland“ erinnert. Sie haben seit Ihrer Kindheit eine außerordentliche Phantasie entwickelt und konnten als Kind vereinzelt mit lichten Wesen aus der anderen Welt wie Elfen, Feen, Kobolde u.a. kommunizieren – zur Besorgnis Ihrer meist konventionellen Eltern. Diese bezeichneten Sie wahrscheinlich als verträumt und heute als abgehoben oder realitätsfremd. Mit solchen Attributen haben Sie aber gelernt umzugehen, da Sie genau wissen, dass es eine höhere Kraft gibt, die nichts mit dem christlichen, phallischen Gott zu tun hat, eine Kraft, die neutral, fördernd und heilend wirkt, obwohl diese Energie rational nicht erklärbar wäre.

Dieser Aspekt verbindet den numerologischen Geistpol (1) mit der Elemente – Verbindung 2–0 und deutet darauf hin, dass die lichten Kräfte göttlicher Erkenntnis eine Verbindung mit der Ebene von Intuition und Inspiration eingehen. Einfacher erklärt, kann diese Ebene als ein *Radar* verstanden werden, der tiefe, spirituelle Einsichten ermöglicht und alle 8 Jahre eine mystische Begegnung auf der zwischenmenschlichen Ebene bereit hält. Durch das Wissen, dass zwischenzeitlich über das *sog. 3. Auge* des Menschen (Epiphyse) existiert, ist es durchaus möglich, dass Sie eine spirituelle oder ganzheitliche Sicht der Dinge ablehnen, trotzdem aber aus der höchsten, spirituellen Seinsebene inspiriert werden.

Diese anfangs noch unbewusste Sinnsuche sagt weniger über das Niveau der Suche aus, mehr denn der Quantität. Es besteht gleichfalls die Tendenz, mehr zu „Glauben“ als zu „Wissen“, d.h., die Einbildungskraft dieses Trigons ist so stark, so dass leicht Einbildung und Wunsch (2) mit der tatsächlichen praktischen Erfahrung verwechselt werden. Gerade dieses Trigon zeigt eine derartige Hypersensibilität (2–0), die manchmal blind gegenüber der materiellen Welt machen kann.

Ein Aspekt dieser Verbindung ermöglicht die Vision oder die Absicht, überpersönliche Zusammenhänge, also kollektive Strömungen klarer als andere Menschen wahrzunehmen. Sie haben einen guten Draht für zukünftige Ereignisse und Trends, einer

Fähigkeit, die häufig in der Kindheit unterdrückt wurde. Diese präkognitive Fähigkeit sollte auch im Beruf eingesetzt werden.
Der Vorteil dieser Zahlenkombination liegt in der präzisen und klaren Vorstellungskraft.
Menschen, die durch ihren Verstand schnell an die Grenzen ihres Bewusstseins stoßen, können so eine Öffnung erfahren, die eine Symbiose von Intuition und Intellekt bewirken kann.
Der Aspekt begünstigt die Wahrnehmung, dass die Welt in all ihren Erscheinungsformen ein Spiegelbild einer unsichtbaren, transzendenten Ebene der archetypischen Schöpfung entspricht.
Es gilt, wie bei allen Trigonen, die mit der Zahl 1 in Verbindung stehen, eine Verbindung zur Zahlenqualität 6 anzustreben, da Ideen nur dann entstehen, wenn die Zeit Ihrer Realisierung reif ist. Dies meint, eine Idee die nicht nach spätestens 3 Tagen umsetzen, sollten Sie vergessen!
Hier taucht für alle Leser ein wichtiger Hinweis auf: Falls Sie, wie in diesem Fall, diese Zahlenverbindung 1–6 (Opposition) nicht in Ihrem Numeroskop finden, weder in der Anlage noch der Progression, so müssen Sie sich die materiellen und intellektuellen Lebensbereiche selbst erarbeiten. Dies meint, dass Sie z.B. praktisch–manuelle Fähigkeiten selbst erwerben sollten. Auch eine gute Verbindung zur Erde verschafft den natürlichen Zugang zur Alltagsrealität. Dieser Aspekt wirkt sich auch als sog. „Schwebezustand“ aus, die Sie teils beglücken, teils verwirren können. Diese Euphorie, die durch die Kombination von Mond und Neptun entsteht, sollte unbeachtet bleiben, schnell kann dieser „Alltagsnebel“ zur Realitätsflucht führen. Bei aller Spiritualität muss der Mensch *geerdet* bleiben.

Der Körper ist der Tempel der Seele und sollte als Fundament des Lebens ebenso akzeptiert und geliebt werden, wie die Seele, die darin ihr Zuhause findet.
Deshalb sind in den kommenden Jahrgängen, welche die Ziffern 1, 2 und 0 beinhalten, auch besonders spirituell veranlagte Menschen zu finden, wie z.B. der Jahrgang 2001. Diese Jahrgänge entsprechen den Prophezeiungen Edgar Cayce, dass alte atlantische Seelen reif geworden sind, Spiritualität ohne Macht zu integrieren und anderen Menschen zur Verfügung zu stellen, jetzt inkarnieren werden. Die kommende Generation ist sehr uranisch gefärbt, eine Tatsache, die das leben wirklich lebenswerter macht! Manchmal ist es so, dass unter dem Einfluss dieses Aspekts die Spannung der Schöpfung spürbar wird. Es ist diesen Menschen ein Bedürfnis, die fließenden Grenzen der normalen

Ich–Identifikation mit denen der spirituellen Seite Ihrer Persönlichkeit, als völlig natürlichen Vorgang darzustellen.
Sie erlösen durch diese Toröffnung bei sich selbst und anderen einen Teil derjenigen Spannung, die seinerzeit durch *die Vertreibung aus dem Paradies* symbolisch zur Suche eines jeden Menschen wurde: Die Rückkehr zur Re–ligio, der wahren Rückbesinnung nur mit dem Unterschied, dass wir selbst unseren Weg gefunden haben und nicht mehr auf einen phallischen Gott warten müssen bzw. angewiesen sind.

Psychosomatische Wirkung: Ein Nachteil entsteht, wenn man diesen Aspekt der eigenen Persönlichkeit ablehnt und damit die Energie im Kopf–Nacken–Bereich blockiert. Sehr häufig treten somit bei dieser Form von Verweigerung migräneartige Beschwerden auf, die durch den Schmerz die einseitige, rationale Lebenshaltung anzeigen und signalisieren, dass eine spirituelle Öffnung nach „Oben“ hilfreich wäre. Auch das Nervensystem reagiert labiler als bei anderen Zeitgenossen, von daher wählen Sie entweder die Praxis der regelmäßigen Meditation (z.B. Zen – oder Ultra–Meditation) oder Sie versorgen Ihren Gehirnstoffwechsel mit natürlichen Cholinpräparaten und entsprechenden Aminosäuren wie z.B. der Glutaminsäure und dem Extrakt der Ginkgo–Pflanze.

1–3–9–Trigon
(Die optimale Kommunikation)

Da Sie Ihrer Zeit meistens voraus sind, beschäftigen Sie sich häufig mit den neuesten Formen der Kommunikation, verbal wie auch nonverbal. Hin und wieder zwingt Sie Ihre Umwelt zur Geduld. Nutzen Sie diese Momente, um längere, inspirierende Gespräche über das konventionelle Sein zu führen.
Jede Form der Kommunikation wirkt auf Sie elektrisierend und spannend, daraus gewinnen Sie auch Ihre Energie. Alle Aspekte der Zahlenkombination 3 und 9 deuten auf eine optimale Verbindung des logischen Verstandes mit dem Hypergedächtnis, dem Überbewusstsein oder Akasha (1) hin. Sie haben die Fähigkeit, im harmonischen Miteinander Ihre Einsichten, ihr Gedächtnis

und ihre Intuition ideal mit dem täglichen Leben zu verbinden. Sie sollten gerade dieser spirituellen Fähigkeit, die Sie mitbringen, viel mehr Vertrauen schenken! So realisieren Sie auf der geistigen wie materiellen Ebene mehr Erfolg!
Dieser Aspekt deutet auf ungewöhnliche Art und Weise Ihre enorme Ideen– und Assoziationsfülle an, Sie sind im geistigen Bereich hochkreativ.
Die Gefahr, die sich daraus ergeben kann ist, dass Ihnen schnell langweilig wird, da Ihnen Fernsehprogramme, Diätrezepte, Fußballergebnisse, Wetterberichte und Kosmetik eben nicht den richtigen *Kick* versetzen, was auch leicht verständlich ist. Lernen Sie die Arbeitssysteme anderer Menschen kennen, dass trainiert ihren Intellekt und bringt den richtigen Gesprächsstoff. Das *erdet* Sie und andere Menschen, diese klinken sich leichter auf Ihre Frequenzebene ein. In Ihrer Wunderwelt des Geistes haben Sie so viele Möglichkeiten, dies mit Ihren reichlichen Hobbys auf diesem Gebiet, wieder zu kompensieren.
Sie sind sehr wach und sollten bei der Fülle Ihrer Wahrnehmungen die Fähigkeit der Selektion entwickeln, ansonsten wäre Ihr Kurzzeitgedächtnis häufig mit unwichtigen Informationen geradezu überlastet.
Das meint, dass Sie das physische und metaphysische Denken einerseits nicht nur durch logische Schritte des Denkens vollziehen, sondern gleichzeitig ihre Gedankenenergien aus dem inspirativ–intuitiven Bereich beziehen, um danach eine Synthese auf weltlicher Ebene zu realisieren. Sie sind also auch praktisch veranlagt.
Sie verfügen über ein enormes Wissen, welches mehr über ihre Intuition als durch Logik zum Ausdruck kommt. Sie werden regelmäßig, ähnlich einem Blitz, von spontanen Eingebungen heimgesucht und sollten der Erfahrung nach lernen, diesen kreativen Phasen und deren Inhalten vertrauen zu lernen.
Sie brauchen naturgemäß sehr viel Spielraum zum Denken und kontemplieren, wie Sie Ihre Mitmenschen noch besser motivieren können, auch deren geistige Kreativität zum Ausdruck zu bringen.
Nützlich wäre hier eine Trigonverbindung zum Kraftpoltrigon 5–6–7, da dieser Aspekt die notwendige Erdung bzw. alle praktischen Fähigkeiten zur Verwirklichung Ihrer Pläne und Visionen beinhaltet. Sie haben ein fotografisches Gedächtnis, daher können Sie auch komplexere Zusammenhänge im theoretischen Bereich in kurzer Zeit lösen. Auf einer anderen Ebene verbindet

dieses Trigon in fast idealer Weise das *wissenschaftliche mit dem spirituellen Denken.*
Psychosomatische Wirkung: Alle Symptome des Bewegungsapparates, vorwiegend Brust– und Halswirbelsäule. Das ideale Training hierfür bietet das Tibet–Training oder Yoga in Verbindung mit Radfahren, Schwimmen und Joggen. Mangelnde Konzentration, die unter diesem Aspekt auch häufig auftreten kann, wird durch eine ganzheitliche Ernährung sowie orthomolekularer Medizin, dem frischen Gerstensaft und lezithinhaltigen Nahrungsergänzungen ausgeglichen.
Beruf: Sie können Sie ebenso gut im Lektorat, einer Redaktion oder in einer Marketingabteilung arbeiten, aber auch im architektonischen Bereich die statistische und kreative Seite ideal miteinander verbinden. Weitere „Positionen" sind die Netzwerkarchitektur bei Computern, die Landschaftsgestaltung in Großstädten, die optimierte Organisation von Veranstaltungen aller Art, die Programmgestaltung an Universitäten – und Hochschulen für die „jungen" Wissenschaften wie Neurobiologie, Neuroimmunologie, Psychosomatik und Thantalogie sowie der Informatik.
Sie sollten diese Fähigkeiten jedenfalls beruflich so nutzen, das Sie außer dem Planen und Diskutieren auch Geld dabei verdienen. Hier bietet sich idealerweise die teilweise oder komplette Palette der Dienstleistung an.

1–4–8–Trigon
(Selbsterkenntnis durch Gefühl und Tatwillen)

Die Elemente–Verbindung 4–8 der Sensibilität findet auf Ihrer unterbewussten Ebene den Zugang zu höherer Erkenntnis (1). Die Energie des Geistpols ist von Sensibilität durchdrungen, was auf ein geplantes, praktisches Vorgehen schließen lässt. Das Wasserelement des Gefühls vereint sich hier in idealer Weise mit dem höheren Selbst, da die Ebene des Unterbewusstseins die transparente Form des Mediums Seele ist. Dieses bedeutet, dass unbewusste Eindrücke (4–8) transparent gemacht werden (1). Der positive Aspekt zeigt einen gereiften Menschen, welcher Wille (1) mit Tat (4) und einem Spürsinn für Form und Ästhetik (8) besitzt. Der negative Aspekt, also bei passivem Erleben dieses

Aspektes zeigt ein einseitiges, verhärtetes Streben nach Macht (Pluto–Saturn), welche die eigene Überempfindlichkeit (Venus) verdecken soll.

Besonders in zwischenmenschlichen Beziehungen zeigt sich bei dem nichtaktivierten Trigon das Gefühl, Opfer seines Partners zu sein. Es deutet auf innere Kämpfe, dass man sich vom Partner unverstanden fühlt und sich somit zunehmend isoliert. Im Allgemeinen jedoch unterstützt dieses Trigon eine geistige Eigendynamik, welche an Optimismus grenzt und dadurch die Eigenschaft, seine Mitmenschen wohlwollend und einfühlsam zu behandeln.

1–5–7–Trigon
(Glückstrigon)

Es handelt sich um das karmische Trigon, welches den Menschen dazu veranlasst, alte Strukturen zu verlassen und über Erkenntnis seiner selbst (1), „von unten anzufangen", d.h. über die Klärung seines Wurzelchakras. Diese Menschen haben es aber dadurch leichter, zu Selbsterkenntnis zu gelangen, weil die Lebensumstände mitunter hart sein können und einem so der eigene Seelenspiegel praktisch vor Augen gehalten wird. Sein Karma wird in kurzfristigen Abständen abgebaut. Eine feste Beziehung oder Ehe wird diesem Menschen zusätzlich Struktur und Standfestigkeit verleihen. Diese Menschen haben große Freude an Kindern. Jupiter als Kraft der synthetischen Vernunft, als Kraft, Mikro– und Makrokosmos als eine Beziehung zu sehen und zu verbinden, verleiht diesem Aspekt die Fähigkeit, das Leben in vollen Zügen zu genießen. Der Begriff „Glückstrigon" bezieht sich auf die Unvoreingenommenheit und Leichtigkeit dieses Menschen, auch gröbsten Dingen des Lebens, neutral begegnen zu können ohne dabei naiv zu sein.

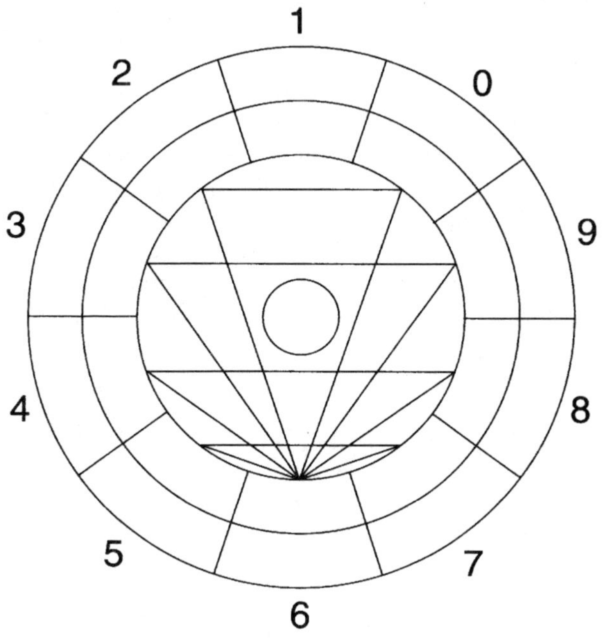

Trigone zum Kraftpol (6)

6–0–2–Trigon
(Harmonische Körper–Geist–Verbindung)

Hier findet das Bewusstsein eine ideale Verbindung zur Körperenergie. Dieses Trigon symbolisiert den geistig–strebenden Menschen, welcher es versteht, seine Ideale auch umzusetzen, was sich mitunter durch Arbeit mit Erde, Ton, Musik, Theater aber auch im psychotherapeutischen Bereich bestätigen kann, da hier die „Erde“ der Psyche, also die starre, unbewältigte Erfahrungswelt der Vergangenheit gemeint ist. Körpertherapeutische Verfahren (Bioenergetik, Yoga, Tai–Chi, Reich`sche Körperarbeit), welche das Körperbewusstsein stärken (6) sind empfohlen. Beruflich wirkt sich dieser Aspekt im Theater, der Choreographie, aber auch im Ausführen instrumenteller Musik positiv aus. Der Körper wird bei diesem Aspekt tatsächlich zum Ausdrucksmittel der Seele. Dieser Mensch umgibt sich ebenso gerne mit einem kreativen, gehobenen Niveau und hat gleichzeitig ein starkes Interesse an Philosophie und Malerei.

6–3–9–Trigon
(Entschlossene Durchsetzung verstandesbetonter Entscheidungen)

Das Zahlenprinzip der 3 zeigt, wie wir unsere 5 Sinne benutzen. Die Zahl 6 repräsentiert die Tatkraft der Durchsetzung. Kommunikation und Handeln werden hier verbunden (3–9 Elemente–Verbindung). Es entsteht ein außerordentlicher Energiefluss (Mars–Uranus), welcher sich in Entschlossenheit, Antriebswillen und außergewöhnlichem Ehrgeiz zeigen. Wissen (3–9) und Handeln (6) kann bei einem Trigon immer zum eigenen und zum Vorteil anderer eingesetzt werden. Die Lernerfahrung unter diesem Aspekt ist vor allen Dingen Geduld und Aufmerksamkeit sowie bewusstes Zuhören zu lernen. Auch der sexuelle Aspekt muss verantwortlicher behandelt und integriert werden, so dass diese Energien Ihren freien Ausdruck finden sollten. Dieser Mensch ergreift gerne selbst die Initiative im Handeln und sollte es auch weiterhin tun. Das Bedürfnis, Verantwortung zu übernehmen, ist hier angezeigt in Verbindung mit maßvollem Handeln.

6–4–8–Trigon
(Kreativer Umgang in Beruf und Privatleben durch Transformation sexueller Energien)

Das Zahlenprinzip 6 repräsentiert die Durchsetzung, die Zahl 8 die Werte, die wir schätzen, mit welchen wir uns gefühlsmäßig (4–8) und materiell (4–6) umgeben. Dem Wahren, Guten und Schönen zugewandt, wird Besitz in Form von Materie und Wissen angesammelt. Man lebt das Leben wie es kommt, hat es nicht allzu eilig und lässt sich gerne, nach Möglichkeit oft, von den angenehmen Dingen des Lebens verwöhnen. Das Zusammenspiel der beiden Kräfte lässt sich beruflich sehr gut anwenden, da numerologisch betrachtet, ein enormes Augenmass für Proportionen in den Bereichen Kunst und architektonischer Gestaltung vorhanden ist.

6–5–7–Trigon
(Das karmische Trigon der Transformation)

Die Fortführung des vorhergehenden Trigons im Sinne besonders sinnlicher Impulse für die Bereiche Sexualität, Körperbewusstsein und beruflichen Erfolg. Die Umsetzung materieller Wünsche steht im Vordergrund. Expansives Ausleben von vitalen Lebensimpulsen durch Sex, Sport, und gesellschaftlichen Zusammenkünften.

Es besteht ein allgemein unbekümmertes Verhältnis zur Liebe. Der Betreffende kann genießen und auch den Anderen verwöhnen. Verantwortungsbewusstes Handeln und Durchsetzen vital–energetischer Impulse im Beruf eignen diesen Menschen zum Ausführen von Zielen im Außendienst (da gerne unterwegs), aber auch manuellen Arbeiten mit der Hand (5–7). Verbindungen von Trigonen mit der 1–6 Opposition verstärken z.B. natürlich das jeweilige Trigon in Richtung Persönlichkeitsbildung und klarer Orientierung zwischen dem Geist–Körper–Seele–Prinzip.

Das System hat demnach mehr „Rückgrat“, ist durchpulst von mehr Lebensenergie. Die Definition seiner Ziele erfolgt grundsätzlich über wohldurchdachte und strukturierte Gedanken. Der Karriereaspekt steht für diesen Mensch im Vordergrund.

Das große Quadrat

(Gespannte Verhältnisse in Beruf, Verluste in den Bereichen Partnerschaft und Finanzen)

Im Quadrat entsteht die kämpferische Auseinandersetzung um Entscheidungen. Das Quadrat zeigt die Spannung zwischen den Elemente–Verbindungen 2–0 und 5–7 an beziehungsweise das direkte Spannungsverhältnis der Opposition 2–7 und 5–0. Dieses grundsätzliche Spannungsverhältnis bringt einerseits Resignation und Frustration, andererseits ist es eine Herausforderung und Ansporn zu ehrgeizigen Leistungen.

Das Quadrat zeigt zwei in sich verschiedene Persönlichkeitsanteile an, welche sich im Individuum scheinbar gegenseitig behindern, welche aber durch das bewusstes Integrieren von den fehlenden Elementen 4–8 und 3–9 zu lösen sind.

***Möglichkeiten*:** Entweder in der Statik oder nur in der Progression. Quadrate sind numerologisch aus den Elemente–Verbindungen 2–0 und 5–7 möglich. Beiden fehlt die Verbindung zur Mitte, d.h. die Sensibilität (4–8) und der Intellekt (3–9). Diese Aspekte stehen der ursprünglichen Vitalität (5–7) und dem Hochstrom der Intuition (2–0) energetisch in Opposition, d.h. werden blockiert. Um der Vitalität den notwendigen Ausdruck zu verleihen, braucht es die 4–8 Kombination des Unterbewusstseins, des Gefühls. Um der Intuition einen realen Ausdruck geben zu können, bedarf es des Mediums Intellekt (3–9). Die dadurch zwangsläufig entstehenden Oppositionen zeigen die notwendige Ausgleichsverbindung an, nämlich die Bereiche Psychosomatik (2–7) und ganzheitliches Denken. Diese stellen den Lösungsweg zu den fehlenden Elemente–Verbindungen dar. Das Spannungsfeld der feinstofflichen Eindrücke (Psyche, Idee, Intuition) steht im Widerspruch zu der vitalen Durchsetzung.

Die Gefahr der Isolation wird groß, wenn nicht durch das Erlernen von logischen Ausdrucksmöglichkeiten (Sprache, Rhetorik, Körperbewusstsein) und einer intensiven partnerschaftlichen Auseinandersetzung den Emotionen Ausdruck verliehen wird. Der Lernprozess erfolgt meist durch überhöhte Symptomanfälligkeit auf der Körperebene, kontinuierlichen Partnerkrisen

oder finanziellen Problemen. Wenn erkannt wird, dass es sich um einen Transformationsprozess auf der Körper– oder Berufsebene (5–7) handelt, erlebt man sich nicht mehr als Opfer äußerer Umstände.
Dieses Quadrat hilft, alte Denk– und Lebensstrukturen zu lebendigen Energiemustern umzuwandeln.

Es geht um schwierige Beziehungen zur Mutter und zum Vater, welche in der Kindheit scheinbar die sprühende Kreativität des Kindes ignorierten. Hier sei angemerkt, dass wir uns unsere Eltern vor dieser Inkarnation sowieso bewusst aussuchen und uns so ja für diese Lernerfahrung entschieden haben! Es fällt schwer, seine emotionellen Bedürfnisse zu äußern. Selbstbestrafungstendenzen in Form von bewusstem „Zurücknehmen" der eigenen Person zum Zwecke der Unterstützung anderer überdecken die emotionalen Konflikte.

Das „Sich–Aufopfern" für Andere wäre in diesem Fall nur Kompensation und daher lediglich Ablenkung. Das Gefühlsleben erfährt eine starke Rücksichtnahme auf andere, ohne sich dessen bewusst zu sein. Hemmung und offenherziger Kontakt im Austausch mit anderen Menschen sollten ein Mittelmass finden. Nicht selten wird auf eine „Retterfigur" gewartet.

Anstatt sich als Medium oder Werkzeug eines Meisters oder einer jenseitigen Wesenheit zu sehen, sollten die eigenen Bedürfnisse nach Zärtlichkeit und Liebe gepflegt werden. Der Körper sollte sich im emotionellen Austausch mit dem Unbewussten harmonisieren (5–7 verbindet sich mit 4–8). Die persönlichen Motive und Überzeugungen von Beziehungspersonen sollten überprüft werden, was nicht in Kontrollwahn ausarten sollte. In der Progression zeigt dieses Quadrat an, welche Ebenen und Oppositionen in der Statik nicht gelebt wurden und stellen so die erweiterte Möglichkeit des transformativen Lernens durch die besondere Berücksichtigung der Außenwelt dar.

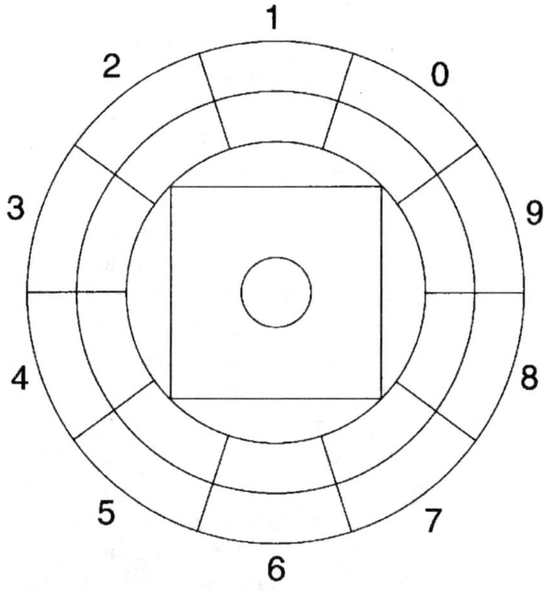

Das große Quadrat

Das kleine Quadrat
(Der Widerspruch von Kopf und Bauch-Entscheidungsschwäche)

Graphisch entsteht dieses Quadrat durch das gleichzeitige Vorhandensein der beiden Elemente–Verbindungen 3–9 und 4–8. Dadurch entstehen automatisch die Oppositionen 3–8 und 4–9.

Dieser Aspekt steht für die kontinuierliche Entscheidungsschwäche, sich entweder nur intellektuell oder rein emotionell im Leben zu entscheiden. Einerseits „glaubt“ dieser Mensch, das Leben kann über den Kopf gelenkt und strukturiert werden, andererseits gibt er in wichtigen Momenten ganz seinem Gefühl nach, obwohl er sich vorher schwur, nicht emotionell zu reagieren.

Die innere Unsicherheit, welche von beiden Ebenen denn die Richtige sei, wird gelöst, indem durch Meditation eine innere Stimme entwickelt wird. Dadurch wird der Mensch empfänglicher für seine inneren Wahrnehmungen und kann gleichzeitig seinen Verstand benutzen. Die Verspannung der beiden Oppositionen 3–8 und 4–9 zeigt eine bestimmte Naivität in Beziehungen. Konflikte entstehen durch zu hohe Erwartungen an den Partner. Früher ließ sich dieser Mensch zu sehr von äußeren Merkmalen eines anderen Menschen beeindrucken und hat dadurch teilweise verlernt, eine tiefe Gefühlsbindung aufzubauen. Trifft der Mensch seine Entscheidungen in Ruhe und nimmt sich vorher genügend Zeit zur Kontemplation, wächst sein Vertrauen auf sein inneres Selbst und es entsteht allmählich eine gelassene Souveränität, Dinge auch geschehen zu lassen. Die partnerschaftlichen Missverständnisse hören dann auf, wenn sich dieser Mensch nicht mehr unter Beweiszwang sieht, irgend eine besondere Fähigkeit vorweisen zu müssen.

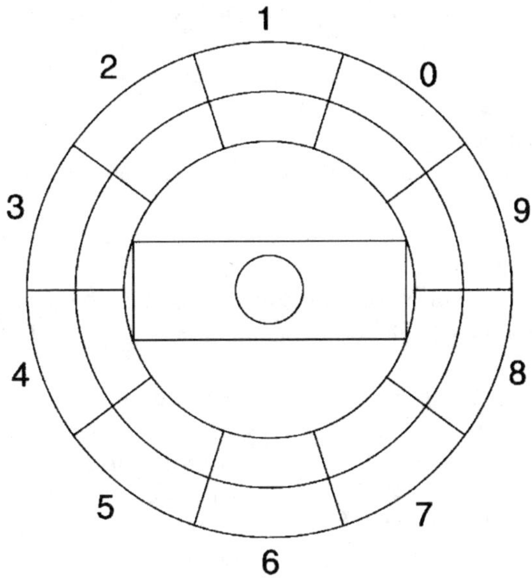

Das kleine Quadrat

Sextile

Ähnlich wie beim Trigon handelt es sich beim Sextil um eine Verbindung von drei Zahlen innerhalb des Numeroskops. Geometrisch umfasst diese Zahlenreihe eine direkte Folge von drei aufeinander folgenden, mit Zahlen belegten Numeroskopfeldern, z.B. 1–2–3, 2–3–4, 3–4–5 usw.

Technisch gesehen bewegt sich dieser Aspekt im Bereich von 60–72°, und ist somit nicht mit der Aufteilung eines Horoskops adäquat.

Sextile wirken sich als sogenannte „Chancen“ im Leben aus, da sie weder spannungsgeladen noch herausfordernd wirken. Diese gelten jedoch mehr als ein zusätzlicher Betrachtungswinkel, da Sextile oft für die Abrundung des gesamten Persönlichkeitsbildes sorgen.

Ein Sextil verleiht in direkter Verbindung mit einem Quadranten die Fähigkeit, die Bewusstseinsenergie des betreffenden Quadranten direkter zum Ausdruck zu bringen. Die Möglichkeiten hierfür wären: 1–2–3 (1. Quadrant), 4–5–6 (2. Quadrant), 6–7–8 (3. Quadrant) und 8–9–0 (4. Quadrant).

Sextile, welche Quadranten untereinander in deren Folge verbinden stellen Charaktereigenschaften dar, z.B. 2–3–4, 3–4–5, 7–8–9 und 9–0–1.

Ausnahmen davon stellen die Verbindungen 1–2–0 sowie 5–6–7 dar. Diese sind Trigone und besitzen als jeweilige „Mittelzahl“ die zentralen Zahlenwerte 1 oder 6 und können daher nicht zu den Sextilen gerechnet werden.

Sextile stellen auch mögliche Fähigkeiten eines Menschen dar, die einmal bewusst aktiviert, zu einer bleibenden Charaktereigenschaft mutieren. Die Tatsache, dass ein solcher Aspekt zeichnerisch zum Eintrag kommt, beweist diese jedoch nicht als bereits aktive Eigenschaft.

So bieten Sextile bei entsprechender Aufmerksamkeit die Möglichkeit, mit einer bestimmten Eigenleistung evtl. vorhandene Oppositionen oder Quadrate besser mit den Aussagen von Persönlichkeitstypus und Karmapunkt auszubalancieren, d.h. Herausforderungen im Leben bewusster zu begegnen um positivere Gestaltungsmöglichkeiten zu finden.

Ein Sextil ist eine Kraft, die genutzt werden möchte, sich jedoch leichter gewinnen lässt als z.B. diejenige eines Trigons. Im Vergleich zum Trigon steht das Sextil weder für Karma noch für Herausforderungen, sein Leben in irgend einer Form zu ändern, sondern für ein neutrales Fliessen innerhalb des jeweiligen Lebensbereichs.

Es dient als Ergänzung zu den grundsätzlichen Aussagen des Persönlichkeitstypus'. Sextile sind Energiemuster, die unsere persönlichen Pläne Ziele unterstützen.

Zu berücksichtigen gilt, dass diese Aspekte, nicht automatisch verfügbar sind, sondern wie alle anderen Aspekte auch, in der Hemmung gelebt werden können. Derart geben die Texte Aufschluss, wo eine Synthese zwischen persönlicher Veranlagung und deren Umsetzung wichtig wird, um notwendig gewordene Integrationsarbeit zu realisieren.

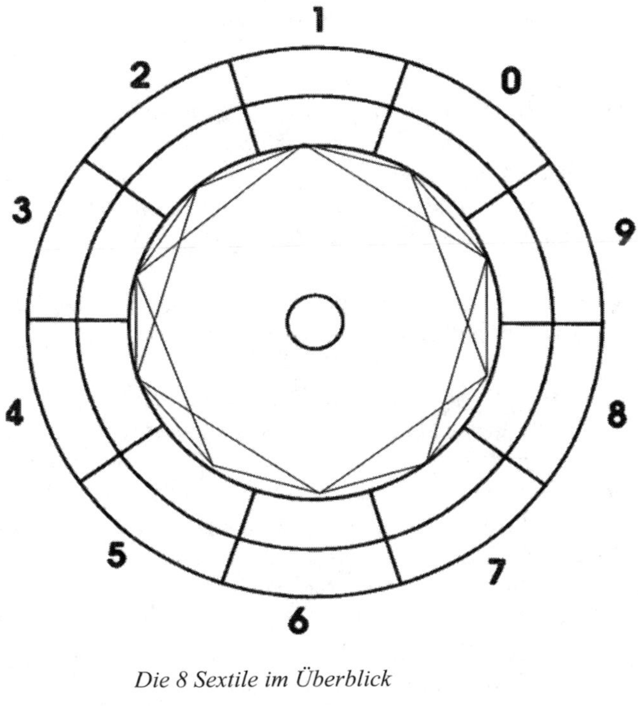

Die 8 Sextile im Überblick

1–2–3–Sextil
(Theoretisches Planungsvermögen)

Dieser überpersönliche Aspekt repräsentiert die Ausgewogenheit des theoretischen Denkens, Planens und „In–Form–Bringen–Wollens". Die Kraft der Theorie beflügelt die Persönlichkeit, schafft den Eindruck, alle Ideen, Phantasien und Illusionen würden genauso leicht realisierbar sein, wie der Impuls aus der geistigen Welt empfangen wurde, der zur Idee geführt hat.

Die ausgeprägte Denkkraft, die sich als durchgehendes Energiemuster zeigt, kann zu manchen Verschachtelungen und Irrationen führen, wenn nicht *erdige* Zahlen (4, 5 oder 6) im Anlagenumeroskop vorhanden sind.

Dieser Aspekt hat etwas Verführerisches, da er Glauben schenkt, *die Ausführung* eines Plans, eines geistigen Konstrukts sei leicht oder einfach. Das ist die Macht der Theorie. Dieses Sextil verleiht den konkreten Zugang zu einem unbegrenzten *Ideenpool*, gleich einer Antenne zum schöpferischen Bewusstsein.

Durch die Ziffer 3 als Endzahl dieser Kombination entsteht der Wille, eine geistige Grundlage, eine Voraussetzung für das Leben selbst zu erschaffen.
Menschen, die beruflich mit der Erstellung von Plänen, Konstrukten und Zeichnungen sowie dem planerischen Erstellen von technischen, grafischen, physikalischen oder architektonischen Objekten zu tun haben, werden diesen Aspekt gut anwenden können, weil hier persönliche Kreativität gefragt ist.

Die planerische Vorstellungskraft lässt auch zukünftige Entwicklungen erahnen und schon heute in Konzepte umsetzen.
Man muss lernen, Vertrauen in andere Menschen und deren Potentiale zu entwickeln. Ein weiterer Lernaspekt hierfür ist die *Delegation.* Da dieses Sextil die Ausführung und Umsetzung vorbereitet, wird der Austausch zu den Menschen benötigt, die allgemein hin für die Umsetzung zuständig sind.

Eine wahre Kunst, den Kopf mit den Händen, dem Bewegungsapparat und dem praktischen Tun in der äußeren Welt so zu verbinden, so dass eine Synthese entstehen kann.

2-3-4-Sextil
(Praktisches Umsetzungsvermögen)

Das Energiemuster dieses Aspekts hat die konkrete Handlung als Ziel. Dieser Mensch fühlt sich als Teil einer höheren Ordnung, der Visionen etwas Greifbares verleiht. Aus dem Gefühl dieser Ordnung heraus entsteht Verantwortung, Übersicht und Struktur. Durch die Zahl 4 ist das Ziel dieses Sextils die Umsetzung und die Stabilisierung einer konkreten Idee (2) zugeordnet.

Diese Energie ist weitaus realistischer zu bewerten, wenn es um die Konsequenz der Durchführbarkeit geht. Weniger das luftige, grenzenlose Element spielt hier die Rolle, sondern die engeren Pfade der *Prima Materia*.

Dieser Mensch ersinnt Möglichkeiten, einer Vision zu gesellschaftlicher Anerkennung zu verhelfen. Er ist bereit, bestimmte äußere Bedingungen als Teil einer Lernerfahrung zu begreifen, um sich so besser an die Wege zu gewöhnen, die Teil der späteren Realisierung sein werden.

Er versteht es weniger als Einschränkung, sich anzupassen, da er nicht der unbedingte Urheber der Vision ist, sondern sich als Praktiker versteht. Durch seine genaue Beobachtungsgabe versteht er es, viele alltägliche Elemente, auch Details zu berücksichtigen, um dem Plan Festigkeit und Ordnung zu verleihen. Häufig zieht dieser Aspekt verträumte und sehnsüchtige Menschen an, die von Ihren inneren Strukturen berichten, jedoch die Unfähigkeit in sich spüren das zu tun, was notwendig wäre.

Diesem Lebensgesetz der Resonanz folgend, kann diese Persönlichkeit aktuell den Grad seiner Verwirklichung daran messen, wie klar er vermag, Strukturen zu erschaffen, die es ihm und anderen Menschen (meist Hilfesuchende) ermöglichen, Verantwortung für das eigene Tun zu übernehmen.

Von diesen Personen wird dieser Mensch wiederum gerne aufgesucht und um *praktischen Rat* gefragt.

Die Anpassungsfähigkeit dieses Sextils wirkt sich als verbindlich im praktischen Leben aus. Das Ziel ist es, aus einem Vorgang, einer Sache das Sichtbare mit allen Sinnen zu erfahren. Diesem Vorgang haftet etwas Magisches an: Die aus dem luftigen Element geborenen Ideen und Impulse werden allmählich zum realen Bestandteil des Alltags. Jedwede Abstraktion wird allmählich aufgelöst und ihrer Bestimmung zugeführt.

Der Aspekt *2–3–4* hinterfragt die Wahrheit der Vision, die Umsetzbarkeit im Alltag, will ihr Beständigkeit vermitteln und verleihen.

Zusammenfassend kann gesagt werden, dass die Realisierung und die Handlungsweise dieses Energiemusters die Stabilisierung der Gesamtpersönlichkeit ins Auge fasst und als Ziel verfolgt.

3–4–5–Sextil
(Läuterung und Selbstentwicklung)

Die *Erhöhung* des Aspekts 2–3–4 vermittelt der Persönlichkeit über die Fähigkeit der Ordnung und Strukturiertheit hinaus das Gefühl für Kultur, Wachstum und Erfolg. Durch gut geerdete Wurzeln (4) hindurch werden neue Horizonte entdeckt, die dem Menschen innere und äußere Läuterung vermitteln.

Die Fähigkeit, persönlichen Strukturen in der materiellen Welt einen Halt zu verleihen, bringt die Erkenntnis mit sich, dass die äußeren Mechanismen dieser Welt häufig auf Wiederholungen bestimmter Routinevorgänge basiert, privat wie beruflich.
Diesem Dilemma folgt der innere Ruf (5), seinen ureigenen Weg selbst organisieren zu wollen. Es ist durchaus mit dem Beginn des persönlichen Aufwachens begründet, der Integration eigener Werte.
Dieser Aspekt ist expansiv (5) auf die Entwicklung eigener Maßstäbe ausgerichtet. Die Wertmassstäbe, die bisher das Leben planbar werden ließen (3), verlieren sich mehr im Hintergrund, da dieser Mensch erkannt hat, dass es nach der Erkenntnis der weltlichen Gesetze um die Selbsterkenntnis geht.

Der Mensch beginnt seine Suche nach der eigenen Mitte, nachdem er die Ziele, Probleme und Wünsche anderer Menschen integriert hat.
Numerologisch gesehen, verbindet dieses Sextil den ersten mit dem zweiten Quadranten. Damit folgt der theoretischen Planung die Durchführung persönlicher Ziele. Alle bisherigen Lernerfahrungen brachten diesem Menschen mehr oder weniger die Le-

bensaspekte des Dienens bei. Irgendwann kommt der Zeitpunkt, wo die eigene Meinung soweit zu allen Lebensvorgängen gebildet werden muss, so dass ein *Funktionieren* nach den Werten anderer Menschen nicht mehr möglich ist.

Der persönliche Umbruch kann mit einer spirituellen Reifungskrise im positiven Sinn einhergehen, daher steht das Bemühen um äußere Anerkennung nicht mehr im Vordergrund. Persönliche Illusionen werden immer häufiger als die Schattenanteile anderer Personen definiert, man lernt immer besser zu unterscheiden, wie sich eigene und fremde Anteile innerhalb des eigenen Lebenssystems bewähren.

Die Suche nach der inneren Wahrheit und das äußere, materielle Streben stellt am Anfang einen großen Widerspruch dar, der sich nur im Aufschlüsseln und Erkennen der eigenen Persönlichkeit balancieren lässt. Die realistische Lebensweise begründet sich in der täglichen Arbeit am eigenen Selbst. Da der Weg nach Innen immer auch mit Täuschungen und Enttäuschungen verbunden ist, bleibt das Energiemuster des Dienens auf dem Weg zur Selbsterkenntnis erhalten. Die Realisierung der eigenen Visionen nimmt konkrete Gestalt an.

4–5–6–Sextil
(Das Durchsetzen eigener Ansprüche)

Ziel: Das Gewinnen innerer Stärke. Die praktische Komponente dieses Sextils lässt nicht nur auf einen Menschen mit Hintergrund und Lebenserfahrung schließen, sondern auf eine Persönlichkeit, die neuen Herausforderungen mit Geduld, Einfühlungsvermögen und praktischem Vermögen begegnet.

Sicher gab es bei diesem Menschen in der Kindheit mehrere kompensierte Aggressionen dem Vater gegenüber, der wahrscheinlich nur auf ein äußerliches, braves Funktionieren Wert legte, jedoch *natürliche Anerkennung* vermissen ließ.

Als Kind war dieser Mensch wild und ungestüm und brach gerne mit den konventionellen Grenzen eines nach Außen hin orientierten Elternhauses. Es kam häufiger zu Verboten, so dass die Vitalenergie früh unterdrückt wurde.

Dieser Druck löst sich allmählich so zwischen dem 30. und 42. Lebensjahr, indem dieser Mensch sehr engagiert zu Werke geht, in allem was er tun wird. Die Crux an diesem Aspekt stellt die eigentliche Kompensation gegenüber dem Vater–Ich dar. Das Rollenverständnis bezieht sich auf die kontinuierliche Entwicklung eigener Werte, mit dem gleichzeitigen Erschaffen eines persönlichen, heilenden Umfeldes.

Dieser Mensch wirkt nach Außen hin sehr geklärt, ja fast abgehärtet seinen Gefühlen gegenüber, jedoch versprühen die Augen oft noch die Sehnsucht nach einem gütigen, liebenden Vater. Solange in diesem Bereich keine Klärung oder Versöhnung stattgefunden hat, wird sich diese Persönlichkeit mit aller Wahrscheinlichkeit nach beruflich im Management bzw. dem kaufmännischen Bereich zu verwirklichen suchen, um weiter auf der äußeren Ebene zu dominieren. Dies wäre trotz äußerem Erfolg weiter eine Kompensation.

Eine gesunde Aggression ist ein positiver Impuls, um die äußere Welt zu verstehen und zu meistern.
Es ist auch ein Weg, um Unabhängigkeit gegenüber denjenigen Menschen zu erreichen, die uns übermäßig beherrschen bzw. beherrschten. Eine natürlich gelebte Aggression ist ein Kanal, mehr von dem zu entfalten, was wir sind, um zu werden, was wir sind.

Ein Ziel wäre es unter diesem Aspekt, das innerpsychische Spannungsfeld auf natürlichem Weg zu entladen und die Aggressionshemmung nicht gegen sich selbst zu leben, wie z.B. psychosomatisch durch Allergie oder rheumatischen Erkrankungen. Eine wunderbare Möglichkeit bietet hier das System der Familienaufstellung. Wird die richtige Position innerhalb der Sippe bzw. der Familientradition gefunden, kann diese zum ersten Mal im Leben als persönliche Quelle der Kraft betrachtet werden.

Dieses Sextil fördert die Ausführung von Projekten, die Ausdauer, Mut und Fleiß verlangen.

6–7–8–Sextil
(Selbstbewusstsein und Genussfähigkeit)

Dieses Sextil fördert die Verbindung mit anderen Menschen. Es hat eine Nuance mit unserer persönlichen Eigenart zu tun, wir geben uns in zwischenmenschlichen Beziehungen, wie wir sind. Dieser Aspekt stimuliert positiv und wir setzen außer unserem Charme auch etwas mehr ein, vielleicht das, was allgemein unter Erotik verstanden wird, bzw. was der Einzelne darunter versteht. Es ist eine einzigartige Verbindung von Selbstvertrauen, Motivationskraft, Durchsetzung und Erfolg. Es handelt sich nicht um spirituelle Energien, sondern um den Aktionstrieb, kreative Möglichkeiten auszuprobieren und andere Menschen zu ermutigen, deren *kreatives Potential* spontaner zum Ausdruck zu bringen.
Dieser Aspekt verschafft spielerische Freiräume und fördert Spontaneität bei unseren Mitmenschen heraus.

Wir haben Freude daran, andere zu unterstützen und sie anzuregen. Die günstigste Energie dieses Sextils ist jedoch die Voraussetzung, Freundschaften und Beziehungen intensiver wie üblich zu erfahren.

Unser Einfühlungsvermögen in andere Personen, die Sensibilität, auch seelische Stimmungen des Gegenübers zu empfangen sowie die Fähigkeit, dem anderen das zu geben, was er oder sie benötigt wird begünstigt. Dieser Aspekt wirkt unternehmerisch, mobil und aufbauend gerade für unsere Mitmenschen. Er wirkt wie ein wärmender und zugleich *aktivierender Sonnenstrahl* an einem kalten Wintertag. Auch die Fähigkeit, unsere Selbstdarstellung in einem natürlichen und gesunden Maß zum Ausdruck zu bringen, fällt uns leicht, der übliche Narzissmus kommt nicht zum Tragen.

Wir können Geben und Nehmen und es bereitet uns Freude, für andere da zu sein. Auch wirkt sich hier in allen Aktionen eine bestimmte kindliche Neigung aus, in spielerischer Art und Weise an die Dinge möglichst vorurteilsfrei zu gehen. Man ist den äußeren und angenehmen Dingen des Lebens zugeneigt und fühlt sich wohl dabei.

Grundsätzlich wirkt sich dieser Aspekt schöpferisch aus und bewirkt eine erhöhte Schaffensfreude in Zusammenarbeit mit anderen Menschen. Es ist auch das Streben nach Selbstverwirklichung in der Liebe.

Die Balance zwischen dem grundsätzlichen Bedürfnis nach Beziehungen und den eigenen Freiräumen wird trotzdem aufrechterhalten.

7–8–9–Sextil
(Balance zwischen Wunsch und Wirklichkeit)

Die schöngeistige Energie, das wohlwollende Image sowie das Bewusstsein, an den vielen Vergnügungen des Lebens teilzuhaben, verleiht diesem Aspekt hohe Sympathiewerte. Manchmal beherrscht dieser Aspekt die Jagd nach irgendeinem Schönheitsideal oder einer spirituellen Ideologie, gepaart mit einem starken Interesse sich bewusst zu ernähren und zu kleiden. Es werden Aktionen inszeniert um in den besonderen Genuss oder nur der narzisstischen Freude zu kommen, sich selbst und anderen zu gefallen. Bald endet diese Jagd jedoch in der Gewissheit, in den äußeren Aktionen nur eine optimistische Ablenkung zu finden, die sich leicht zur Sucht nach Anerkennung entwickeln kann.

Die Kontaktbereitschaft dieses Menschen überdeckt die Angst, alleine mit sich und der Welt die persönliche Unabhängigkeit und Autonomie im eigenen Fühlen zu erreichen.
Dieser Mensch liebt es auch, durch *Anpassung* im Mittelpunkt zu stehen. Dem gegenüber steht der verbindliche Wunsch, das innere Selbst zu finden und mit den transzendenten Energien zu verschmelzen. Menschen mit diesem Aspekt verfügen häufig über ein attraktives Äußeres, das sie meist auch geschickt im Beruf, besonders in Verhandlungen einzusetzen wissen.

Sie verstehen sich in der Kunst, Brücken zwischen den unterschiedlichsten Meinungen und Vorstellungen zu schaffen und verdienen sich so häufig persönliches Lob und Anerkennung.
Diese Sensibilität, fremde Energien zu harmonisieren kann sich durchaus diplomatisch im Beruf auswirken. Dahinter steckt die Sehnsucht, nie wirklich mit der eigenen, häufig nach Außen gerichteten Identität, in Berührung zu kommen.

Es existiert entweder die Lust nach Sex oder die Lust nach transzendenter Vereinigung mit der Schöpfung, Gott oder wie auch immer das *ursprüngliche Tao* definiert wird, jedoch nach Möglichkeit nur von der lustvollen, eher passiven Seite. Damit sollte bewusst werden, dass sich über die Jahre hinweg eine Be-

quemlichkeit einschleicht, welche die spirituelle Entwicklung einschränken kann, da primär die genussreichen, „schönen" Zustände über das äußere Leben definiert wurde und somit die Hülle mit dem Geist verwechselt wird.
Ein Ziel wäre es, die schöngeistige Aufopferungsbereitschaft dem Entwickeln eigener Fertigkeiten zu widmen.

Die Welt ist ein Spiegel, in den man sich entweder verliebt oder als Wachstumsmöglichkeit begreift. Somit können persönliche Projektionen objektiver betrachtet werden.

8–9–0–Sextil
(Schöpferisches Bewusstsein und Kommunikation mit dem Unbewussten)

Kunst, Musik und Dichtung finden eine ideale Synthese mit den spirituellen Bewusstseinsfragen unserer Zeit. Dieser Aspekt trägt in sich die Struktur der Medialität, der Kommunikation mit dem Unbewussten.

Das Ziel dieses Sextils ist eine konkrete Symbiose von Gefühl und Geist, ein subtiler und introvertierter Aspekt. Der Glaube an höhere Energien, bewohnte Planeten und dem Traum von einem goldenen Zeitalter, in dem sich alle Menschen uneingeschränkt lieben, verleihen ihm die Hoffnung auf eine bessere Zukunft. Dadurch entsteht das Gefühl, einen besonderen Auftrag in dieser Inkarnation zu haben und man ist versucht, seine Umwelt zu verzaubern mit dem Wissen um Träume, Mythen und Märchen.
Manchmal haben diese Menschen etwas Verzaubertes in ihren Augen, sozusagen eine Verbindung zu lichteren, aber weit entfernten Welten.

Dies sind gleichzeitig auch Faktoren, die beruflich bestimmt zum Erfolg führen, nicht selten sind aus dieser Konstellation hervorragende Traumdeuter, Maler, Musiker und Seiltänzer hervorgegangen. Manche wiederum verzweifeln unter ihrer Sensibilität und suchen Ihr *Heil* in Sekten oder Drogen, einer Art Dauerillusion, um dem rauen Alltag entfliehen zu können.

Der Bereich der Künste verleiht diesem Menschen den Eindruck, dem Paradies sehr nahe zu sein. Daher sucht er gerne inspirierende Orte mit der entsprechenden Atmosphäre auf, um seine Antennen noch besser auf die feinstoffliche Inspiration auszurichten. Es handelt sich meist um eine feminine, oft ästhetische Ausstrahlungsqualität, die für repräsentative Aufgaben wie Schauspiel, Moderation und Werbung genutzt werden kann. Eine Ausnahme bietet hier der weniger beachtete Bereich der ästhetischen Körperbewegung, nämlich der Choreographie.

Hier wird der Körper zum direkten, intuitiven Ausdrucksmittel seelischer Inspiration. Beim spirituell entwickelten Menschen kommen Disziplinen wie Tai–Chi, Qi–Gong, aber auch Eurythmie und klassischer Tanz in Frage. Die Erfahrung zeigt auch, das eine der optimalsten Formen, dieses Sextil zum Ausdruck zu bringen, der Bereich des *Feng–Shui* ist.

Hier fließen so gut wie alle Möglichkeiten dieser Zahlenkombination ein: Einfühlungsvermögen, Gestaltungskraft, Streben nach Harmonie, das Bedürfnis durch Form, Farbe, Raum und Klang mit wenig Aufwand eine vollkommene Synthese zwischen der Außenwelt und dem Betrachter zu schaffen. Die Ideale der Ästhetik, Kunst, die Verehrung der Mutter Erde sowie der schönsten aller Künste, der Astrologie, kann hier der idealste Rahmen überhaupt verschafft werden.

9–0–1–Sextil
(Kommunikation mit dem Unbewussten)

Die treffendste Aussage für dieses Sextil wäre die *Wahrnehmung der Welt*, wie man diese fühlt, um danach in Strukturen zu denken. Das Ziel: Objektivierung der Gefühlswelt.

Dieses Sextil zeigt häufig Menschen, die früh ihren *eigenen* Weg suchen und an einer spirituellen Entwicklung starkes Interesse zeigen. Irgendwann kommen sie an einen Punkt, in dem Sie über das Thema *Ohnmacht* spüren, dass nur eine emotionale Blockade das eigene Wachstum hemmt. Die Suche nach dieser Hemmung beginnt

Es ist möglich, dass durch eine schwierige Geburt die natürlichen Gefühle zum eigenen Körper anonym geblieben sind und von daher das Vertrauen in das eigene Gemüt erst wieder geweckt werden sollte. Auch die Nähe zu den Eltern ist möglicherweise nie tatsächlich bewusst erlebt worden. Es handelt sich bei dieser Voraussetzung eher um die klassische Variante: Gefühle galten nichts, nur die Logik konditionierter Schubladen brachte einigermaßen Anerkennung. Der Bezug zum Körper und seinen Empfindungen wurde nicht ernstgenommen oder verweigert. So verließ man sich eben nur noch auf den Verstand, um überleben zu können.

Diese fatale Außenorientierung nötigt diesen Menschen, sich immer dann den unbewussten Schichten seines Wesens zu öffnen, wenn es um die erfolgreiche Durchsetzung eigener Projekte geht.
So gibt dieser Aspekt die Kraft, aus den eigenen Gefühlen heraus eine Kommunikation mit dem logischen Verstand zu schaffen.

Die Notwendigkeit, Leidenschaft, Hingabe und Vertrauen zu der inneren Stimme zu entwickeln, ist bei diesem Typus besonders wichtig, da die potentesten Energien eben in diesem Bereich existieren. Durch ein versöhnliches Programm mit den Eltern, Körpertherapie (für die häufigen Verspannungen im Muskel und Bewegungsapparat) und Meditation können diese Energien befreit werden.

Das Ziel, das nichtrationale Denken ebenbürtig in den eigenen Lebensplan einzubinden sollte nach den obigen Empfehlungen besser gelingen.
Den größten Nutzen kann man in der Kommunikation mit anderen Menschen, durchaus auch im rhetorischen Bereich erzielen, weil man sich gut in die Stimmungen anderer Menschen hineinversetzen kann. Durch dieses neu gewonnene Wahrnehmungsvermögen können die Bedürfnisse der Umwelt gezielter transformiert werden.

Numerologische Partnerschaftsmethoden

Der Schicksalszahlen-Vergleich

Zuerst vergleichen wir unsere Lebensrhythmen (Schicksalszahlen) mit denen unseres Partners, denn sie können uns einen ersten wertvollen Hinweis über die Gemeinsamkeiten in der Partnerschaft geben. Dazu werden von jedem Partner die individuellen - Schicksalszahlen gebraucht. Wie die Schicksalszahlen ermittelt werden, haben wir bereits im Kapitel „Schicksalszahlen" kennengelernt.

Ob zwei Menschen miteinander harmonieren, weil sie Übereinstimmungen in den Grundschwingungen (Zahlen) ihres Geburtsdatums haben, erkennen wir an ihren Schicksalszahlen. Diese geben uns Auskunft über die Möglichkeiten einer äußeren Übereinstimmung mit dem Partner, etwa gemeinsame Interessen und Lebensanschauungen.

Je mehr Zahlenübereinstimmungen eine Partnerschaft aufweist, desto besser ist sie für die gemeinsame Bewältigung eines ähnlichen (nicht gleichen) Lebensschicksals geeignet. Es handelt sich deshalb im wahrsten Sinne des Wortes um Schicksalszahlen. Wir wollen das am Beispiel eines Paares veranschaulichen.

So sieht der **Schicksalszahlenvergleich des Paares 1** aus:

24.3.1944 (weiblich)	34
= Typus 9/27	**36**
	45
4	52
8	**54**
12,5[*1]	63
17	70
18	72
21	81
25	usw.
27 Typus 9/27	

[*1] Nur bei den Zahlen 8 u. 9 wird jeweils mit den Halbsummen 4 u. 4,5 addiert.
[*2] zum Zwischenrhythmus siehe Kapitel Schicksalszahlen.

16.9.1947 (männlich)
= Typus 0/37

7
11
15,5[*1]
20
21
25,5[*1]
30
36
37 Typus 0/37
42 (Zwischenrhythmus)[*2]
47 Typus 2/47
54
58
60
67
71
73
usw.

Beim Zahlenrhythmusvergleich sind die drei **fettgedruckten** Zahlen übereinstimmend.

Unser Beispiel: Wir haben drei gemeinsame Schicksalszahlen (21,36,54),welche auf gemeinsame Erziehungs- und Ausbildungs-voraussetzungen schließen lässt. andeutet. Die gemeinsamen Ziel- und Idealvorstellungen im Bereich Tradition (Erziehung, Elternhaus, gleiches Fürsorge- und Zärtlichkeitsbedürfnis) lassen sich ohne große Mühen und verbale Auseinandersetzungen verwirklichen.

Die drei Rhythmuszahlen werden zwischen dem 21. und dem 54. Lebensjahr erreicht, d.h., vor dem 21. Lebensjahr hätten beide kaum ihre Übereinstimmungen bewusst wahrnehmen können.

Stellen wir uns die einzelnen Zahlenwerte als Teilpersönlichkeitswerte vor, Energien also, die einzeln im gesamten Energiesystem des Menschen wirken.

Jede Zahl hat eine ihr eigene Grundschwingung, die sich, im Typus summiert, als Grundcharakter des Menschen darstellt. So wie ein Organismus aus verschiedenen Organen ein Ganzes bildet, so ergeben alle Einzelzahlen des Geburtsdatums, inklusive der Geburtszeit, das numerologische Gesamtbild eines Menschen, das auf seinen energetischen Entwicklungsstand hinweist.

Diese partiellen **Persönlichkeitsenergien** werden über die Schicksalszahlen miteinander verglichen.

Übereinstimmende Schicksalszahlen

Die gemeinsamen Schicksalszahlen deuten auf eine gemeinsame Grundschwingung bezüglich **materieller Interessen und allgemeiner Lebensanschauung** hin. Dieser Vergleich hilft, über die Häufigkeit des Zusammentreffens oder Zusammenseins des Paares Auskunft zu geben. Die Häufigkeit des gemeinsamen Beisammenseins sagt allein natürlich noch nichts über die Qualität der Beziehung aus.

Sind im Rhythmusvergleich keine gemeinsamen Zahlen vorhanden, so ergibt sich auch im Numeroskop kaum ein gemeinsamer Aspekt.

Gibt es keine übereinstimmenden Schicksalszahlen, lässt sich mit Sicherheit sagen, dass beide Partner sehr viel Zeit und Energie in diese Beziehung investieren müssen, damit sie überhaupt einigermaßen läuft. Natürlich muss eine Beziehung immer gepflegt werden, bei nicht übereinstimmenden Rhythmuszahlen aber noch intensiver. Dieses beiderseitige Bemühen ist notwendig, um die fehlende gemeinsame Grundschwingung zu kompensieren.

Es zählen hier Übereinstimmungen, die **unabhängig von der Jahrgangszahl** erreicht werden:

Keine Übereinstimmungen: Wenn keine einzige Rhythmuszahl übereinstimmt, ist eine langfristige, intime Beziehung so gut wie ausgeschlossen, da wichtige Voraussetzungen fehlen.

Zwei Übereinstimmungen. Hier ergibt sich häufig eine geschäftliche oder berufliche Beziehung, auch gute nachbarschaftliche Verhältnisse.

Drei Übereinstimmungen: Das bedeutet ein harmonisches Fließen von Energie zwischen beiden Partnern.

Sechs Übereinstimmungen und mehr: Es handelt sich um eine karmische Verbindung.

Überlegen wir an diesem Punkt, wie sehr wir unsere Beziehung ohne Anstrengungen „geschehen lassen" können und wie viele Extras notwendig sind, um sie zu beleben? Ist es der Sinn einer Beziehung, sich besonders um sie bemühen zu müssen?

Persönlichkeitstypus Polaritäten

Eine dauerhaft von Leidenschaft geprägte Beziehung hat sicherlich Seltenheitswert. Wir finden sie häufiger als normal bei Paaren mit gegenüberliegenden Typuszahlen: 2-7, 3-8, 4-9, 5-0. Wir finden hier immer zwei Menschen, die sich voneinander angezogen fühlen, um sich zu ergänzen: es ist jedoch niemals eine einfache Beziehung.

Um die mit der Partnerschaft verbundene Aufgabe herauszufinden, lesen wir unter der Zahlenanalogie der entsprechenden Grundtypen nach, um den Persönlichkeitstypus und die Karmapunkte beider Partner miteinander zu vergleichen. Wir können so schon Grundsätzliches über die Energien sagen, die in einer Partnerschaft zusammentreffen- und Unterschiedlichkeiten oder Gemeinsamkeiten der einzelnen Partner erkennen. Stehen sich die Grundtypen des Paares gegenüber, beispielsweise Typus 4 (weiblich) und Typus 9 (männlich), wirken sie sich exakt wie eine Polarität aus.

Aus dieser Grundspannung heraus begegnen sich diese Menschen mit dem Ziel, sich das Prinzip der Opposition gemeinsam bewusst zu erarbeiten und schließlich zu integrieren.

Oppositionen der Grundtypen wirken so lange als Spannungsaspekt, bis beide Partner die Energie des gegenüberliegenden Pols integriert haben.

Bei Achsenverhältnissen setzen sich beide Partner abwechselnd gegenseitig unter Spannung. Diese Polaritäten fordern die Beziehung heraus, vor allem im äußeren Leben, in Beruf, Gesundheit und Geld. Wo wir sie bei Paaren finden, wird sich die Grundschwingung des Paares erhöhen. Das wirkt sich beispielsweise dann positiv aus, wenn Übereinstimmungen der Schicksalszahlen fehlen.

Karmapunkt-Polaritäten

Liegen die Karmapunkte der Partner genau gegenüber, wird die Beziehung für beide sehr herausfordernd sein. Die Polarität der Karmapunkte gibt dem Composit eine zusätzlich karmische Komponente. Altersmäßig liegen die Partner dann immer ein oder mehrere Jahrzehnte auseinander (Generationskonflikte).

Karmapunkt-Polaritäten: Widder-Waage, Stier-Skorpion, Zwilling- Schütze, Krebs-Steinbock, Löwe-Wassermann. und Jungfrau-Fische.

Spiegelzahlen

Grundsätzlich untersuchen wir auf eine Polarität (Spiegel) hin, bei den Spiegelzahlen nur Tages- mit Tageszahlen, Monats- mit Monatszahlen und die jeweils letzten 2 Jahrgangszahlen.

Sind wenig übereinstimmende Schicksalszahlen vorhanden, dann können wir über die Spiegelzahlen zu einer Aussage kommen.

Spiegelzahlen sind Zahlen, die sich im Numeroskop polar gegenüberstehen. Das sind alle Oppositions-Aspekte (2-7, 3-8, 4-9, 5-0, 1-6) und die Elemente-Kombinationen (2-0, 3-9, 4-8, 5-7). Es geht hier also nicht wie zuvor um Typus-Polaritäten, sondern um einfache Zahlenpolaritäten des Geburtsdatums.

Beispiel:	**15.**	**3.**	19	**23**
	26.	**8.**	19	**55**

In diesem Beispiel vergleichen wir die Tagesdaten 15 und 26 und stellen 1 und 6 als Spiegelzahlen fest, weiterhin stehen sich auch die Monatszahlen 3 und 8 im Numeroskop gegenüber, d. h. auch sie bilden einen Oppositionsaspekt (eine Spiegelzahl). Bei den Jahrgangszahlen finden wir in diesem Beispiel keine Spiegelzahlen.

Wiederholen sich Zahlen des einen Geburtsdatums einmal oder 24.3.1944, Zeit: 7:38 (sie) Einzeldiagramm mehrmals im Datum des Partners, so wirken sie natürlich insgesamt verstärkend. In unserem Beispiel kommt es bei 5 und 2 zu Zahlenhäufungen der Spiegelzahlen.

Gemeinsame Spiegelzahlen wirken sich im später beschriebenen Partner-Composit-Numeroskop nochmals als Verstärkung aus, wenn diese Zahlen aspektiert sind. Wir achten auch darauf, wie viele männliche (ungerade) und weibliche (gerade) Zahlen in beiden Geburtsdaten zusammengenommen von den Partnern „mitgebracht“ werden. Überwiegen die männlichen Zahlen, so ist klar ersichtlich, was beide miteinander entwickeln müssen: die weibliche Komponente im Zusammensein (Aufnahmebereitschaft und Hingabe). Für den Fall, dass die weiblichen Zahlen dominieren, ist es Aufgabe der Partnerschaft, die aktiven, männlichen Eigenschaften zu entwickeln: also immer mit dem einen Ziel, den Ausgleich, die harmonische Darbietung der Energien herbeizuführen.

Partnerschafts-Anlage-Numeroskop

Um ein Anlage-Numerokop der Partnerschaft zu erstellen, zeichnen wir zuerst für beide Partner die Einzel-Numeroskope, dabei gelten die gleichen Regeln wie im Kapitel „Einzel-Numeroskop“. Nachdem in beiden Einzel-Numeroskopen die möglichen Aspekte eingetragen sind, übertragen wir die Aspekte, die zugleich in beiden Numeroskopen vorkommen, in ein *drittes* Formular, das Anlage-Numeroskop der gemeinsamen Aspekte. Wir nennen es das Partnerschafts-Anlage-Numeroskop.

24.3.1944, Zeit: 7:38 (siehe) Einzeldiagramm

16.9.1947, Zeit: 2:38 (SZ) = 1:38 (er) Einzeldiagramm

Anlage-Partnernumeroskop: 24.3.1944, Zeit: 7:38 und 16.9.1947, Zeit: 2:38 (SZ) = 1:38

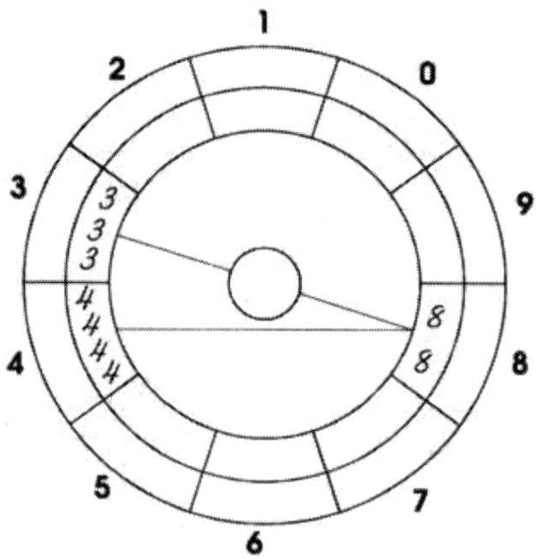

Es ergeben sich zwei gemeinsame Anlage-Aspekte:

3- 8 Partnerschaftsopposition
4- 8 Elemente-Kombination.

Wie sich die gemeinsamen Anlage-Aspekte in der Partnerschaft auswirken, können wir im Kapitel „Aspekte“ nachlesen.

Unser Beispiel: Deutung des Anlage 4- 8 Elemente-Kombination: das Wasserelement des Gefühls, der Ebene des Unterbewusstseins, wird bei der weiblichen Partnerin auf der linken Seite mit 3x4 gebildet, was den ordnungsbetonten, praktisch ausgeprägten Sinn dieses Aspektes in den Vordergrund schiebt.
Nach den drei Rhythmuszahlen, einer Geburtsdatenspiegelung in den Monatszahlen, deutet diese erste zeichneri-

sche Übereinstimmung auf zwei gefühlsbetonte Menschen hin, wobei die Partnerin konkret diesen Gefühlsaustausch auch gezeigt bekommen möchte (3x4).
Da sie ihren Typus mit 27 erreicht, kann sie sich schon vor Erreichen das Typus auf ihren „Bauch“ verlassen. Die Ebene des Gefühls, auch der gefühlsmäßigen Erwiderung, ist im Partnervergleich vorrangig zu betrachten.
Deutung der 3/8 Partnerschaftsopposition: Das grundsätzlich in der Natur archtetypisch angelegte Streben nach der Vereinigung der Anima-Animus Natur der Seele wird von beiden Partnern als Grundspannungs-Verhältnis mitgebracht bzw. man möchte es in der Beziehung klären.
Die Polarität Wunschvorstellung (8) und Wille (3) wird primär in einer Spannung zu den eigenen Elternfiguren als Disharmonie erlebt.
Emotionelle Aspekte und der Wille zur Durchsetzung spiegeln bei beiden das Muster der Unstimmigkeiten im eigenen Erziehungserfahrungsbereich wieder.
Auch das nach Außen getragene Bedürfnis nach Nähe enthält gleichzeitig die Angst vor der Verletzung eigener Gefühle.
Beide erwarten vom anderen nicht nur die Kompensation des Aspektes, sondern den Ausgleich von nicht verwirklichten Ideen, Wünschen, Hoffnungen und Idealen.

Ein Anlage-Numeroskop kann viele oder weniger Aspekte haben, es spiegelt jeweils die identischen „Anlagen“ beider Partner wieder.

Composit-Numeroskop

Ein Composit-Numeroskop ist immer ein Partnerschafts- Numeroskop. Es handelt sich dabei um ein neues, drittes Numeroskop, das sozusagen eine Komposition aus zwei Einzelnumeroskopen darstellt- das Numeroskop der Beziehung. Es wird folgendermaßen errechnet: aus den zwei Geburtsdaten wird über eine spezielle Mittelwertberechnung ein neues Geburtsdatum (Composit-Datum) ermittelt, die Grundlage für das Numeroskop der Beziehung.

Es ist eine äußerst interessante und aussagekräftige Variante der Partnernumerologie. Hier geht es darum, wie ein Paar seine gemeinsamen Anlagen praktisch umsetzen kann.

Im Composit-Numeroskop werden in erster Linie diejenigen Aspekte ermittelt, die beiden helfen, im Laufe der Beziehung zu einer Verwirklichung der gemeinsamen Ideale zu gelangen.

Einfacher ausgedrückt: das Composit-Numeroskop zeigt, was zu tun ist. Die Composit-Aspekte sind die Aspekte der Tat. Dazu wird aus beiden zu vergleichenden Geburtsdaten ein gemeinsamer Mittelwert errechnet:

24.3.1944	7:38	Geburtsdatum Partner 1
16.9.1947	1.38	Geburtsdatum Partner 2
20.9.1945	4:38	Beziehungs-Typus = 3/30

Bei dieser Mittelwert-Berechnung, werden die Geburtsdaten addiert und danach durch zwei (zwei Partner) dividiert. Immer dann, wenn bei der Division durch 2 ein Rest bleibt, ein halbes Jahr, ein halber Monat usw., wird diese Zeitangabe auf die nächst kleinere Zeiteinheit übertragen. Die Mittelwertberechnung ist anhand von einigen Beispielen im Anhang genau beschrieben (siehe Seite 244). Das Composit-Numeroskop zeigt all jene Energie-Aspekte, welche die Beziehung festigen. Hier liegt ihr größtes Energiepotential.

In das Composit-Numeroskop werden nun alle Zahlen des Composit-Geburtsdatums übertragen- genau wie beim Einzel-Numeroskop. Auch hier bleibt die Jahrhundertzahl (19) unberücksichtigt. Wichtig ist auch hier wieder die korrekte Geburtszeit jedes Partners. Die Aspekte, die sich dann ergeben, werden mit durchgezogenen Linien eingezeichnet.

Composit-Numeroskop
Composit-Datum: **20.9**.1**945**, **4:38** Uhr
Beziehungstypus 3/30

Aspekte:

2-0	Elemente- Kombination
3-9	Elemente- Kombination
4-8	Elemente- Kombination
3-8	Partnerschaftsopposition
4-9	Schicksalsopposition
5-0	Ganzheits- und Harmonie-Opposition

Der Beziehungstypus 3/30 zeigt an, in weichem Alter beide eine persönliche Reife erfahren und ihre spirituelle Ader erkennen bzw. gemeinsam wecken könnten. Beide sollten also das Alter von 30 erreicht haben, um die Tragfähigkeit und Transparenz der gemeinsamen Aspekte des Composit-Numeroskops in ihre Beziehung zu integrieren. Der Typus 3/30 zeigt gleichzeitig das Alter an, wann beide eine persönliche Reife erfahren und ihr spirituelles Interesse erkennen oder wecken könnten.

Die Composit-Aspekte zeigen die Möglichkeiten, die zugleich Aufforderungen sind, mit den Gegebenheiten der Beziehung entschlossen zu arbeiten, die gemeinsamen Potentiale also in die Tat umzusetzen.

Um die Composit-Aspekte zu deuten, lesen wir in dem Kapitel „Aspekte“ nach. Denn diese Aspektbeschreibungen beinhalten Deutungen, die sowohl auf Einzel- wie auch auf Partner-Anlage- und Composit-Numeroskope angewendet werden.

Composit-Progression

Die zehn Felder eines Numeroskops stellen alle Bereiche dar, in der sich eine Partnerschaft ausdrücken kann. Es kommt vor, dass bei einem Composit-Numeroskop einige oder viele Felder leer bleiben. Das bedeutet, dass hier keine Anlagen mitgegeben sind. Wenn Menschen Zeit miteinander verbringen, zusammenwachsen, sich geistig und spirituell austauschen, erhält ihr Leben neue Aspekte, es kommt zu einer Intensivierung der Beziehung. Diese Veränderung, bzw. die Möglichkeit, die Anlagen zu verstärken, in die Tat umzusetzen, und auch nicht vorhandene Anlagen zu *kompensieren.*

Composit-Numeroskop in der Progression
Composit-Datum: 20.9.1945, 4:38 Uhr
Beziehungstypus 3/30

Aspekte der Progression:

3	kompensiert	1
2x4	verstärkt	2
5	verstärkt	3
8	kompensiert	6
9	kompensiert	7
0	verstärkt	8
2	verstärkt	0

Mit der nachfolgenden Methode, Progression genannt, können **wir Verstärkungs- und Kompensationspunkte** errechnen, die uns die Möglichkeiten geben, genaue Aussagen über die Integration der einzelnen Aspekte in unsere Beziehung(en) zu machen. Das Composit-Numeroskop errechnet sich folgendermaßen:

Progressionsermittlung

Ausgangspunkt ist das Composit-Numeroskop, mit den Anlage-Zahlen im **Innenkreis** und den durchgezogenen Linien für die Aspekte. Wir beginnen damit, die Typuszahl, die in der Mitte des Numeroskops steht, in den **Außenkreis** (Progressionskreis) zu übertragen, und zwar in das äußere **Plutofeld** unterhalb der 1. Dort hinein schreiben wir die Typuszahl.

Dann werden alle im Innenkreis vorhandenen Zahlen entsprechend der Progression in den Außenkreis übertragen.

Die Progression wird durch den Partnerschafts-Typus vorgegeben, in unserem Beispiel 3/30.

Vorweg: Zahlen, die mehrfach vorhanden sind, beispielsweise eine doppelte 4, werden auch in eben dieser Anzahl in den Außenkreis übertragen. In unserem Beispiel haben wir folgende Zahlen im Innenkreis: 2, 3, 4, 4, 5, 8, 9, 0 in den entsprechend bezeichneten Feldern stehen. Da es sich hier um den Partnerschaftstypus 3 handelt, übertragen wir auch die Zahlen nach der Methode des Einzelnumeroskopes.

Wir schreiben also einmal die Typuszahl 3 in das Feld 1 und übertragen dann nach folgendem Schema vorhandene Zahlen aus dem Innenkreis in den Außenkreis: die 2 aus dem (Innenkreis) in das Feld 0 des (Außenkreises) die 3 in das Feld 1, 2mal die 4 in das Feld 2, die 5 in Feld 3, die 8 in Feld 6, die 9 in Feld 7, 0 in Feld 8.

Leer bleiben folglich die Außenfelder 4,5 und 9. Sie haben für die Betrachtung der Kompensations- und Verstärkungspunkte keine Bedeutung.

Verstärkungen: Wirksam sind alle Felder, die im Innen- sowie im Außenkreis mit Zahlen besetzt sind. Hier finden verstärkende Wirkungen statt. Und zwar verstärkt die äußere Progressionszahl die innere Anlagezahl. Unser Beispiel: die 4 verstärkt die 2, die 5 verstärkt die 3, die 0 verstärkt die 8 und die 2 verstärkt die 0.

Kompensationspunkte: Wirksam sind alle Felder, in denen der Außenkreis besetzt und der Innenkreis aber leer ist. Hier setzen wir einen sogenannten Kompensationspunkt hinein: In unserem Beispiel in die Anlagefelder 6, 9 und 3.
Auch hier erhöht sich die Wirkung, wenn Zahlenhäufungen in einem Feld vorliegen.
Bei einem Kompensationspunkt sprechen wir von einer Schwäche im Anlagekreis, die kompensiert, d.h. ausgeglichen werden muss. Bei einer Verstärkung wird eine vorhandene Anlage durch die progressive Zahl in der Wirkung erweitert und verstärkt.
An dieser Stelle erkennen wir den eigentlichen Wert des Composit-Numeroskops, da die Unterschiede in Anlage und Progression das Jetzt zeigen, was beide Partner gemeinsam integrieren und umsetzen müssen, um alle Möglichkeiten der Progression zu nutzen.
Eine weitere Möglichkeit ist das Bilden eines Aspektes durch zwei Verstärkungen. In diesem Fall fördert der damit zusammenhängende Aspekt Kreativität und Selbstbewusstsein, gleich an welcher Stelle dieser Aspekt im Numeroskop steht.
Er wirkt auf die Umwelt, die Vitalität des einzelnen und auf das Selbstvertrauen. Dieser Energieaspekt ermöglicht Durchsetzung durch Anpassung eigener Ideen und Pläne. Dieses Element wird meist aus anderen Inkarnationen „mitgebracht“.

Verstärkungen und/oder Anlagen können nun mit den Kompensationspunkten zusätzliche Aspekte bilden. Kompensationspunkte gelten zeichnerisch wie eine Zahlenbesetzung, so dass nun ab Erreichen des Typus (im unserem Beispiel das 30. Lebensjahr) Innen- wie Außenkreis überprüft werden zur erweiterten Aspektebildung.

Progression des Beziehungstypus

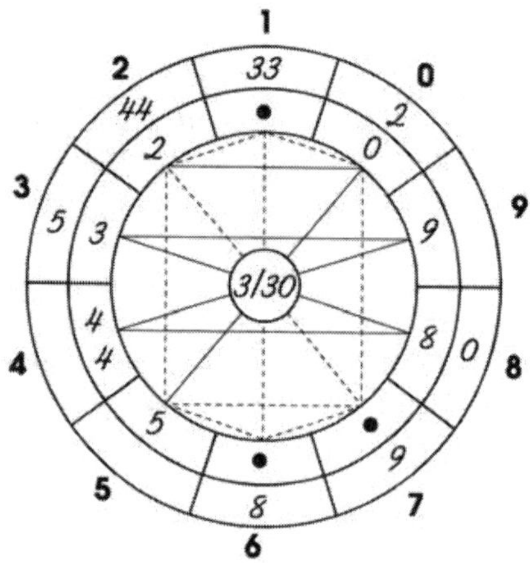

Composit-Numeroskop in der Progression
Composit-Datum: 20.9.1945, 4:38 Uhr
Beziehungstypus 3/30

Unser Beispiel: Hier wird die 1- 6 Opposition durch 2 Kompensationspunkte gebildet. Unter dem Kapitel für Kompensationspunkte lesen wir unter Beziehungstypus 3 die Deutungen 3 kompensiert 1 und 8 kompensiert 6. Die grundlegende Bedeutung der Opposition 1- 6 ist im Kapitel „Numerologische Aspekte“ beschrieben.

Kompensieren heißt ersetzen. Im äußeren Feld der 1 steht eine progressive Zahl (3), das Anlagefeld ist nicht besetzt. Die Zahlenqualität der 1 ist also nicht vorhanden und muss durch die Qualität der 3 ersetzt werden. Die 3 versucht nun, die nicht vorhandene 1 mit ihrer eigenen Wirkungsqualität zu kompensieren. Die Opposition 2- 7. Hier finden wir eine Verstärkung, und zwar: die 4 (doppelt) verstärkt die 2. Die 9 kompensiert die 7. Deutungstext unter „Kompensationen“. Wir können der Unterscheidung wegen die Aspekte mit unterschiedlichen Linien durchgezogen und gestrichelt oder auch in verschiedenen Farben zeichnen: beispielsweise Anlageaspekte in Blau (das Ruhige, Statische) und die durch Kompensationspunkte entstandenen Aspekte in Orange (das Vitale, Veränderliche).

Ein Kompensationspunkt zeigt, welche Aspekte unter Berücksichtigung der damit zusammenhängenden dynamischen Aspekte, ersetzt werden müssen. So kann durchaus eine Opposition ausschließlich von zwei Kompensationspunkten gebildet werden. Das heißt auch, dass das „Aus/Er-Leben“ dieser Opposition nach Erreichen des Beziehungstypus zwingend notwendig ist. Bei Mehrfach-Wandlungstypen (siehe Kapitel „Wandlungs-Typen“) ergibt sich unter Umständen alle 10 Jahre eine Veränderung der Kompensationspunkte. Die in der Beziehung angelegten Möglichkeiten werden damit immer wieder erneut aktiviert. Die Zahlen im Innenkreis, welche die Ausgangsbasis für alle Wandlungen bilden, verändern sich niemals- damit müssen wir leben. Aber wir erhalten durch die Progression(en) eine neue Chance, sie in erweiterter Form zu entwickeln. Mit Hilfe der Progression können wir genaueres über die Zukunft unserer Beziehung(en) herausfinden. Sie verweisen auf eine zu starke oder zu schwache Beziehung der verschiedenen Bereiche einer Partnerschaft und zeigen den Weg zum Ausgleich. Und dieser Ausgleich ist umso notwendiger, als die starren Strukturen auf Wandlung drängen.
Sinn dieses Prozesses ist die Synthese von Statik (Innenkreis) und Dynamik (Außenkreis) einer Beziehung.
Je mehr Kompensationspunkte sich in einem Numeroskop finden, desto mehr will in diesem Leben gelernt sein. Ein Mensch mit einer „schwierigen“ Lebensaufgabe ist immer auch ein Mensch, der sich viel vorgenommen hat auf dem Weg zur Vervollkommnung. Bilden sich im Composit-Numeroskop weder im Anlage noch im Progressionskreis irgendwelche Aspekte, so werden nur die Einzelvergleiche von Spiegelzahlen, Typus- und Mondknotenstellungen als gemeinsame Lernfaktoren betrachtet. In solchen Fällen sind eher Berufs- oder Geschäftsbeziehungen angesagt, die aber zumeist auch nicht langfristig angelegt sind.
Je weniger Übereinstimmungen es zwischen den Schicksalszahlen und Aspekten zweier Menschen gibt, desto häufiger handelt es sich dann um Partnerschaften, die zwar grundlegende Bedürfnisse erfüllen, nicht aber gemeinsam höhere, feinstoffliche Ebenen der Erfahrung miteinander teilen können.

Die Deutungsbegriffe in der Zusammenfassung:

* Existieren übereinstimmende Schicksalszahlen?
* Ergibt sich eine Polarität beider Persönlichkeitstypen?
* Ergibt sich eine Polarität beider Karmapunkte?
* Existieren es gemeinsame Spiegelzahlen?
* Existieren es Zahlenhäufungen?
* Erstellung der Einzel-Numeroskope
* Ermittlung der gemeinsamen Anlage-Aspekte Ermittlung des Composit-Numeroskops
* Ermittlung von Kompensations- und Verstärkungszahlen

Deutungsbeispiel 1

Einzel-Numeroskop für den 16.9.1947, Geburtszeit: 2:38 (Sommerzeit) = 1:38 (Ortszeit), männlich

Persönlichkeitstypus: 0/37 (Einfacher Wandlungstypus)
Aspekte:
1- 6 Opposition der Persönlichkeit
4- 9 Schicksalsopposition
3- 8 Partnerschaftsopposition
3- 9 Elemente-Verbindung
4- 8 Elemente-Verbindung
1- 3- 9 Trigon
1- 4- 8 Trigon
3- 6- 9 Trigon
4- 6- 8 Trigon
Zahlenhäufung (2x1)

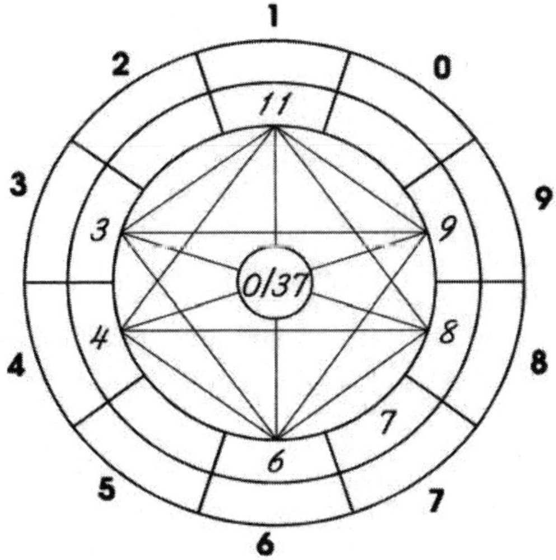

Drei Oppositionen lassen auf einen kraftvollen 0er-Grundtypus schließen, eine energische, von schöpferischen Ideen getragene Persönlichkeit, die aus der Opposition von Kraft- und Geistpol fortwährend neue Wachstumsimpulse bekommt.

Dieser 0/37 Persönlichkeitstypus erreicht erst im 37. Lebensjahr seinen individuellen Status. Dieser wandelt zusätzlich ab dem 47. Lebensjahr zum 2/47 Persönlichkeitstypus 2/47. Es handelt sich dabei um einen eher intellektuell veranlagten Menschen, mit starker Aspektierung des Geistpols (1-3-9 Trigon; 3-9 Elemente-Verbindung) und gesunder Ich-Stärke (Zahlenhäufung der 1). Aus dem Numeroskop ist bis zum 37. Lebensjahr schon rein optisch eine starke „Kopflastigkeit" ersichtlich. Die Ausrichtung auf den Geistpol lässt jedoch zusätzlich eine hochentwickelte Intuition vermuten. Allerdings wird dieser Mensch zur Konkretisierung und Verwirklichung seiner Ideen und Inspiration sehr viel Zeit brauchen.

Dieser Mensch findet in Theorien Erfüllung. Er will die Welt und ihre vielfältigen Erscheinungsformen verstandesmäßig begreifen, kann jedoch seine Wahrnehmung auch im Bereich des Fühlens zum Ausdruck bringen. Mit seinen gelegentlich genialen Geistesblitzen will er seine Mitmenschen und seine Umwelt „verbessern" (3-9 Elemente-Verbindung). Die ganzheitlich angestrebte Synthese von *wissenschaftlichen und spirituellen Werten* bleibt unter der Einwirkung der Trigone 1-4-8 und 1-3-9 in Verbindung der 4-8-Elemente-Verbindung das vorrangige Lebensziel dieses 0-Typus. Eine ehrgeizige, aktive Persönlichkeit, die wahrscheinlich in Wissenschaft und/oder Forschung tätig ist.

Hohe geistige Ideale und fortwährendes Streben nach Erkenntnis müssen jedoch im Leben unbedingt eingelöst werden. Wenn nicht, setzen sie den Menschen einer schwer zu ertragenden Spannung aus, die zu psychosomatischen oder sogar physischen Beschwerden am Hals und im Schultergürtel führen kann. Auch der Kopf und die Atmungsorgane sind dann gefährdet.

Nach dem Erreichen seines ersten Persönlichkeitstypus wird dieser Mensch zwischen dem 37. und 47. Lebensjahr damit beschäftigt sein, sein Verhältnis zu den materiellen Aspekten des Daseins zu klären, indem er sich einen inneren und äußeren Standort erschaffen wird. Er wird kindheits- und erziehungsbedingte Probleme aufarbeiten, sich gesünder ernähren und sich physisch mehr fordern müssen, damit er auf eine vital Gesundheit zurückgreifen kann. Auf dieser Grundlage können sich seine geistigen Fähigkeiten voll entfalten. Sie werden ihm großes

Glück bringen, denn mit der endgültigen Wandlung in den 2/47-Persönlichkeitstypus wird er ein sogenannter „Universal-Typus", das heißt: sein Numeroskop enthält sehr viele, sich gegenseitig in Wechselwirkung befindliche Aspekte. Lernaufgabe und Hürde vor der Vollendung der „Universalite" ist jedoch die möglichst vollständige Integration der materiellen Aspekte, der Erfolg steht und fällt mit seiner „Erdung".

Auf andere Menschen wirkt er vom Wesen her freundlich und vielleicht sogar ein wenig zu „harmlos". Das ändert sich erst mit der Integration der unterentwickelten Persönlichkeitsanteile. Bis zum 47. Lebensjahr hat er wahrscheinlich wenig Kontakt zu „erdverbundenen" Menschen, obwohl er gerade diesen Kontakt suchen sollte. Mit dem Erreichen des endgültigen Wandlungstypus wird er jedoch auch mit solchen Menschen aktiv in Berührung kommen.

Gesucht werden Freunde und/oder Lebenspartner, die für originelle Ideen und Lebensanschauungen offen sind und zu ihrer praktischen Verwirklichung beitragen.

Deutungsbeispiel II

Einzelnumeroskop für den 24.3.1944,
Geburtszeit 7:38 (Ortszeit), weiblich

Persönlichkeitstypus: 9/27
Aspekte:
3-8 Partnerschaftsopposition
2-7 Opposition der Psychosomatik
4-8 Elemente-Verbindung
Zahlenhäufung (2x3)
Zahlenhäufung (3x4)

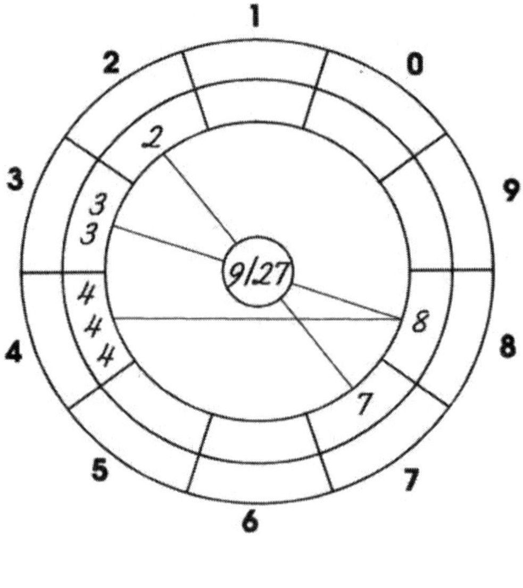

Eine Frau, die ihre Begabung zum Heilen (oder: für einen Heilberuf) noch vor der vollen Ausformung ihres Persönlichkeitstypus im 27. Lebensjahr praktisch nützen sollte, wenn sie nicht selbst für Krankheiten anfällig werden möchte. Die Zahl 4 ist im Numeroskop gleich drei Mal vertreten. Das heißt, die Grundbegabung entfaltet sich eher im physischen als im geistigen Bereich. Die Erfahrung hat gezeigt, dass fast 80% der in einem Heilberuf tätigen Menschen nach meinen Untersuchungen entweder die 4-8 Elemente-Verbindung in ihrem Numeroskop oder die 2-7 Opposition besitzen. Hier jedoch sind sogar beide Aspekte gegeben, was die praktische Umsetzung der Anlage um so dringlicher macht. Wie dies im einzelnen geschieht, ist allein Sache dieser Frau, denn der Archetypus der „Heilerin“ kann auf vielfältige Weise manifestiert und gelebt werden.

Auf Grund ihrer Stellung deutet die 7 an, dass die therapeutische Arbeit wahrscheinlich mit den Händen geleistet werden wird. Ihre Verbindung mit der 8 zeigt einen fließenden Übergang von der körperlich-physischen in die feinstoffliche Wirklichkeitsebenen an. Aus der intensiven Körperarbeit und den dabei gewonnenen Einsichten in die feinstofflichen Energiesysteme bekommt ihr Leben zusätzlich spirituelle Akzente. Aus der 3-8 Opposition ersehen wir, dass diese Arbeit auf andere Menschen sehr positiv wirkt. Missachtet die Frau hingegen ihre individuellen Gaben, schleichen sich unterschwellig aggressive Spannungen in ihre Kontakte und Begegnungen ein. Dann ist die äußere Harmonie zerstört, weil die innere Harmonie fehlt.

Die 4-8 Elemente Verbindung und die 2-7 Opposition ergänzen sich in ihrer Wirkung. Nach den Lehren der Kabbala sind die Zahlen 4, 5 und 6 der Tat und der weltlichen Verwirklichung zugeordnet, die Zahlen 7,8 und 9 der geistigen Welt. Im vorliegenden Numeroskop sind in beiden Bereichen Felder belegt, die sich zudem über Zahlenhäufungen, Oppositionen oder Elemente-Verbindungen wechselseitig positiv beeinflussen. Wie in einem nahtlosen Kontinuum setzen sich ihre Handlungsimpulse physischen in praktische Taten um.

Die Verdoppelung der 3 deutet Impulsivität, Spontaneität, Willenskraft und Durchsetzungswillen an, während die dreifache 4 auf realistisches Handeln schließen lässt. Zudem wird diese Frau bei aller Bestimmtheit einfühlsam bleiben und ihre emotionellen Wahrnehmungen keineswegs unterdrücken oder verstecken (bei der 4-8 Elemente-Verbindung so gut wie unmöglich). Sie wirkt anmutig, zugänglich und offen und legt Wert auf menschliche Nähe, vor allem bis zu ihrem 27. Lebensjahr.

Die Zahlenreihe 2, 3 und 4 lässt vermuten, dass sie in keiner Weise passiv im Hintergrund arbeitet, sondern im Gegenteil sehr selbständig auftreten wird, allerdings in freundschaftlichem Miteinander. Zumindest lässt der nördliche Mondknoten (Karmapunkt) im Löwen dies vermuten. Sie wird viele und gute Freunde und Freundinnen finden. Doch ist gerade dieser Lebensbereich mit einer gewissen Ambivalenz belastet. Auf der einen Seite sollen Freunde Anerkennung schenken und da sein, wenn man sie braucht, andererseits wird ihre Nähe als einengend empfunden, weil der 9er Grundtypus (Merkurbetonung) seine Freiheit grundsätzlich über alles liebt. Sie ist gern auf Reisen und versteht Beziehungen weniger als Möglichkeit zu Hingabe und Verbindlichkeit, sondern als einen Weg die eigene Persönlichkeit zu ergänzen und zu bereichern. Zusätzlich akzentuiert wird das Problem durch die 3-8 Opposition. Bis zum 27. Lebensjahr ein eher häuslicher Charakter, braucht diese Frau danach mehr Raum zu ihrer Entfaltung. Diesen wird sie sich auch verschaffen, so dass sie wahrscheinlich in relativ großzügigen (Frei-) Räumen denken und in den entsprechenden Verhältnissen leben wird. Der Wille dazu ist vorhanden.

Partner-Composit

Alle Mittelwertberechnungen zweier Geburtsdaten (Composit) ergeben ein eigenständiges, neues Geburtsdatum, das *Compositdatum.*

Dieses Partnerdatum wird nun wie ein eigenständiges Numeroskop gezeichnet und gedeutet. Sie ermitteln nach dem Einzeichnen der Anlageaspekte die entsprechenden Texte und kombinieren diese am besten durch mehrmaliges Durchlesen. Ebenso verfahren Sie bitte mit der Progression (neue Formulierung ab dem Jahre 2000: Transformation).

Unterschied zur Progression/Transformation

Zeitlich existiert zwischen Anlage- und Progressionszahlen im Compositnumeroskop **kein** Zeitunterschied! Alle Aspekte „wirken“ ab dem Zeitpunkt, nachdem beide um Ihre Beziehungsform „wissen“.

Hinweis: Sie können keine Schicksalsjahre für das Compositdatum berechnen, diese werden im direkten Vergleich gegenübergestellt und auf Altersgleichheit analysiert.

Mittelwert-Berechnung

Grundsätzlich werden für den Mittelwert des Partnerschafts-Numeroskops die Geburtsdaten und Geburtszeiten beider Partner zuerst addiert und dann durch 2 geteilt. Das hört sich einfach an, jedoch birgt die Berechnung eine Reihe von potentiellen Fehlerquellen, auf die mit den folgenden Beispielen aufmerksam gemacht sei. Am besten man nimmt sich ein großes Blatt Papier und hält sich an das vorgegebene System.

Beispiel A:

Partner 1:	3:21 Uhr	24. 4. 1945
Partner 2:	5:13 Uhr	15. 1. 1941
Summe:	8:34 Uhr	39.10.3886

Composit 19. 5. 1943
Rest: 1 Tag: 2 = 12 Stunden

12:00 St.
20:34 Uhr

Composit: 19. 5. 1943 / 10:17 Uhr

Bei der Betrachtung dieser Addition fällt auf, dass sich die 39 des gemeinsamen Tageswerts nicht durch 2 teilen lässt. Deswegen subtrahiert man von ihr 1 Tag (= 24 Stunden) und teilt diese durch 2. Diese 12 Stunden werden dann zur Summe der Geburtszeit addiert, die wiederum zum Abschluss durch 2 geteilt wird. Damit erhalten wir für Beispiel A die Composit-Werte, die die Basis für das Partnerschafts-Numeroskops sind: 19.5.1943, 10:17 Uhr.

Schwieriger wird die Berechnung, wenn die Addition der von Geburtszeiten und-Daten eine ganze Reihe von unteilbaren, weil ungeraden Werten ergibt.

Um auf die Geburtszeit für das Partnerschafts-Numeroskop zu kommen, runden wir die Uhrzeit um eine Minute auf und teilen das Ergebnis durch 2.

Um auf den Monatswert für das Partnerschafts-Numeroskops zu kommen, verfahren wir folgendermaßen: wir runden das Ergebnis aus der Addition der Geburtsjahre um 1 Jahr ab, auf 3886. Dadurch erhalten wir 12 Monate, die wir sofort durch 2 teilen und dann zur Summe der Monate hinzufügen. Aber auch dabei kommen wir ja wieder auf eine ungerade Zahl, nämlich 19. Wir teilen sie durch 2 und erhalten 9 Monate. Es bleibt ein Rest von 1 Monat, in diesem Fall 30 Tage (September = 30 Tage, Oktober = 31 usw.), die wir durch 2 teilen. Die resultierende 15 addieren wir zur Summe der Tage, teilen das Ergebnis durch 2 und erhalten den endgültigen Tageswert. Das Geburtsdatum für das Partnerschafts-Numeroskop ist also der 27. September 1943.

Unsere gesamte Summe von 24 Tagen lässt sich glatt durch 2 teilen, also erhalten wir den 27. als Tag der Geburt.

Anders sähe es aus, wären wir im endgültigen Monatsdatum für diese Daten auf einen Monat mit 31 (Oktober) oder 29 (Februar im Schaltjahr) Tagen kämen, der nicht durch 2 teilbar ist. Dann nämlich hätten wir erneut einen Tag als Rest behalten, den wir analog zu Beispiel A auf die Geburtszeit hätten umschlagen müssen.

Das Prinzip des absteigenden Zahlenübertrags

Aus dem Beispiel A erkennen wir bereits ein wichtiges Prinzip, das wir bei allen Berechnungen hermetischer Partnerschafts-Numeroskope beachten müssen: Der unteilbare Rest einer Zwischensumme wird immer in seine Teile zerlegt (das Jahr in 12 Monate; der Monat in die Anzahl seiner Tage; der Tag in 24 Stunden); jetzt teilt man diese Anteile durch 2 und addiert das Ergebnis zum Resultat zur nächst tieferen Zahlenebene, beginnend beim Jahr und endend bei der Geburtszeit. Da nicht mit Sekunden gearbeitet wird, werden *halbe Minuten nach oben aufgerundet* (Beispiel: 10,5 Minuten = 11 Minuten).

Noch ein weiterer Sonderfall ist zu behandeln. Was tun, wenn eine Zwischensumme für beispielsweise den Tageswert die Anzahl der in einem Monat enthaltenen Tage überschreitet? Darüber klären die folgenden Beispiele B und C auf.

Beispiel B:

Edith Amenda 8.8.1945 6:45
Lutz Braun 5.7.1944 3:13

(Partnerdatum 20. 1. 1945 / 4:59)

Die Berechnung:

1.Schritt: Addition der 4 Basiswerte (T-M-J-Z)

8.8.1945 6:45
<u>5.7.1944 3:13</u>
<u>13.15.3889 9:58</u>
6,5 / 7,5 / 1944,5 / 9:58 (4:59)

2.: Division der 4 Basiswerte durch 2 mit Restwerten

Tag: 6 (Rest 1 Tag/24Std))
Monat: 7 (Rest 1 Monat)
Jahr: 1944 (Rest 6 Monate)

= Monat/Jahr: 7 (geteilte Monate) + 6 (geteilte Monate aus dem Jahrgang) = 13 Monate untereinander

3.: Addition und Übertrag der 4 Basiswerte / Aufteilung im absteigenden oder aufsteigenden Zahlenübertrag

= 13 Monate entsprechen bereits einer bereits geteilten Summe aus M+J, so dass ein komplettes Jahr aufsteigend auf die vorhandene Jahreszahl übertragen wird = 1944 + 12 = 1945; 1 Monat bleibt übrig, so dass wir den Restmonat Januar (1) erhalten.

= 7,5 M + 6 M = 13,5 Monate = 13 Monate; 13-12 = Jahr, Rest 1 Monat!

= **Zwischensumme: Monat Januar (1), Jahrgang 1945, Rest 0,5 Monate (aus 13,5 M)**

Tagesberechnung:

Vorhandene Tageszahlen: 6,5
Rest 1 Monat: = 15 Tage – 1 Tag = 14 Tage plus 6 = 20 Tage;
0,5 Tage = 12 Stunden, die auf den Stundenwert übertragen werden.

= Zwischensumme 20.1.1945

Zeitberechnung:

9:58:2 = 4:30 + 0:29 = 4:59

Beispiel C: (Alle Hauptwerte sind unteilbar)

Marion Schäfer	28.9.1943 / 11:15
Klaus Wagner	17 .2.1944 / 8:22

(Composit-Partnerdatum: 8.12.1943 / 9:49)

Die Berechnung:

1.Schritt: Addition der 4 Basiswerte (T-M-J-Z)

28.9. 1943
17 .2. 1944
45.11. 3887 / 19:37 > 19:38)

2.Schritt: Absteigender Zahlenübertrag

Rest Jahr:	1 (= 1943 Rest 1J)
Rest Monate:	0,5 (= 15 Tage aus 11,5 M)
Rest Tage:	0,5 (= 12 Stunden aus)

Jahr: 1943 (Rest 12 Monate wird auf den nächstniedrigeren Wert ungeteilt übertragen) = 11+12 (Übertrag Jahr), 1943

Monate: 23:2=11 Monate, Rest 30 Tage (November plus 30 Tage = Dezember) = 45 Tage + 30 Tage (Rest wie oben) = 75 Tage

Tage: 75 Tage – Höchstzahl 60 Tage (gemeinsamer Wert) = 15 Tage: 2, Rest 1 Monat = 15:2 (T) + 11+1 (M) = 7,5 Tage (geteilt), 12.Monat 7,5 Tage plus Rest 0,5 Tage wie oben = 8 Tage, 12 Monate, 1943 Jahre

Zeit: 19:38 = 19:2= 9:30 + 0:38:2= 0:19 = 9:30+0:19=9:49

Compositdatum: ***8.12.1943 / 9:49***

Regel: So spät wie möglich die Einzelwerte teilen (:2)

Hinweis: Schaltjahre sind Olympia-Jahre, z.B. 1956, 1976, 1992... also alle 4 Jahre und benötigen einen (1) Tag zusätzlich in der Jahresberechnung!

Glossar

Anlage-Numeroskop: Aus seinem Spiegel können wir über die Zahlen und Zahlenkombinationen unserer Geburtsdaten unseren Grund- und Persönlichkeitstypus berechnen, und zwar nicht nur individuell, sondern auch für das Partnerschafts-Diagramm.

Aspekte: Besonders wirkungskräftige Beziehungen zwischen zwei belegten Zahlenfeldern. Aspekte können all jene Zahlen miteinander eingehen, deren Felder mit Geburtsdaten besetzt sind, denn nur diese gelten als aktive Felder, dabei verbinden sich zwei oder mehrere Energien zu einer gemeinsamen Wirkung.

Composit: Siehe Partnerschafts-Numeroskop.

Elemente-Verbindung: Hier treffen wir auf die Ebene des bereits Verwirklichten. Sie zeigt, auf welcher Entwicklungsstufe das Leben angegangen werden muss. Die Elemente-Verbindungen repräsentieren einen karmischen Aspekt, der bereits gelöst wurde. Infolgedessen können sie das ganzheitliche Wachstum unterstützen.

Geburtszeit: Ihre Zahlen machen auf persönliche Eigenheiten und Vorlieben aufmerksam, den individuellen Geschmack für Musik, Farben, Kleidung, Einrichtung u.a. Ferner geben sie über typische Reaktionsmuster Aufschluss.

Gerade Zahlen: Symbolisieren die weibliche Energie, wirken harmonisierend.

Grundtypus: Repräsentiert die Grundschwingung der Persönlichkeit; das beständig wirkende Energieprinzip (die Aura) eines Menschen.

Karma: Bedeutet nicht etwa „Vergeltung", sondern beschreibt vielmehr die Fähigkeit, aus Kenntnis der Gesetzmäßigkeiten des Kosmos selbstbestimmt und frei zu handeln.

Karmapunkt: Zeigt das Grundthema oder die Absicht der Seele: was sie in diesem Leben erledigen möchten. Er gibt Aufschluss über den roten Schicksalsfaden. Der Karmapunkt ist astrologisch mit dem nördlichen Mondknoten identisch.

Karmapunkt-Polarität: Liegen die Karmapunkte der Partner genau gegenüber, wird die Beziehung für beide sehr herausfordernd sein. Die Polarität der Karmapunkte gibt dem Composit eine zusätzlich emotionale Komponente.
Kompensationspunkt: Eine Schwäche in der Anlage, die kompensiert, d.h. ausgeglichen werden muss. Mehrere Kompensationspunkte: es will viel in diesem Leben gelernt sein.

Mittelwert: Grundsätzlich werden für den Mittelwert des Partnerschafts-Numeroskops die Geburtsdaten und Geburtsstunden der beiden Partner zuerst addiert und dann durch 2 geteilt. Das hört sich einfach an, jedoch birgt die Berechnung eine Reihe von potentiellen Fehlerquellen Die Instruktionen genau lesen!

Numerologie: Älteste, nachweisbare Wissenschaft der Menschheit. Bevor ein Alphabet existierte, benutzte der Mensch Zahlen. Die Geburtsdaten-Numerologie nach Helmut von Kritzinger präzisiert für uns das Thema unseres Lebens-und welche Ziele wir verfolgen sollten. Mm Zahlen sind wie eine große Uhr, die uns zeigen, welcher kosmischen Entwicklungsstufe wir uns nähern. Die (-Geburtsdaten-) Numerologie geht davon aus, dass alle Dinge im Universum nach einem einheitlichen Plan miteinander verbunden sind. Nach ihrer Ansicht repräsentieren die Zahlen die verschiedenen Archetypen, in denen die Grundeigenschaften der Natur quasi in Urform Gestalt annehmen.

Numeroskop: Zahlenkreis, der die wesenhafte Struktur eines Menschen erfasst. Das Numeroskop enthält den Lebensplan, deckt die Intention einer Inkarnation auf und klärt über die möglichen Mittel und Wege zur Einlösung der schicksalsbestimmenden Prinzipien auf.

Opposition: Eine befruchtende Gegensatzspannung. Sie verweist auf die zu leistende Lebensaufgabe. Da alles auf dem Naturgesetz der Polarität beruht, lernen wir durch Oppositionen diese Gegenkräfte in uns zu vereinen.

Partnerschafts-Numeroskop: Ist auf Ehe, Freundschaft, Arbeitsverhältnisse, Verwandtschaften, kurz: für alle wichtigen zwischenmenschlichen Beziehungen anwendbar. Man kann damit gemeinsame sowie gegensätzliche Schicksalsstrukturen erkennen. Das Beziehungs-Numeroskop zeigt, welche Kräfte, harmo-

nischen Übereinstimmungen und Herausforderungen eine Beziehung fördern und stabilisieren oder belasten und sprengen.
Persönlichkeitstypus: Legt fest, welche Anlagen wir besitzen und mit welcher Energie wir sie zur Wirkung bringen; zeigt den Bewusstseinsstrahl an, die konstante astrale Grundschwingung.

Progression: Wird durch den Partnerschafts-Typus vorgegeben. Gibt Aufschluss über die Entwicklung einer Partnerschaft.

Quadrat: Aspekt der gefährlich schwachen Erdung; kaum Kontakt zwischen Körper und Geist.

Schicksalszahlen: Verweisen auf die Jahre, in denen sich in unserem Leben Entscheidendes tut. Sie ergeben sich aus den Zahlen des Geburtsdatums und des Persönlichkeitstypus, die in besonderer Weise addiert werden.

Schicksalszahlenvergleich: Gibt Auskunft über Gemeinsamkeiten, die äußere Übereinstimmung des Paares: materielle Interessen und allgemeine Lebensanschauung, entscheidend ist die Häufigkeit der Übereinstimmungen.

Spiegelzahlen: Zahlen, die sich im Numeroskop polar gegenüberstehen; im Composit auch die einfache Polarität der Zahlen zweier Geburtsdaten. Gemeinsame Spiegelzahlen wirken sich im Composit-Numeroskop nochmals als Verstärkung aus, wenn diese Zahlen zudem aspektiert sind.

Trigon: Eine Elemente-Verbindung wird um eine dritte Energie erweitert, entweder dem Geist- oder den Kraftpol. Trigone sind stabilisierende Aspekte, die helfen, geistige oder materielle Verwirklichung zu finden. Sie helfen, Ziele müheloser zu erreichen.

Ungerade Zahlen: Gelten als die beherrschenden Zahlen im System, weil diese bei der Addition von geraden und ungeraden dominieren.

Kurs- und Ausbildungsprogramm

Sie können die Inhalte dieses Buchs auch in einem Kurs vertiefen.

Wir bieten Ihnen drei Möglichkeiten, unser Grundseminar- und Ausbildungsprogramm kennen zu lernen.

Sie haben folgende Möglichkeiten:

- Grundseminar für alle interessierten Personen – 2 Tage
- Fortbildungsseminar Sommerakademie – 5 Tage
- Ausbildung z. psychologischen BeraterIn und Numerologin
  mit Diplomabschluss

Die Kurse finden grundsätzlich am Wochenende oder in den Ferien statt.

Anfragen und Mitteilungen bitte direkt an:

Email: info@kritzinger.de
Tel.: 0171 – 982 1111
Fax: 01805 – 323266 89561
Fax Ausland: + 49 (0) 1805 – 323266 89561
Tel/Fax USA: 001- 505466 4638
Schweiz: + 41 (0) 81 – 740 59 41

Seminarveranstalter aus der Schweiz, Österreich und den Niederlanden wenden sich direkt an den Autoren.